Kristina von der Bank

Chatbots bei der Reiseplanung

Wie Nutzer Leistung, Risiko und Vertrauenswürdigkeit wahrnehmen

Bibliografische Information der Deutschen Nationalbibliothek:

Die Deutsche Nationalbibliothek verzeichnet diese Publikation in der Deutschen Nationalbibliografie; detaillierte bibliografische Daten sind im Internet über http://dnb.d-nb.de abrufbar.

Impressum:

Copyright © Science Factory 2020

Ein Imprint der GRIN Publishing GmbH, München

Druck und Bindung: Books on Demand GmbH, Norderstedt, Germany

Covergestaltung: GRIN Publishing GmbH

Inhaltsverzeichnis

Tabellenverzeichnis VII

Abbildungsverzeichnis IX

Abkürzungsverzeichnis XI

1 Einführung 1

    1.1 Neuentdeckung einer alten Technologie 1

    1.2 Ziele der Arbeit 3

    1.3 Struktur der Arbeit 5

2 Chatbots 7

    2.1 Begriffsabgrenzung 7

        2.1.1 User Interface und Usability 7

        2.1.2 Software-Agent 7

        2.1.3 Chatbot 8

        2.1.4 Sprachassistent 8

        2.1.5 Zugehörige Begriffe 9

            2.1.5.1 Conversational-Commerce 9

            2.1.5.2 Künstliche Intelligenz 9

    2.2 Funktionsweise 11

        2.2.1 Reiz-Reaktion-System 11

        2.2.2 Regelbasiert versus KI-basiert 12

    2.3 Chancen und Risiken 13

        2.3.1 Aus Kundensicht 13

        2.3.2 Aus Unternehmenssicht 15

        2.3.3 Zusammenfassung 16

    2.4 Status quo Nutzungsverhalten in Deutschland 18

3 Tourismus 21

3.1 Konstitutive Elemente 21
3.2 Touristisches Produkt 21
3.3 Tourismusbetriebe 23
3.4 Zahlen und Fakten deutscher Reisemarkt 2018 24
3.5 Status quo digitale Transformation deutsche Reisebranche 25

4 Modell- und Hypothesenentwicklung 28

4.1 Abhängige Variable – Nutzungsabsicht 28
4.2 Unabhängige Variablen 29
4.2.1 Bezugsrahmen 29
4.2.2 Leistungserwartung 30
4.2.3 Aufwandserwartung 31
4.2.4 Wahrgenommenes Risiko 32
4.2.4.1 Funktionales Risiko 35
4.2.4.2 Finanzielles Risiko 35
4.2.4.3 Zeitliches Risiko 36
4.2.4.4 Psychologisches Risiko 36
4.2.5 Erwartete Vertrauenswürdigkeit 36
4.2.5.1 Kompetenz 41
4.2.5.2 Wohlwollen 42
4.2.5.3 Integrität 42
4.2.5.4 Menschenähnlichkeit 43
4.2.5.5 Reputation der Reisewebseite 44
4.3 Moderatoren 45
4.3.1 Geschlecht 46
4.3.2 Alter 46
4.3.3 Chatbot-Erfahrung 48
4.4 Mediatoren 48
4.4.1 Leistungserwartung 49

4.4.2 Wahrgenommenes Risiko 50

4.5 Zusammenfassung Forschungsmodell und Hypothesen 54

5 Vorbereitung quantitative Untersuchung 57

5.1 Untersuchungsdesign 57

5.2 Operationalisierung 60

5.2.1 Rahmenbedingungen 61

5.2.2 Abhängige Variable – Nutzungsabsicht 63

5.2.3 Unabhängige Variable – Leistungserwartung 64

5.2.4 Unabhängige Variable – Wahrgenommenes Risiko 65

5.2.4.1 Funktionales Risiko 66

5.2.4.2 Finanzielles Risiko 67

5.2.4.3 Zeitliches Risiko 68

5.2.4.4 Psychologisches Risiko 69

5.2.5 Unabhängige Variable – Vertrauenswürdigkeit 71

5.2.5.1 Kompetenz 71

5.2.5.2 Wohlwollen 72

5.2.5.3 Integrität 73

5.2.5.4 Menschenähnlichkeit 74

5.2.5.5 Reputation 75

5.2.6 Moderatorvariablen 76

6 Quantitative Untersuchung 77

6.1 Datenerhebung 77

6.2 Vorbereitung der Datenauswertung 78

6.2.1 Datenbereinigung 78

6.2.2 Konfirmatorische Faktorenanalyse 80

6.2.3 Prüfung der Regressionsannahmen 92

6.3 Ergebnisse der Datenauswertung 98

6.3.1 Deskriptive Beschreibung und Mittelwertvergleiche 98

6.3.2 Prüfung der Zusammenhangshypothesen 105

6.3.3 Prüfung der Moderationshypothesen 106

6.3.4 Prüfung der Mediationshypothesen 110

7 Fazit **114**

7.1 Kernergebnisse 114

7.2 Implikationen 115

7.3 Limitationen und Forschungsausblick 118

Literaturverzeichnis **123**

Anhang **145**

Danksagung **183**

Tabellenverzeichnis

Tabelle 1: Chancen und Risiken von Chatbots für Unternehmen und Kunden 17

Tabelle 2: Übersicht Hypothesen 55

Tabelle 3: Quotierung Stichprobe 60

Tabelle 4: Finale Operationalisierung Nutzungsabsicht 64

Tabelle 5: Finale Operationalisierung Leistungserwartung 65

Tabelle 6: Finale Operationalisierung funktionales Risiko 67

Tabelle 7: Finale Operationalisierung finanzielles Risiko 68

Tabelle 8: Finale Operationalisierung zeitliches Risiko 69

Tabelle 9: Finale Operationalisierung psychologisches Risiko 70

Tabelle 10: Finale Operationalisierung Kompetenz 72

Tabelle 11: Finale Operationalisierung Wohlwollen 73

Tabelle 12: Finale Operationalisierung Integrität 74

Tabelle 13: Finale Operationalisierung Menschenähnlichkeit 75

Tabelle 14: Finale Operationalisierung Reputation 76

Tabelle 15: Finale Operationalisierung Moderatorvariablen 76

Tabelle 16: Ergebnisse KFA 1. Ordnung 85

Tabelle 17: Fornell-Larcker-Kriterium Konstrukte 1. Ordnung 88

Tabelle 18: Globale Anpassungsmaße Konstrukte 1. Ordnung 89

Tabelle 19: Ergebnisse KFA 2. Ordnung 91

Tabelle 20: Fornell-Larcker-Kriterium Konstrukte 2. Ordnung 91

Tabelle 21: Globale Anpassungsmaße Konstrukte 2. Ordnung 91

Tabelle 22: Durbin-Watson-Test 96

Tabelle 23: VIF-Werte 97

Tabelle 24: Normalverteilungstest Residuen 98

Tabelle 25: Kreuztabelle Alter/Chatbot-Erfahrung 99

Tabelle 26: Kreuztabelle Geschlecht/Chatbot-Erfahrung 100

Tabelle 27: Übersicht auffällige Mittelwerte und Standardabweichungen 101

Tabelle 28: Normalverteilungstest Nutzungsabsicht 104

Tabelle 29: Übersicht Gruppenmittelwertvergleiche Mann-Whitney-U-Test 104

Tabelle 30: Ergebnisse multiple Regression 105

Tabelle 31: Übersicht Hypothesenprüfung Teil 1 106

Tabelle 32: Ergebnisse gruppenweise multiple Regression – Geschlecht 107

Tabelle 33: Ergebnisse gruppenweise multiple Regression – Alter 108

Tabelle 34: Ergebnisse gruppenweise multiple Regression – Chatbot-Erfahrung 108

Tabelle 35: Übersicht Hypothesenprüfung Teil 2 109

Tabelle 36: Prüfung Mediator Leistungserwartung Teil 1 111

Tabelle 37: Prüfung Mediator Leistungserwartung Teil 2 112

Tabelle 38: Prüfung Mediator Wahrgenommenes Risiko 112

Tabelle 39: Übersicht Hypothesenprüfung Teil 3 113

Tabelle 40: Publikationsübersicht Chatbots 147

Tabelle 41: Durbin-Watson-Tests Moderatoren 174

Tabelle 42: VIF-Werte Moderatoren 174

Tabelle 43: Normalverteilungstests Residuen Moderatoren 178

Tabelle 44: Vollständige Übersicht Mittelwerte und Standardabweichungen 181

Abbildungsverzeichnis

Abbildung 1: Finales Forschungsmodell 54

Abbildung 2: Dreistufiger Güteprüfungsprozess 81

Abbildung 3: Regressionsannahmen 92

Abbildung 4: Streudiagramm Prüfung Erwartungswert 95

Abbildung 5: Streudiagramm Prüfung Homoskedastizität 95

Abbildung 6: Histogramm Prüfung Normalverteilung 97

Abbildung 7: Forschungsmodell mit Ergebnissen Hypothesenprüfung Teil 1 & 2 110

Abbildung 8: Forschungsmodell mit Ergebnissen Hypothesenprüfung Teil 3 113

Abbildung 9: Fragebogen – Begrüßung 150

Abbildung 10: Fragebogen – Bearbeitungshinweis 151

Abbildung 11: Fragebogen – Leistungserwartung 151

Abbildung 12: Fragebogen – Zwischenabschnitt 1 152

Abbildung 13: Frgebogen – Funktionales Risiko 152

Abbildung 14: Fragebogen – Finanzielles Risiko 153

Abbildung 15: Fragebogen – Zeitliches Risiko 153

Abbildung 16: Fragebogen – Psychologisches Risiko 154

Abbildung 17: Fragebogen – Zwischenabschnitt 2 154

Abbildung 18: Fragebogen – Kompetenz 155

Abbildung 19: Fragebogen – Wohlwollen 155

Abbildung 20: Fragebogen – Integrität 156

Abbildung 21: Fragebogen – Menschenähnlichkeit 156

Abbildung 22: Fragebogen – Reputation 157

Abbildung 23: Fragebogen – Zwischenabschnitt 3 157

Abbildung 24: Fragebogen – Nutzungsabsicht 158

Abbildung 25: Fragebogen – Moderatoren 159

Abbildung 26: Fragebogen – Verabschiedung 159

Abbildung 27: SPSS Output Chi-Quadrat-Anpassungstest Alter 160

Abbildung 28: SPSS Output Chi-Quadrat-Anpassungstest Geschlecht 161

Abbildungsverzeichnis

Abbildung 29: SPSS Output Chi-Quadrat-Anpassungstest Chatbot-Erfahrung 161

Abbildung 30: Partielle Regressionsdiagramme LE Geschlecht 162

Abbildung 31: Partielle Regressionsdiagramme WR Geschlecht 163

Abbildung 32: Partielle Regressionsdiagramme EV Geschlecht 164

Abbildung 33: Partielle Regressionsdiagramme LE Alter 165

Abbildung 34: Partielle Regressionsdiagramme WR Alter 166

Abbildung 35: Partielle Regressionsdiagramme EV Alter 167

Abbildung 36: Partielle Regressionsdiagramme LE Chatbot-Erfahrung 168

Abbildung 37: Partielle Regressionsdiagramme WR Chatbot-Erfahrung 169

Abbildung 38: Partielle Regressionsdiagramme EV Chatbot-Erfahrung 170

Abbildung 39: Streudiagramme Residuen Geschlecht 171

Abbildung 40: Streudiagramme Residuen Alter 172

Abbildung 41: Streudiagramme Residuen Chatbot-Erfahrung 173

Abbildung 42: Histogramme Residuen Geschlecht 175

Abbildung 43: Histogramme Residuen Alter 176

Abbildung 44: Histogramme Residuen Chatbot-Erfahrung 177

Abbildung 45: Partielles Regressionsdiagramm – Leistungserwartung 178

Abbildung 46: Partielles Regressionsdiagramm – Wahrgenommenes Risiko 179

Abbildung 47: Partielles Regressionsdiagramm – Vertrauenswürdigkeit 179

Abbildung 48: Auszug Durbin-Watson-Tabelle 180

Abkürzungsverzeichnis

3G	Mobilfunkstandard dritter Generation
4G	Mobilfunkstandard vierter Generation
AI	Artificial Intelligence
AV	Abhängige Variable
CA	Cronbachs Alpha
CFI	Comparative Fit Index
DEV	Durchschnittlich erfasste Varianz
FAQ	Frequently Asked Questions
FL	Faktorladung
FR	Faktorreliabilität
EFA	Explorative Faktorenanalyse
EV	Erwartete Vertrauenswürdigkeit
HCI	Human-Computer-Interaction
HSPA	High Speed Packet Access
KFA	Konfirmatorische Faktorenanalyse
KI	Künstliche Intelligenz
KITK	Korrigierte Item-to-Total-Korrelation
KO	Kommunalität
LE	Leistungserwartung
LTE	Long Term Evolution
M	Mittelwert
ML	Machine Learning
MV	Mediatorvariable
NLP	Natural-Language-Processing
RMSEA	Root Mean Square Error of Approximation
SD	Standardabweichung
TAM	Technology Acceptance Model

TT	Turing-Test
UTAUT	Unified Theory of Acceptance and Use of Technology
UV	Unabhängige Variable
VIF	Variance Inflation Factor
WR	Wahrgenommenes Risiko

1 Einführung

1.1 Neuentdeckung einer alten Technologie

Im Jahr 2018 gab es in Deutschland 57 Millionen Smartphone-Nutzer[1] und 68 % der deutschen Bevölkerung ab 14 Jahren nutzten das mobile Internet.[2] Die **Ära des Smartphones und des mobilen Internets** begann mit der Einführung des ersten *iPhones* im Jahr 2007 und der Erweiterung des Mobilfunkstandards dritter Generation (3G) auf *High Speed Packet Access* (HSPA).[3] Mit der seitdem rasant gestiegenen Smartphone-Nutzung[4] und der Einführung der vierten Generation (4G) des mobilen Internets mit dem Mobilfunkstandard *Long Term Evolution* (LTE)[5] entwickelte sich *Mobile* zum neuen *Online* und damit einhergehend begann der **Siegeszug der Apps**.[6] Dadurch hat sich die Art und Weise, wie Menschen untereinander digital kommunizieren (z. B. Messaging-Apps), Informationen und Medieninhalte online abrufen (z. B. Streaming-Apps) sowie Produkte und Dienstleistungen (z. B. Shopping-Apps) über das Internet erwerben, erneut grundlegend verändert.[7]

Doch mittlerweile ist mit den rund 4,9 Millionen verfügbaren Apps in den führenden App-Stores ein **Überangebot** entstanden.[8] 88 % der Nutzer verbringen ihre Zeit am Smartphone mit lediglich fünf Apps.[9] Hierbei handelt es sich vor allem um Messaging-Apps, wie *WhatsApp* oder *Facebook Messenger*.[10] Auch Kunden bevorzugen immer häufiger die Kontaktaufnahme mit einem Unternehmen über eine Chatfunktion anstatt über ein Formular oder eine Hotline.[11] Dieses Kundenbedürfnis

---

[1] Vgl. Haas, 2018, S. 3.
[2] Vgl. Initiative D21 e.V., 2019, S. 12.
[3] Vgl. Kroker, 2019; SH Telekommunikation Deutschland GmbH, 2019; Kollmann, 2011, S. 18 f.
[4] Vgl. Initiative D21 e.V., 2019, S. 20.
[5] Vgl. SH Telekommunikation Deutschland GmbH, 2019.
[6] Vgl. Radovic, 2015; Heinemann, 2018, S. 17; Kollmann, 2011, S. 17 ff.
[7] Vgl. Henn, 2018, S. 12; Tuzovic & Paluch, 2018, S. 3.
[8] Vgl. Appfigures, 2019; Klotz, 2015; ChannelAdvisor, 2018.
[9] Vgl. Monard & Uebersax, 2018, S. 2.
[10] Vgl. Piyush, Choudhury & Kumar, 2016, S. 323; Schlicht, 2016.
[11] Vgl. Spryker Systems GmbH, 2018, S. 12; Dresler, 2018; Buckstegen, 2017; Sprout Social, Inc., 2019.

haben mittlerweile viele Unternehmen erkannt und nutzen das Chatten als einen neuen Kommunikations-, Service- und Vertriebskanal.[12]

Da Kunden heutzutage nicht mehr nur einen kompetenten, sondern vor allem einen schnellen **Echtzeit-Service** erwarten, ist es für Unternehmen kaum möglich diesen neuen Kanal ausschließlich manuell zufriedenstellend zu bedienen.[13] Um eine bestmögliche Kundenorientierung bei gleichzeitig höchstmöglicher Wirtschaftlichkeit gewährleisten zu können, haben erste Unternehmen unterschiedlichster Branchen begonnen **Chatbots** in der Kundenkommunikation einzusetzen.[14] Es handelt sich hierbei um ein Softwareprogramm, welches in der Lage ist, automatisiert und in natürlicher Sprache – ähnlich wie ein menschlicher Servicemitarbeiter – mit Kunden zu kommunizieren.[15] Erste Reiseunternehmen nutzen Chatbots als eine Art **virtuellen Reiseberater**. Anstatt Informationen zu Unterkünften, Flügen oder Sehenswürdigkeiten auf mehreren Webseiten mühsam und zeitaufwendig recherchieren zu müssen, kann der Nutzer[16] dem Chatbot bequem über ein Chatfenster entsprechende Fragen hierzu stellen.[17] Der Chatbot antwortet innerhalb weniger Sekunden und ist 24 Stunden erreichbar.[18]

Interessanterweise ist die Kerntechnologie von Chatbots schon viel älter als im Allgemeinen zu vermuten wäre. Bereits im Jahr 1966 wurde der erste Chatbot namens **ELIZA** vom deutsch-US-amerikanischen Informatiker *Joseph Weizenbaum* entwickelt.[19] Neben Smartphones, dem mobilen Internet und Messaging-Apps sind die Verbreitung von digitalen Sprachassistenten, wie z. B. *Alexa* von *Amazon*[20], und die Fortschritte im Bereich der **Künstlichen Intelligenz** weitere wichtige Gründe für die **Neuentdeckung** der Chatbot-Technologie 50 Jahre nach der Veröffentlichung

---

[12] Vgl. Zumstein & Hundertmark, 2018, S. 96; Gentsch, 2018, S. 4; Lei, Kirillova & Wang, 2018, S. 296.
[13] Vgl. Henn, 2018, S. 12; Dresler, 2018; Cui et al., 2017, S. 97; Tißler, 2018.
[14] Vgl. Henn, 2018, S. 13; Dresler, 2017; Spryker Systems GmbH, 2018, S. 19; Richad et al., 2019, S. 1271; USU Software AG, 2017.
[15] Vgl. Luber, 2018; Boden et al., 2006, S. 3; Zumstein & Hundertmark, 2018, S. 98.
[16] In dieser Arbeit wird aus Gründen der besseren Lesbarkeit das generische Maskulinum verwendet. Weibliche und anderweitige Geschlechteridentitäten werden dabei ausdrücklich mitgemeint. Zudem werden die Begriffe Kunde, Verbraucher, Konsument und Nutzer synonym zueinander verwendet.
[17] Vgl. Monard & Uebersax, 2018, S. 5; Dresler, 2017; Gentsch, 2018, S. 7.
[18] Vgl. Niemetz, 2016; Juchum, 2018; Jung & Niemeyer, 2017, S. 3.
[19] Vgl. Kühl, 2016; Onlim GmbH, 2018, S. 6.
[20] Vgl. Spryker Systems GmbH, 2018, S. 14 f.

von *ELIZA*.[21] Das Technologieunternehmen *Oracle* ermittelte im Jahr 2016, dass 80 % der 800 befragten Unternehmen bis zum Jahr 2020 Chatbots im Kundenservice einsetzen möchten. Das Marktforschungsinstitut *Gartner* prognostizierte zudem, dass bis zum Jahr 2021 rund 50 % der Unternehmen höhere jährliche Ausgaben für die Chatbot- als für die App-Entwicklung aufweisen werden.[22] Nach einer Studie des Digitalverbands *Bitkom* konnte sich bereits im Jahr 2016 jeder vierte Deutsche vorstellen zukünftig einen Chatbot für verschiedene Zwecke (z. B. Nachrichtenabruf, Produktsuche, Terminplanung, Ticketkauf) zu nutzen.[23]

Der im Jahr 2016 begonnene **Hype** um Chatbots hat auch in den drei darauffolgenden Jahren nicht nachgelassen.[24] Laut Online- und IT-Experten (z. B. *Satya Nadella – CEO* von *Microsoft*) sind Chatbots mehr als nur ein neuer kurzfristiger digitaler Trend. Im Zusammenspiel mit den technologischen Innovationen im Bereich der Künstlichen Intelligenz wird Chatbots das Potenzial zugesprochen den Großteil der aktuell verfügbaren Apps zu ersetzen und die nächste **Evolutionsstufe** der Digitalisierung und des Kundenservices einzuläuten.[25]

1.2 Ziele der Arbeit

Die Erläuterungen im vorangegangenen Kapitel 1.1 verdeutlichen, dass Chatbots ein **vielversprechendes und hoch relevantes Forschungsthema** darstellen. Doch nur weil Branchenexperten einen Trend vorhersagen, bedeutet dies noch nicht, dass dieser auch tatsächlich eintreten wird.[26] Für die erfolgreiche Implementierung und Durchsetzung einer neuen Technologie ist nicht nur deren Verbreitung und Reifegrad, sondern insbesondere die Akzeptanz der Kunden als zukünftige Nutzer ausschlagend.[27] Dementsprechend ist es wichtig Faktoren zu ermitteln, welche die Nutzungsbereitschaft der Kunden positiv beeinflussen können.[28] Die

---

[21] Vgl. Gentsch, 2018, S. 1; Jung & Niemeyer, 2017, S. 3; Onlim GmbH, 2018, S. 6; Dresler, 2018; Tuzovic & Paluch, 2018, S. 1.
[22] Vgl. Monard & Uebersax, 2018, S. 1.
[23] Vgl. Bitkom e.V., 2017.
[24] Vgl. Onlim GmbH, 2018, S. 2; Wittpahl, 2019, S. 5.
[25] Vgl. Henn, 2018, S. 15; Gentsch, 2018, S. 1. Monard & Uebersax, 2018, S. 2; Spryker Systems GmbH, 2018, S. 23 ff.; Zumstein & Hundertmark, 2018, S. 108; Klar, 2018; Försch, 2018; USU Software AG, 2017; Tenios GmbH, 2019.
[26] Vgl. interface medien GmbH, 2017.
[27] Vgl. Henn, 2018, S. 13.
[28] Vgl. Davis, Bagozzi & Warshaw, 1989, S. 982; Brandtzaeg & Folstad, 2017, S. 2; Wang & Wang, 2010, S. 416.

Akzeptanzforschung spielt daher für einen nachhaltigen Erfolg einer neuen Technologie eine essenzielle Rolle.[29]

Aufgrund der Neuheit des Themas gibt es bisher kaum wissenschaftliche Studien, welche die Kundenakzeptanz von Chatbots empirisch erforscht haben. Zudem beziehen sich diese wenigen Studien nicht auf die Tourismusbranche (siehe Tabelle 40 *Publikationsübersicht* in Anhang 1).[30] Diese Arbeit zielt darauf ab, einen grundlegenden Beitrag für die Schließung der beschriebenen Forschungslücke zu leisten, indem sie mittels eines Kausalmodells die Akzeptanz von Chatbots im Tourismus untersuchen und folgende zwei **Forschungsfragen** beantworten möchte.

> *1) Welchen Einfluss haben die Leistungserwartung, das wahrgenommene Risiko und die erwartete Vertrauenswürdigkeit auf die Absicht einer Person einen Chatbot bei der Reiseplanung im Internet nutzen zu wollen?*

> *2) Gibt es Unterschiede in der Einflussstärke der Leistungserwartung, des wahrgenommenen Risikos und der erwarteten Vertrauenswürdigkeit auf die Nutzungsabsicht je nach Alter, Geschlecht und Chatbot-Erfahrung?*

Diese Arbeit soll zusätzlich eine **Orientierungshilfe für Reiseunternehmen** repräsentieren, die planen auf ihrer Webseite einen Reiseberater-Chatbot für ihre Kunden anzubieten. Bei mangelnder Kundenakzeptanz kann sich dieses Vorhaben als Fehlinvestition herausstellen und sich nachteilig auf die Reputation des Unternehmens auswirken.[31] Aus der empirischen Untersuchung soll daher abgeleitet werden, welche Eigenschaften und Fähigkeiten eines Chatbots für Verbraucher relevant sind. Dadurch kann die Programmierung des Chatbots gezielter auf die Bedürfnisse der Kunden ausgerichtet werden, sodass sich deren Nutzungsbereitschaft erhöht.[32] Zudem soll ermittelt werden, welche Personengruppen aus Unternehmenssicht besonders als **Zielgruppen** für einen Reiseberater-Chatbot geeignet sind.

Es wird bewusst nicht auf den Einsatz eines Reiseberater-Chatbots in einer Messaging-App eingegangen, da der führende Messaging-Dienst für Chatbots der *Facebook Messenger* ist, welcher in Deutschland jedoch vergleichsweise wenig genutzt

---

[29] Vgl. Wiedmann & Frenzel, 2004, S. 101; Kollmann, 2011, S. 55; Alwahaishi & Snasel, 2013, S. 27.
[30] Vgl. Dirksen & Schrills, 2018, S. 3.
[31] Vgl. Zumstein & Hundertmark, 2018, S. 103; Tantau, 2017.
[32] Vgl. Foscht & Swoboda, 2007, S. 3; Solomon, 2013, S. 55.

wird. Mit Abstand ist *WhatsApp* der beliebteste Messenger in Deutschland.[33] Doch bedingt durch die lange Zeit nicht eindeutig geregelte kommerzielle Nutzung des Dienstes und der erst im August 2018 eingeführten Schnittstelle für Unternehmen, gibt es bisher nur wenige Chatbots in *WhatsApp*.[34] Daher konzentriert sich diese Studie auf den Einsatz eines Chatbots auf einer beliebigen Reisewebseite.

1.3 Struktur der Arbeit

Diese Arbeit setzt sich aus zwei Teilen zusammen. Der **erste Teil** repräsentiert die theoretischen Rahmenbedingungen, welche ein grundlegendes Verständnis über Chatbots und Tourismus vermitteln sollen. In **Kapitel 2** erfolgt eine Abgrenzung des Chatbot-Begriffs sowie eine Erläuterung der Funktionsweise der Technologie. Danach werden Chancen und Risiken von Chatbots aus Unternehmens- und Kundensicht sowie der aktuelle Stand der Chatbot-Nutzungsbereitschaft in Deutschland vorgestellt. Anschließend werden in **Kapitel 3** die konstitutiven Elemente des Tourismus und die Besonderheiten des touristischen Produktes erläutert. Nachfolgend werden zwei Formen von Tourismusbetrieben vorgestellt sowie wichtige Zahlen und Fakten zum deutschen Reisemarkt im Jahr 2018 aufgeführt. Das Tourismuskapitel schließt mit einer Betrachtung des aktuellen Standes der digitalen Transformation in der deutschen Reisebranche ab.

Der **zweite Teil** dieser Arbeit umfasst die empirische Forschung. Dieser beginnt mit der Konzeptualisierung des Forschungsmodells und Aufstellung dazugehöriger Hypothesen in **Kapitel 4**. Im Anschluss widmet sich **Kapitel 5** der Vorstellung der Untersuchungskonzeption sowie der Operationalisierung der im Forschungsmodell enthaltenen latenten Konstrukte mittels der Erarbeitung geeigneter manifester Indikatoren. In **Kapitel 6** wird anschließend das erhobene Datenmaterial ausgewertet, um die eingangs formulierten Forschungsfragen beantworten zu können. Die aufgestellten Hypothesen werden unter Anwendung geeigneter statistischer Verfahren überprüft und die Ergebnisse der Hypothesentests interpretiert.

---

[33] Vgl. Weck, 2018; Gruner+Jahr GmbH, 2019, S. 19; Initiative D21 e.V., 2019, S. 25.
[34] Vgl. Weck, 2018; Kemper, 2018; Schürmann, 2018.

Die vorliegende Arbeit schließt mit dem **Fazit** in **Kapitel 7** ab. Es besteht aus einer Vorstellung der Kernergebnisse der empirischen Analyse sowie der Ableitung von Handlungsimplikationen für Reiseunternehmen, welche den Einsatz eines Reiseberater-Chatbots auf ihrer Webseite planen. Des Weiteren wird im Rahmen des Fazits auf Limitationen dieser Forschungsarbeit eingegangen sowie Perspektiven für zukünftige Forschungsprojekte zur Ermittlung der Akzeptanz von Chatbots (im Tourismus) aufgezeigt.

2 Chatbots

Zunächst ist es erforderlich ein theoretisches Grundverständnis über Chatbots zu erlangen. Hierzu erfolgt in Kapitel 2.1 eine Begriffsabgrenzung. Kapitel 2.2 zeigt die grundlegende Funktionsweise von Chatbots auf. Darauf aufbauend werden in Kapitel 2.3 Chancen und Risiken von Chatbots für Unternehmen wie für Kunden erläutert. Abschließend folgt in Kapitel 2.4 eine Vorstellung des Status Quo der Chatbot-Nutzungsbereitschaft in Deutschland.

2.1 Begriffsabgrenzung

2.1.1 User Interface und Usability

Ein *User Interface* ist eine **Schnittstelle** zwischen einem Menschen und einem Computer. Durch geeignete Hardware (z. B. Bildschirm, Tastatur, Maus) und Software (z. B. Browser, Navigation, Mitteilungen) ist es möglich, dass eine Person mit einem Computer interagieren kann. In einem engen Zusammenhang hierzu steht die *Usability*, welche die **Benutzer-freundlichkeit** eines technischen Systems darstellt.[35] Zu Beginn der *Mensch-Maschine-Kommunikation* (*Human-Computer-Interaction* = *HCI*) mussten sich Benutzer nach dem Computer richten. Mit der Weiterentwicklung von Systemen und dem Internet änderte sich dieses Verhältnis, sodass Computer nun gewissermaßen die Bedürfnisse der Benutzer aufgreifen.[36] *User Interfaces* und *Usability* greifen ineinander, um neben der Bereitstellung von technischen Rahmenbedingungen auch die Handhabung mit Computersystemen leicht und intuitiv nutzbar zu gestalten.[37]

2.1.2 Software-Agent

Ein *Software-Agent* ist in der Lage **selbstständig** und in Vertretung für eine Person bzw. ein Unternehmen zu agieren und bestimmte Handlungen durchzuführen.[38] Ein Agent soll Aufgaben **im Namen des Benutzers** erledigen und ihn bei der Verwendung von technischen Systemen unterstützen.[39] Ein E-Mail-Programm, wie z. B. *Microsoft Outlook*, kann als Software-Agent bezeichnet werden. Es ist in der

---

[35] Vgl. Braun, 2003, S. 18; Kollmann, 2011, S. 210.
[36] Vgl. Braun, 2003, S. 26.
[37] Vgl. Braun, 2003, S. 18; Kollmann, 2011, S. 210.
[38] Vgl. Braun, 2003, S. 18.
[39] Vgl. Braun, 2003, S. 20.

Lage E-Mails benutzerspezifisch nach bestimmten Kriterien zu sortieren und zu filtern.[40]

2.1.3 Chatbot

Der Begriff *Chatbot* setzt sich aus den englischen Worten *Chat* ([online] plaudern) und *Robot* (Roboter) zusammen.[41] Jedoch ist ein Chatbot keine physische Apparatur.[42] Es handelt sich um ein **Softwareprogramm**, welches die *HCI* in natürlicher Sprache ermöglicht und sozusagen im **textbasierten Dialog** mit einem Nutzer einen menschlichen Gesprächspartner simuliert.[43] Manche Chatbots sind personifiziert, d. h. sie besitzen einen Namen und werden zusätzlich durch ein Foto oder einen *Avatar* visualisiert.[44] Chatbots sollen – ähnlich wie ein Verkaufsmitarbeiter in einem stationären Geschäft – den Nutzer im Recherche- und Kaufprozess im Internet unterstützen.[45] Sie werden in der Praxis daher häufig als **digitaler bzw. virtueller Assistent** bezeichnet.[46] Aus den vorangegangen Begriffserläuterungen ableitend, können Chatbots demnach zum einen der Kategorie der *(Conversational) User Interfaces* und zum anderen jener der *Software-Agenten* zugeordnet werden.[47]

2.1.4 Sprachassistent

Sprachassistenten, wie z. B. *Alexa* von *Amazon*, *Siri* von *Apple* und *Cortana* von *Microsoft*, sind gewissermaßen ‚Verwandte' des textbasierten Chatbots.[48] Sie wurden vor allem durch die von *Amazon* verkauften *Echo* Lautsprecher bekannt und beliebt.[49] In diesem Zusammenhang wird auch von sogenannten ‚intelligenten Lautsprechern' bzw. **Smart Speakern** gesprochen.[50] Der Dialog zwischen dem

---

[40] Vgl. Braun, 2003, S. 19.
[41] Vgl. Monard & Uebersax, 2018, S. 1.
[42] Vgl. Dirksen & Schrills, 2018, S. 23; Schonschek & Haas, 2018.
[43] Vgl. Shawar & Atwell, 2007, S. 43; Luber, 2018; Onlim GmbH, 2018, S. 2.
[44] Vgl. Storp, 2002, S. 4; Boden et al., 2006, S. 3.
[45] Vgl. Lamprecht, 2018; Pohlmann, 2018; Brückmann, 2017.
[46] Vgl. Luber, 2018; Boden et al., 2006, S. 3.
[47] Vgl. Braun, 2003, S. 21; Kühl, 2016; Weddehage, 2016.
[48] Vgl. Dirksen & Schrills, 2018, S. 24.
[49] Vgl. Heinemann, 2018, S. 8.
[50] Vgl. Spryker Systems GmbH, 2018, S. 15.

Nutzer und dem Sprachassistenten erfolgt nicht textbasiert, sondern in gesprochener Sprache.[51]

2.1.5 Zugehörige Begriffe

2.1.5.1 Conversational-Commerce

Mit den innovativen Weiterentwicklungen von Computer- und Internettechnologien sowie den sich stetig verändernden Kundenbedürfnissen entstehen neue Unterformen des klassischen *Electronic-Commerce* per Desktop-PC/Laptop in einem Online-Shop.[52] So wird das Online-Shopping per Smartphone oder Tablet über eine mobile Webseite oder Shopping-App als *Mobile-Commerce* bezeichnet.[53] Beim Verkauf von Produkten über soziale Netzwerke wird der Begriff *Social-Commerce* verwendet.[54] Wird ein Kauf über einen *Smart Speaker* ausschließlich per Sprachbefehl getätigt, wird von *Voice-Commerce* gesprochen.[55] Mit der bereits erwähnten gestiegenen Beliebtheit und Dominanz von Messaging-Apps hat sich eine **Kombination aus Messaging und Shopping** entwickelt, welche als *Conversational-Commerce* bezeichnet wird.[56] Die Konversation und Kaufabwicklung mit dem Konsumenten per Chatfunktion kann von einem Mitarbeiter oder Chatbot durchgeführt werden.[57] Daher können Chatbots ebenfalls dem *Conversational-Commerce* zugeordnet werden.[58]

2.1.5.2 Künstliche Intelligenz

Künstliche Intelligenz (KI), auch *Artificial Intelligence* (AI) genannt, ist ein Teilgebiet der Informatik und beschreibt die Intelligenz von Computern.[59] Die KI-Forschung beschäftigt sich mit Methoden und Anwendungen, die es Computerprogrammen ermöglichen soll Aufgaben auf eine Art und Weise zu lösen, wie dies bei Menschen der Fall ist, deren Intelligenz zur Problemlösung erforderlich ist.[60]

---

51 Vgl. Hebenstreit, 2017.
52 Vgl. Heinemann, 2017, S. 35 ff.; Kollmann, 2011, S. 78.
53 Vgl. Heinemann, 2017, S. 132 ff.
54 Vgl. Heinemann, 2018, S. 145.
55 Vgl. Heinemann, 2018, S. 8.
56 Vgl. Tuzovic & Paluch, 2018, S. 5; Spryker Systems GmbH, 2018, S. 4; Brückmann, 2017.
57 Vgl. Piyush, Choudhury & Kumar, 2016, S. 322.
58 Vgl. Tuzovic & Paluch, 2018, S. 5.
59 Vgl. Braun, 2003, S. 22; Herfurth, 2019.
60 Vgl. Gabler Wirtschaftslexikon, 2018.

Die Sprachfähigkeit stellt einen wesentlichen Bestandteil menschlicher Intelligenz dar.[61] Diesen Aspekt nutzte der britische Mathematiker und Informatiker *Alan Turing* im Jahr 1950 für sein Experiment **The Imitation Game** (Imitationsspiel), aus welchem sich der sogenannte **Turing-Test** (TT) entwickelte.[62] Das Experiment zielte darauf ab, eine computerbasierte Kommunikation so darzustellen, dass ein menschlicher Interviewer nicht mehr in der Lage ist nur anhand des Antwortverhaltens zu unterscheiden, ob die auf einem Bildschirm dargestellten Antworten von einem Menschen oder einem Computerprogramm generiert wurden. Wenn es einem Computer gelingt einen menschlichen Interviewer dahingehend zu täuschen, kann dieser nach der Auffassung von *Turing* als intelligent bezeichnet werden.[63] Auch wenn der *TT* seit den 1980er Jahren umstritten ist, da manche Forscher ihn als *Intelligenztest* für Computer für nicht ausreichend erachten[64], ist er das bekannteste und am häufigsten genutzte Verfahren zur Messung von künstlicher Intelligenz.[65]

Seit dem Jahr 1991 konkurrieren Softwareentwickler im **Loebner-Wettbewerb** *(Loebner Prize Competition in Artifical Intelligence)* darum das menschenähnlichste Softwareprogramm zu entwickeln. Auch wenn dieser Wettbewerb gleichermaßen umstritten ist wie der *Turing-Test*, so hat *Hugh Loebner* durch dessen Einführung dennoch die Chatbot- und KI-Forschung forciert. Im *Loebner*-Wettbewerb wird eine abgewandelte Form des Turing-Tests angewendet, da dieser in seiner ursprünglichen Variante noch nie erfolgreich bestanden wurde.[66]

Die vorangegangene Erläuterung des KI-Begriffs verdeutlicht, dass dieser **kein Synonym** zum Chatbot-Begriff darstellt. Die sinnverwandte Nutzung beider Begrifflichkeiten taucht in der Öffentlichkeit allerdings fälschlicherweise häufiger auf. Zudem basiert nicht jeder Chatbot auf KI (siehe hierzu Kapitel 2.2.2).[67] Jedoch stehen beide Begriffe in einem engen Zusammenhang zueinander. Der 50 Jahre alten Chatbot-Technologie werden durch den Einsatz von Künstlicher Intelligenz **neue**

---

[61] Vgl. Storp, 2002, S. 15.
[62] Vgl. Storp, 2002, S. 6.
[63] Vgl. Storp, 2002, S. 5; Braun, 2003, S. 22 f.; Turing, 1950, S. 433.
[64] Vgl. Storp, 2002, S. 6 f.; Saygin, Cicekli & Akman, 2000, S. 463.
[65] Vgl. Dirksen & Schrills, 2018, S. 30.
[66] Vgl. Storp, 2002, S. 7 f.; Braun, 2003, S. 24.
[67] Vgl. Litzel, 2018.

Potenziale eröffnet.[68] Die Fortschritte der KI-Forschung sind daher entscheidend mitverantwortlich für das neu aufgekommene Interesse an Chatbots.[69]

2.2 Funktionsweise

Diese Masterarbeit fokussiert sich auf den ‚klassischen' textbasierten Chatbot, wie er in Abschnitt 2.1.3 beschrieben wurde. Die Interaktion des Nutzers mit dem Chatbot erfolgt somit per Texteingabe in einem auf einer beliebigen Reisewebseite erscheinenden Chatfenster. Dementsprechend beziehen sich alle weiteren Ausführungen auf diese Form des Chatbots, welcher der Einfachheit halber im weiteren Verlauf nur noch als *Chatbot* ohne den Zusatz *textbasiert* bezeichnet wird.

2.2.1 Reiz-Reaktion-System

Die Funktionsweise heutiger moderner Chatbots basiert im Kern auf der *ELIZA*-Funktionsweise aus den 1960er Jahren. Als eine Art Reiz-Reaktions-System agiert ein Chatbot grundsätzlich in **drei aufeinanderfolgenden Schritten**.[70]

1) Wahrnehmen

Der Chatbot muss in einer Messaging-App oder auf einer Webseite aktiv sein und die Eingabe des Nutzers im Chatfenster bemerken.[71]

2) Interpretieren

Der Chatbot muss die Nutzereingaben anhand bestimmter Schlüsselwörter und implementierter Regeln filtern, kategorisieren und mit der internen **Wissensdatenbank** abgleichen. Ziel ist es ein passendes Muster zwischen gestellter Frage und möglicher Antwort zu finden (***Pattern Matching***). Die Wissensdatenbank stellt das Herzstück des Chatbots dar. Wird kein passendes Muster gefunden, wird der Chatbot in der Regel im nächsten Schritt eine vorab definierte Ersatzantwort ausspielen, z. B. *Es tut mir leid, ich habe Ihre/Deine Frage leider nicht verstanden.*[72]

---

[68] Vgl. Försch, 2018; Dresler, 2018; Sponholz, 2018; Froy, 2019; Rode, 2017.
[69] Vgl. Gentsch, 2018, S. 1.
[70] Vgl. Storp, 2002, S. 19.
[71] Vgl. Zumstein & Hundertmark, 2018, S. 98; Spryker Systems GmbH, 2018, S. 5.
[72] Vgl. Braun, 2003, S. 49; Dirksen & Schrills, 2018, S. 36 f.; Zumstein & Hundertmark, 2018, S. 99; Luber, 2018; Hebenstreit, 2017.

3) Antworten

Der Chatbot muss dem Nutzer die passenden Antworten (oder Ersatzantworten) im Chatfenster anzeigen. Hierbei kann es sich um eine reine Textantwort oder eine Textantwort unterstützt durch Visualisierungen in Form von Bildern und Links handeln.[73]

2.2.2 Regelbasiert versus KI-basiert

Anhand des Umfanges der Interpretations- und Leistungsfähigkeit (zweiter Funktionsschritt des vorangegangenen Unterkapitels) können zwei Formen von Chatbots unterschieden werden, welche nachfolgend vorgestellt werden.[74]

1) Regelbasierte Chatbots (rule-based)

Regelbasierte Chatbots werden als eine Art **erweitertes FAQ-System** (*Frequently Asked Questions*) angesehen, da sie nur einzelne Antworten auf einzelne Fragen geben.[75] Sie können nur dann die richtigen Antworten geben, wenn der Nutzer gewissermaßen die richtigen Fragen stellt. Dies bedeutet, dass die Fragen bestimmte Schlüsselwörter enthalten müssen, die dem Chatbot bekannt sind (d. h. in der Datenbank hinterlegt sind).[76] Dennoch können regelbasierte Chatbots heutzutage durch die Verbesserungen von Computertechnologien deutlich mehr Daten erfassen und verarbeiten als dies noch in den 1990er-Jahren der Fall war. Wird zudem die **Datenbank** stetig um neue **Schlüsselwörter** erweitert, kann der Chatbot immer mehr Nutzerfragen zu verschiedenen Themengebieten beantworten. Doch da keine KI zum Einsatz kommt, ist ein offener und flüssiger Dialog mit dieser Form von Chatbots kaum möglich. Der Programmieraufwand ist dagegen geringer als bei KI-basierten Chatbots.[77]

---

[73] Vgl. Dirksen & Schrills, 2018, S. 36 f.; Luber, 2018; Spryker Systems GmbH, 2018, S. 5.
[74] Vgl. Hebenstreit, 2017.
[75] Vgl. Monard & Uebersax, 2018, S. 6; Spryker Systems GmbH, 2018, S. 6.
[76] Vgl. Schlicht, 2016; Onlim GmbH, 2019.
[77] Vgl. interface medien GmbH, 2017; Onlim GmbH, 2018, S. 4.

2) KI-basierte Chatbots (ai-based)

Techniken wie *Machine Learning* (ML) und *Natural-Language-Processing* (NLP) sind Bausteine künstlicher Intelligenz.[78] *NLP* ermöglicht dem Chatbot die Bedeutung von Wörtern und Sätzen zu ermitteln.[79] Ein KI-basierter Chatbot analysiert den Kontext der Nutzereingabe und sucht nicht nur nach einzelnen Schlüsselwörtern wie der regelbasierte Chatbot.[80] Es können unter anderem Synonyme, bestimmte Marken oder auch Emotionen erkannt werden.[81] *ML* beschreibt die Fähigkeit von Softwareprogrammen durch die Analyse von Daten Regeln und Zusammenhänge zu erkennen und daraus selbstständig neues Wissen aufzubauen und geeignete Handlungen abzuleiten.[82] Mit der Integration von *NLP* und *ML* verbessert sich die **Interpretations- und Leistungsfähigkeit** von Chatbots. Dadurch eröffnet sich die Möglichkeit auch komplexere Kundenanliegen durch einen Chatbot bearbeiten zu lassen. Der KI-basierte Chatbot lernt gewissermaßen mit jedem Gespräch dazu. Fragen von Kunden können somit mit der Zeit exakter und zufriedenstellender beantwortet werden. Zudem verläuft der Dialog dynamischer ab als bei regelbasierten Chatbots.[83]

2.3 Chancen und Risiken

2.3.1 Aus Kundensicht

Ein Chatbot ist **24 Stunden erreichbar** und antwortet innerhalb weniger Sekunden. Kunden wird dadurch eine deutlich schnellere Kommunikation mit Unternehmen unabhängig von Service-/Öffnungszeiten ermöglicht. Sie müssen keine störenden Warteschleifen und längere Wartezeiten in Kauf nehmen, wie dies bei der Kontaktaufnahme über eine Service-Hotline oder ein Kontaktformular häufig der Fall ist, um Antworten auf ihre Fragen zu erhalten.[84]

Die Besonderheit ist, dass der Kunde seine **natürliche Sprache** verwenden kann und keine spezielle Programmiersprache beherrschen muss, um mit dem Chatbot

---

[78] Vgl. Hebenstreit, 2017; Tuzovic & Paluch, 2018, S. 5.
[79] Vgl. Dirksen & Schrills, 2018, S. 27; Onlim GmbH, 2018, S. 5; Schröder, 2017.
[80] Vgl. Onlim GmbH, 2019; Spryker Systems GmbH, 2018, S. 6.
[81] Vgl. Schröder, 2017.
[82] Vgl. Dirksen & Schrills, 2018, S. 28 f.; Spryker Systems GmbH, 2018, S. 6; Schlicht, 2016.
[83] Vgl. Monard & Uebersax, 2018, S. 8; Braun, 2003, S. 36 f.; Herfurth, 2019; Niemetz, 2016.
[84] Vgl. Storp, 2002, S. 4; Braun, 2003, S. 36 f.; Kern A., 2018; Litzel, 2018; Galert, 2018; Tenios GmbH, 2019.

kommunizieren zu können. Zudem stellt die Art der Kommunikation – nämlich das Chatten an sich über ein Chatfenster unabhängig ob mit einem Menschen oder Computer – keine Neuheit mehr für die Mehrheit der Kunden dar.[85] Dadurch ergibt sich eine **intuitive Bedienbarkeit** des Chatbots und trotz der Interaktion mit einem Softwareprogramm wird die Kommunikation mit einem Unternehmen somit auf einer persönlichen Ebene ermöglicht.[86]

Da zur Nutzung eines Chatbots keine separate App oder kein spezielles Softwareprogramm installiert werden muss, wird kein Speicherplatz auf dem Smartphone bzw. Computer verbraucht. Ebenso muss der Kunde nicht extra auf eine andere App bzw. Webseite wechseln. Der Chatbot ist entweder direkt in der Messaging-App oder auf der Unternehmenswebseite integriert.[87] Anstatt sich in mehreren Apps oder Webseiten zurechtfinden und zeitaufwendige Suchvorgänge betreiben zu müssen, kann der Kunde dem Chatbot **bequem** die entsprechenden Fragen stellen. Dieser filtert die relevanten Informationen aus den integrierten Datenbanken und stellt diese – teilweise unterstützt von Bildern und Links – im Chatfenster zur Verfügung. Dies bietet für den Kunden die Chance Zeit und Aufwand einzusparen und seine **Produktivität** bei der Informationsrecherche im Internet zu erhöhen.[88]

Allerdings weisen Chatbots auch Risiken für Kunden auf. Ist die Interpretationsfähigkeit der Chatbot-Technologie noch nicht ausgereift genug, können komplexere Anliegen kaum zufriedenstellend bearbeitet werden. Wenn der Kunde seine **Fragen mehrmals wiederholen oder anders formulieren** muss bis der Chatbot diese richtig versteht und beantworten kann, kostet ihn dies viel Zeit und Mühe. Der Kunde muss womöglich zusätzlich eigenständig im Internet recherchieren, um die gewünschten Informationen zu erhalten.[89]

Die **fehlende Empathie** eines Chatbots kann für Kunden insbesondere zur Reiseberatung und bei Reklamationen problematisch sein und zu **Frustration** führen, da der Chatbot nur rein sachlich antwortet und keine Rücksicht auf die Empfindungen des Nutzers nehmen kann.[90] Kunden, die eine geringere Erfahrung mit inter-

---

[85] Vgl. Braun, 2003, S. 28; Spryker Systems GmbH, 2018, S. 12; Shawar & Atwell, 2007, S. 44.
[86] Vgl. Piyush, Choudhury & Kumar, 2016, S. 326; Onlim GmbH, 2018, S. 9.
[87] Vgl. Hebenstreit, 2017; Wild, 2017; DIM Deutsches Institut für Marketing GmbH, 2019; Weddehage, 2016.
[88] Vgl. Braun, 2003, S. 33; Monard & Uebersax, 2018, S. 5; Onlim GmbH, 2018, S. 9. Dresler, 2017.
[89] Vgl. Zumstein & Hundertmark, 2018, S. 103; Pohlmann, 2018; Froy, 2019.
[90] Vgl. DIM Deutsches Institut für Marketing GmbH, 2019; Gögele, 2018.

netbasierten Technologien aufweisen, könnten die Interaktion mit einem Computer womöglich unnatürlich oder seltsam empfinden.[91] Zusätzlich stellt die Speicherung des Gesprächsverlaufs und das damit verbundene **Preisgeben von persönlichen Daten** ein Risiko aus Sicht der Kunden bei der Nutzung eines Chatbots dar, da Unternehmen diese Daten möglicherweise unsachgemäß zu Werbezwecken verwenden oder nicht ausreichend vor Missbrauch schützen könnten.[92]

2.3.2 Aus Unternehmenssicht

Mit der 24-stündigen Erreichbarkeit und sekundenschnellen Bearbeitung mehrerer Kundenanfragen gleichzeitig, bietet der Einsatz eines Chatbots einem Unternehmen die Möglichkeit das Bedürfnis der Kunden nach einem jederzeit erreichbaren **Echtzeit-Service** zu erfüllen. Dies stellt für Unternehmen eine wichtige Chance dar, um sich von Mitbewerbern abgrenzen zu können.[93] Zudem ergibt sich für Unternehmen die Möglichkeit **Service- und Personalkosten** in der Kundenbetreuung einzusparen, da durch den Chatbot eine automatisierte Beantwortung von immer wiederkehrenden Standardfragen erfolgen kann.[94] Ein Chatbot kann einen Servicemitarbeiter derart unterstützen und entlasten, als dass sich dieser auf die Bearbeitung komplexerer Kundenanfragen konzentrieren kann. Dadurch kann die **Qualität der Betreuungsleistung** für den Kunden insgesamt verbessert werden.[95]

Mit der Implementierung eines Chatbots in eine Messaging-App können Kosten für die Kundenakquise reduziert werden. Der Kunde muss nicht durch spezielle Marketing-maßnahmen (z. B. Bannerwerbung) auf die Webseite des Unternehmens aufmerksam gemacht werden. Das Unternehmen ist über eine Messaging-App, wie z. B. *WhatsApp* oder *Facebook Messenger*, gewissermaßen direkt dort präsent, wo sich der Kunde bereits die meiste Zeit über aufhält.[96] Ein Chatbot bietet zudem das Potenzial das **Up- and Cross-Selling** zu steigern. Als eine Art digitaler Verkaufs-

---

[91] Vgl. Zumstein & Hundertmark, 2018, S. 103; Koelwel, 2019.
[92] Vgl. Zumstein & Hundertmark, 2018, S. 103; Pohlmann, 2018.
[93] Vgl. Litzel, 2018; Zumstein & Hundertmark, 2018, S. 101; Sprout Social, Inc., 2019.
[94] Vgl. Zumstein & Hundertmark, 2018, S. 101; Hebenstreit, 2017; Wittpahl, 2019, S. 134; Rode, 2017.
[95] Vgl. Cui et al., 2017, S. 97; interface medien GmbH, 2017; Dirksen & Schrills, 2018, S. 42.
[96] Vgl. Hebenstreit, 2017; Galert, 2018.

berater kann er dem Nutzer passend zu seiner ursprünglichen Anfrage zusätzliche relevante Produktempfehlungen zukommen lassen.[97]

Eine weitere Chance des Chatbot-Einsatzes für Unternehmen ergibt sich aus der **Sammlung von Nutzerdaten**, da alle Gespräche zwischen dem Nutzer und Chatbot protokolliert werden. Durch die Auswertung der Daten erhält ein Unternehmen wertvolle Einblicke in die Bedürfnisse der Kunden und kann seine Produkte oder Dienstleistungen daran anpassen. Insbesondere durch die dynamische und persönliche Kommunikationsform des Chattens können tiefergehende Kundeninformationen gewonnen werden, als wenn der Nutzer nur ein statisches und unpersönliches Kontaktformular ausfüllt.[98]

Neben den genannten Chancen bestehen für Unternehmen auch Risiken bei der Verwendung eines Chatbots für die Kundenkommunikation. Wenn der Chatbot nicht ordnungsgemäß funktioniert, d. h. er die Fragen des Nutzers nicht auf Anhieb korrekt beantworten kann, sorgt dies für **Frustration beim Kunden**. Bei komplexen Anliegen, in denen menschliche Empathie benötigt wird, kommt der Chatbot an seine Grenzen. Verärgerte Kunden könnten zu möglichen **Imageschäden** für ein Unternehmen führen.[99]

Das Potenzial der Einsparung von Service-, Personal- und Marketingkosten muss in Relation zu den notwendigen Investitionen in den Aufbau bzw. Ausbau einer geeigneten technischen Infrastruktur für den Einsatz eines Chatbots und dessen Programmierung gesetzt werden.[100] Zudem müssen Richtlinien zum **Datenschutz** eingehalten werden, welche sich im Chatbot-Kontext als vergleichsweise komplex darstellen.[101]

2.3.3 Zusammenfassung

Die vorangegangenen Erläuterungen zeigen, dass es Überschneidungen zwischen den Chancen und Risiken von Chatbots für Unternehmen und Kunden gibt und diese nicht isoliert voneinander betrachtet werden sollten.

---

[97] Vgl. Shawar & Atwell, 2007, S. 43.
[98] Vgl. Braun, 2003, S. 39; Hebenstreit, 2017; Monard & Uebersax, 2018, S. 5; Dirksen & Schrills, 2018, S. 42.
[99] Vgl. Zumstein & Hundertmark, 2018, S. 103; Schonschek & Haas, 2018.
[100] Vgl. Zumstein & Hundertmark, 2018, S. 103; Tantau, 2017.
[101] Vgl. Kern E., 2017; Knebel, 2018; Brunotte, 2017.

So ist zum Beispiel die Sammlung von Nutzerdaten für Unternehmen zwar eine Chance ihre Angebote und Marketingmaßnahmen besser auf den Kunden auszurichten, jedoch schränkt dies gleichzeitig die Privatsphäre des Nutzers ein. Wiederum kann der Kunde dadurch von personalisierten und idealerweise relevanteren Informationen profitieren.

Die aufgezeigten negativen Folgen einer mangelnden Interpretationsfähigkeit des Chatbots stellen gleichermaßen für Unternehmen wie für Kunden ein Risiko dar. Ein möglicher Lösungsansatz für diese Problematik ist der sogenannte *Human Fallback*. Wenn der Chatbot erkennt, dass er die Anfrage des Kunden nicht bearbeiten kann, wird das Gespräch an einen Mitarbeiter aus dem Kundenservice übergeben. Somit kann das Risiko des Auftretens von Frustration auf Kundenseite und von Imageschäden auf Unternehmensseite abgemildert werden, da ein menschlicher Servicemitarbeiter in kritischen Situationen eingreifen kann.[102]

Tabelle 1 fasst die beschriebenen Chancen und Risiken von Chatbots aus Unternehmens- und Kundensicht zusammen.

Tabelle 1: Chancen und Risiken von Chatbots für Unternehmen und Kunden

	Unternehmen	**Kunden**
Chancen	<ul><li>24/7-Echtzeit-Service → Erfüllung Kundenbedürfnis & Wettbewerbsvorteil</li><li>Entlastung Servicemitarbeiter mittels automatisierter Anfragenbearbeitung</li><li>Einsparpotenzial für Personal- & Marketingkosten</li><li>Auswertung von Nutzerdaten für Produkt- & Angebotsoptimierungen</li><li>Steigerung Up- & Cross-Selling</li></ul>	<ul><li>Direkte, schnelle und bequeme 24/7-Echtzeit-Kommunikation</li><li>Keine separate App-/Softwareinstallation nötig → kein Verbrauch von Speicherplatz</li><li>Verwendung natürlicher Sprache → einfache Handhabung ohne vorherige Übung/Erfahrung</li><li>Zeitersparnis & Erhöhung Produktivität für Informations-/Angebotssuche</li></ul>

---

[102] Vgl. Tuzovic & Paluch, 2018, S. 17; Nimphius & Eckhold, 2018, S. 53; Botsify, 2019.

	Unternehmen	Kunden
Risiken	<ul><li>Imageschäden und Kundenverlust durch Fehlfunktionen</li><li>Investitionen in IT-Infrastruktur und Programmierung höher als mögliche Kosteneinsparungen</li><li>Fehlende Kundenakzeptanz</li><li>Komplexerer Datenschutz</li></ul>	<ul><li>Frustration und Verärgerung durch Fehlfunktionen und fehlende Empathie</li><li>Zeitverlust & Mehraufwand bei Fehlinterpretationen</li><li>Einschränkungen Privatsphäre</li><li>Unwohlsein bzgl. nicht-menschlichem Gesprächspartner</li></ul>

2.4 Status quo Nutzungsverhalten in Deutschland

Lange Zeit lag der Fokus darauf einen Chatbot zu entwickeln, der den Nutzer nur unterhält und möglichst menschenähnlich ist. Doch dieser **Fokus** hat sich geändert. Es geht nicht mehr darum einen menschlichen Gesprächspartner bestmöglich zu simulieren. Chatbots sollen einen Servicemitarbeiter nicht ersetzen, sondern ihn sinnvoll unterstützen. Heutzutage ist es wichtig, dass das Softwareprogramm Unternehmen und Kunden einen klaren Nutzen bietet, z. B. Zeitersparnis oder Erhöhung der Produktivität.[103]

Im Jahr **2016** konnte sich laut einer Studie des **Digitalverbands Bitkom** jeder vierte Deutsche vorstellen einen Chatbot zu nutzen. Von diesen 25 % der Befragungsteilnehmer würden 64 % den Chatbot zum Kauf von Veranstaltungstickets einsetzen. 58 % gaben an einen Chatbot für Online-Shopping und Reisebuchung nutzen zu wollen. Für 53 % der Befragten ist es interessant den Chatbot zum Erhalt von Wetter-, Verkehrsinformationen oder Nachrichten zu befragen. Wiederum gaben zum Zeitpunkt der Befragung 63 % der Teilnehmer an keinen Chatbot nutzen zu wollen. Sie haben Zweifel, dass der Chatbot die Fragen nicht zuverlässig beantworten kann (54 %) und halten die Technologie für noch nicht ausgereift genug (47 %).[104]

Eine **YouGov-Studie** aus dem Jahr **2017** – in Kooperation mit dem Reisesuchmaschinen-Betreiber *KAYAK* – ergab, dass 78 % der Befragten nicht wissen, was ein Chatbot ist. Nach einer Begriffserläuterung gaben wiederum 50 % der Befragungsteilnehmer an eine grundsätzliche Bereitschaft zu haben einen Chatbot nutzen zu

---

[103] Vgl. Braun, 2003, S. 27; Kühl, 2016; Dirksen & Schrills, 2018, S. 30; Shawar & Atwell, 2007, S. 45.
[104] Vgl. Bitkom e.V., 2017.

wollen. Hauptgründe hierfür sind die in Kapitel 2.3.1 genannten Vorteile für Kunden nicht an Öffnungszeiten gebunden zu sein (62 %) und keine Warteschleifen in Kauf nehmen zu müssen (61 %) sowie die schnelle Beantwortung von Fragen (55 %).[105]

Eine **Exklusivstudie zur Developer Week** aus dem Jahr **2017** befragte 1265 deutsche Internetnutzer zum Thema Chatbots. Rund 46 % haben zum Zeitpunkt der Befragung noch nichts von Chatbots gehört. Nur ca. 12 % haben schon mal einen Chatbot genutzt.[106] Ein Drittel der Befragten glaubt wiederum daran, dass sich die bisher noch eher unausgereifte Technologie schnell weiterentwickeln wird.[107] Am interessantesten finden die befragten Internetnutzer den Einsatz von Chatbots zum Abruf von Informationen (ca. 54 %) und im Kundenservice (ca. 40 %).[108]

Die **2018** durchgeführte **idealo-Studie** zur Ermittlung, inwiefern die deutsche Bevölkerung zu aktuellen E-Commerce-Trends steht, zeigte eine leicht gestiegene Akzeptanz von Chatbots im Vergleich zu 2017. Kunden finden vor allem den Einsatz eines Chatbots als Unterstützung beim Bestellprozess und bei der Produktberatung sinnvoll.[109]

Im Allgemeinen wird die deutsche Bevölkerung sicherer im Umgang mit Computer- und Internettechnologien.[110] Dies verdeutlicht der erneute Anstieg des Digitalindex[111] und der digitalen Kompetenz im Vergleich zum Vorjahreszeitraum 2017/2018.[112]

Die vorgestellten Kernergebnisse von vier repräsentativen Kundenbefragungen zeigen auf, dass grundsätzlich eine Bereitschaft der Kunden besteht einen Chatbot nutzen wollen, jedoch ist diese noch deutlich ausbaufähig. Der Chatbot-Begriff wird von Verbrauchern mittlerweile zwar häufiger wahrgenommen, doch ist dessen genaue Bedeutung oft nicht bekannt.[113]

---

[105] Vgl. Buckstegen, 2017; KAYAK.com, 2017.
[106] Vgl. Fittkau & Maaß Consulting GmbH, 2017, S. 9.
[107] Vgl. Fittkau & Maaß Consulting GmbH, 2017, S. 16.
[108] Vgl. Fittkau & Maaß Consulting GmbH, 2017, S. 14.
[109] Vgl. idealo internet GmbH, 2019.
[110] Vgl. Initiative D21 e.V., 2019, S. 26.
[111] Digitalisierungsgrad der deutschen Gesellschaft auf einer Skala von 0 bis 100 Punkten.
[112] Vgl. Initiative D21 e.V., 2019, S. 11.
[113] Vgl. Initiative D21 e.V., 2019, S. 30.

Im Zusammenspiel mit bestehenden Zweifel der Nutzer bezüglich der Zuverlässigkeit der Technologie bedingt dies, dass sich die **Bekanntheit und Verbreitung** von Chatbots in Deutschland noch im **Anfangsstadium** befindet.[114] Andere Kommunikationswege, wie E-Mail und Telefon, sind vergleichsweise akzeptierter. Auch ist das Chatten mit einem realen Mitarbeiter doppelt so beliebt, wie das Chatten mit einem virtuellen Chatbot.[115]

---

[114] Vgl. Buckstegen, 2017; Rondinella, 2018; Fittkau & Maaß Consulting GmbH, 2017, S. 5.
[115] Vgl. interface medien GmbH, 2017.

3 Tourismus

Damit für die Untersuchung der Akzeptanz von Chatbots explizit im Tourismuskontext ein geeignetes Forschungsmodell entwickelt werden kann, bedarf es der Erläuterung grundlegender Rahmenbedingungen des Tourismus. In Kapitel 3.1 wird daher zunächst auf die konstitutiven Elemente des Tourismus eingegangen. In Kapitel 3.2 wird anschließend das touristische Produkt und dessen Besonderheiten erläutert. Danach stellt Kapitel 3.3 zwei wichtige Formen von Tourismusbetrieben vor. Nachfolgend werden in Kapitel 3.4 Zahlen und Fakten zum deutschen Reisemarkt 2018 vorgestellt. Abschließend wird in Kapitel 3.5 der aktuelle Entwicklungsstand der digitalen Transformation in der deutschen Reisebranche aufgezeigt.

3.1 Konstitutive Elemente

Im Fokus des Tourismus steht die Reise. Es handelt sich hierbei um einen Ortswechsel von Personen (Touristen) von ihrem Wohnort zu einem ‚fremden' Ort. Der Aufenthalt der Touristen an diesem ‚fremden' (Urlaubs-)Ort ist hierbei nur vorübergehend, d. h. nicht länger als ein Jahr ohne Unterbrechung. Für den gewünschten Ortswechsel können verschiedene Motive, wie die Ausübung bestimmter Freizeit- oder Geschäftsaktivitäten, vorliegen. Diese drei Faktoren – *Ortswechsel, Aufenthalt, Motive* – bilden die drei **konstitutiven Elemente** des Tourismus.[116]

Anhand der Reisemotive können der *touristische Kernbereich* (Reisen als Erholung, Spaß, Abenteuer), der *touristische Randbereich* (Geschäfts- oder Gesundheitsreise) und der *nicht-touristische Bereich* (studentischer Auslandsaufenthalt) voneinander unterschieden werden.[117] Im weiteren Verlauf dieser Arbeit liegt der Fokus ausschließlich auf dem **touristischen Kernbereich**.

3.2 Touristisches Produkt

Das touristische Produkt ist die Reise selbst[118], welche sich in die Vorreisephase (Aufmerksamkeit, Informationssuche, Buchung), die Reisephase (Durchführung) und in die Nachreisephase (Reklamation, Bewertung, Weiterempfehlung) unter-

---

[116] Vgl. Freyer, 2011, S. 2.
[117] Vgl. Freyer, 2011, S. 3.
[118] Vgl. Freyer, 2011, S. 135.

teilen lässt.[119] Diese Arbeit fokussiert sich auf die **Vorreisephase**, da der Chatbot als Unterstützung für die Reiseplanung im Internet eingesetzt werden soll. Eine Reise weist **spezifische Merkmale** auf, welche einen entscheidenden Einfluss auf das Konsumentenverhalten ausüben[120] und nachfolgend erläutert werden.

1) Immaterialität

Der Tourist kann eine Reise nicht ansehen und anfassen. Er kann sie vorab weder testen noch erleben.[121] Die Reise als immaterielles Kaufobjekt weist neben Sucheigenschaften (z. B. Preis, Bilder, Beschreibung) zusätzlich sogenannte **Erfahrungseigenschaften** auf. Dies bedeutet, dass Reisende erst nach der Durchführung der Reise deren Qualität vollständig beurteilen können.[122]

2) Abstraktheit

Eine Reise setzt sich aus Zeit, Raum und Personen zusammen. Sie unterscheidet sich je nach Reisedauer, Zielland und Urlaubertyp.[123] Eine Reise ist demnach kein standardisierbares Produkt. Nicht der absolute Preis ist ausschlagend, sondern ein bestmögliches Preis-Leistungs-Verhältnis.[124]

3) Vergänglichkeit

Eine Reise kann nicht gelagert werden, beispielsweise verfällt ein nicht gebuchter Sitzplatz im Flugzeug bei Abflug.[125]

4) Uno-actu-Prinzip

Die Erstellung und Inanspruchnahme von touristischen Leistungen fallen zeitlich und örtlich zusammen. Dies bedeutet, dass der Reisende die Reise erst am Ort des Produzenten (in der Fremde) konsumiert und nicht am Heimatort. Wiederum bedeutet dies auch, dass das touristische Produkt erst verkauft wird (Buchung vor Reiseantritt), bevor es gewissermaßen erstellt wird (Durchführung der Reise).[126]

---

[119] Vgl. Freyer, 2011, S. 291.
[120] Vgl. Freyer, 2011, S. 134.
[121] Vgl. Freyer, 2011, S. 135.
[122] Vgl. Foscht & Swoboda, 2007, S. 22; Trommsdorff, 2002, S. 127.
[123] Vgl. Freyer, 2011, S. 135.
[124] Vgl. Freyer, 2011, S. 344.
[125] Vgl. Freyer, 2011, S. 135.
[126] Vgl. Freyer, 2011, S. 324.

5) Leistungsbündel

Eine Reise setzt sich aus verschiedenen touristischen Teilprodukten zusammen und weist daher eine hohe Komplexität auf. Hierzu gehören unter anderem Flug, Übernachtung oder Eintrittskarten. Eine Reise kann demnach nur stattfinden, wenn mehrere touristische Teilleistungen zusammenwirken.[127]

Die fünf beschriebenen Spezifika einer Reise bewirken, dass für Konsumenten eine erhöhte Ungewissheit bezüglich der Folgen einer Reisebuchung besteht. Im Entscheidungsprozess zur Buchung einer Urlaubsreise weisen Konsumenten daher eine **erhöhte kognitive und emotionale Beteiligung** auf und sind überaus motiviert Reiseinformationen zu recherchieren, aufzunehmen und zu verarbeiten (*Involvement*), um die wahrgenommene Unsicherheit zu minimieren und eine Fehlbuchung zu verhindern.[128] Wenn ein vergleichsweise **hohes Kaufrisiko** bei gleichzeitig hohem situativem Involvement vorliegt und eine geringe Kaufhäufigkeit gegeben ist, wird von einer **extensiven Kaufentscheidung** gesprochen.[129] Die Buchung einer Urlaubsreise wird dementsprechend in der Regel erst nach sorgfältigen Überlegungen und intensiven Informationsrecherchen durchgeführt, sodass die Vorreisephase zumeist mehr Zeit in Anspruch nimmt als die eigentliche Reisephase.[130]

3.3 Tourismusbetriebe

Die Erstellung von touristischen Leistungen erfolgt durch verschiedene touristische Unternehmen. Üblicherweise handelt es sich hierbei um Beherbergungs- (z. B. Hotels) und Transportbetriebe (z. B. Fluggesellschaften) sowie Reiseveranstalter und Reisemittler (z. B. Reisebüro). Diese werden der **Tourismuswirtschaft im engeren Sinne** zugeordnet. Tourismusbetriebe der ergänzenden Tourismuswirtschaft und der touristischen Randwirtschaft werden in dieser Arbeit nicht vorgestellt, da der Fokus auf dem Reiseveranstalter/-mittler liegt.[131]

Dem **Reiseveranstalter** kommt in der Tourismuswirtschaft eine zentrale Rolle zu. Es handelt sich um ein eigenständiges Unternehmen, welches in der Regel touristische Teilleistungen anderer Tourismusbetriebe zu einem neuen Produkt

---

[127] Vgl. Freyer, 2011, S. 135.
[128] Vgl. Foscht & Swoboda, 2007, S. 83; Trommsdorff, 2002, S. 134.
[129] Vgl. Gelbrich, Wünschmann & Müller, 2008, S. 38 f.; Trommsdorff, 2002, S. 56.
[130] Vgl. Freyer, 2011, S. 57.
[131] Vgl. Freyer, 2011, S. 125.

kombiniert. Dieses zusammengesetzte Produkt wird als **Pauschalreise** bezeichnet. Ein Reiseveranstalter tritt in eigenem Namen auf und kümmert sich um die ordnungsgemäße Durchführung der Reise.[132] Reiseveranstalter vertreiben ihre Reiseprodukte hauptsächlich indirekt über sogenannte **Reisemittler**. Hierzu gehören insbesondere (stationäre) **Reisebüros**. Es kann zwischen eigenen und fremden Reisebüros (Agenturgeschäft) unterschieden werden, wobei die zuletzt genannte Variante überwiegt (rund 70 %). Durch das Internet hat der Direktvertrieb zunehmend an Bedeutung gewonnen. Reiseveranstalter verkaufen in diesem Fall touristische Leistungen über ihre eigene Webseite (z. B. *DERTOUR*). Wiederum sind auch vermehrt Online-Reisebüros (z. B. *Expedia*) entstanden, wodurch der indirekte Vertrieb nun zusätzlich digital erfolgt.[133]

Für Kunden ist eine klare und verständliche **Abgrenzung** zwischen dem Reiseveranstalter, dem Reisemittler und dem eigentlichen Leistungsträger (z. B. Hotel) oft nicht möglich bzw. ersichtlich.[134] Der Einfachheit halber wird daher zur Untersuchung der Nutzerakzeptanz festgelegt, dass sich der Reiseberater-Chatbot auf einer beliebigen Reisewebseite befindet, unabhängig davon, ob es sich bei dem Betreiber der Internetseite um einen Reiseveranstalter (Online-Direktvertrieb) oder ein Reisebüro (Online-Fremdvertrieb) handelt.

3.4 Zahlen und Fakten deutscher Reisemarkt 2018

Mit einer Bruttowertschöpfung im Jahr 2018 von über 105 Milliarden Euro stellt die Tourismusbranche einen bedeutenden **Wirtschaftsfaktor** in Deutschland dar.[135] Der Anteil der reisenden Deutschen ab 14 Jahren liegt mittlerweile bei 78,1 %.[136] In der deutschen Bevölkerung gehören sogar 62 % der Kategorie der regelmäßigen Reisenden an (in den letzten drei Jahren in jedem Jahr mindestens eine Urlaubsreise durchgeführt).[137] Im Jahr 2018 unternahmen die Deutschen 70,1 Millionen Urlaubsreisen (ab 5 Tagen Dauer).[138] Davon führten 73 % ins Ausland und 27 % ins Inland. Bei Kurzurlaubsreisen (2-4 Tage) reisen 74 % ins Inland und 26 %

---

[132] Vgl. Freyer, 2011, S. 209 f.
[133] Vgl. Freyer, 2011, S. 235 f.; Mayr & Zins, 2009, S. 164 f.
[134] Vgl. Freyer, 2011, S. 243.
[135] Vgl. Deutscher Reiseverband, 2019, S. 6.
[136] Vgl. Deutscher Reiseverband, 2019, S. 7.
[137] Vgl. Verband Internet Reisevertrieb e.V., 2019, S. 19.
[138] Vgl. Deutscher Reiseverband, 2019, S. 25.

ins Ausland.[139] Im Durchschnitt reist jeder Deutsche 1,3 Mal im Jahr.[140] Der Hauptjahresurlaub dauert durchschnittlich 13 Tage. Eine zusätzliche Urlaubsreise im Jahr dauert im Durchschnitt 9,1 Tage an.[141]

In der heutigen globalen **Freizeit- und Erlebnisgesellschaft** dient das Reisen nicht mehr ausschließlich zur Entspannung und Erholung, sondern ebenfalls zur Selbstverwirklichung und Anerkennung.[142] Der moderne Tourist ist reiseerfahrener, genuss- und technologieorientierter und hat gestiegene Ansprüche.[143] Diese Zahlen und Fakten zeigen, dass sich das Reisen zu einer Art ‚Grundbedürfnis' entwickelt hat und der Tourismus ebenfalls einen wichtigen **Gesellschaftsfaktor** in Deutschland darstellt.[144]

3.5 Status quo digitale Transformation deutsche Reisebranche

Zwar wurden über die Hälfte der Reisen (57 %) im Jahr 2018 offline gebucht, doch der Anteil der online gebuchten Reisen ist im Vergleich zum Vorjahr erneut angestiegen und liegt nun bei 43 %.[145] Auch für die kommenden Jahre wird erwartet, dass der Anteil online gebuchter Urlaubsreisen weiter ansteigen wird.[146]

Besonders als **zentrale Informationsquelle** ist das **Internet** für Reisende nicht mehr wegzudenken.[147] Zu einer Urlaubsreise haben sich bereits 67 % der Deutschen schon einmal im Internet informiert. Darüber hinaus informieren sich 43 % der Reisenden ausschließlich online über Reiseangebote.[148] Ebenso zählt das **Smartphone** mittlerweile zu den wichtigsten **digitalen Reisebegleitern**.[149] Hierbei nutzen 49 % das mobile Endgerät zur Recherche von Reiseinformationen und 22 % für die Buchung von Reiseleistungen.[150] Nutzer speichern digitale Flugtickets

---

[139] Vgl. Verband Internet Reisevertrieb e.V., 2019, S. 29.
[140] Vgl. Deutscher Reiseverband, 2019, S. 7.
[141] Vgl. Verband Internet Reisevertrieb e.V., 2019, S. 22.
[142] Vgl. Freyer, 2011, S. 25 f.
[143] Vgl. Freyer, 2011, S. 92 ff.; Foscht & Swoboda, 2007, S. 5.
[144] Vgl. Freyer, 2011, S. 73.
[145] Vgl. Deutscher Reiseverband, 2019, S. 9.
[146] Vgl. Verband Internet Reisevertrieb e.V., 2019, S. 53.
[147] Vgl. Freyer, 2011, S. 103; Rohleder, 2016, S. 4; Herrera, 2016.
[148] Vgl. Rohleder, 2018, S. 4.
[149] Vgl. Herrera, 2016; Rohleder, 2016, S. 7.
[150] Vgl. Verband Internet Reisevertrieb e.V., 2019, S. 33.

auf dem Smartphone, rufen am Urlaubsort Verspätungs- und Wetterinformationen ab und nutzen es zur Routenplanung für Ausflüge.[151]

Zwar ist der Anteil der digital gebuchten Urlaubsreisen in allen Reisearten gestiegen[152], doch bei Pauschalreisen bevorzugen Reisende immer noch den analogen Buchungsweg (57 %), wohingegen das Internet als Buchungsweg bei Einzelbuchungen von Unterkünften mit 52 % überwiegt.[153] Auch bezüglich der Reisedauer zeigt sich ein hybrides Buchungsverhalten. Pauschalreisen ab 5 Tagen Dauer werden nur zu 32 % online gebucht, bei Kurzurlaubsreisen von 2 bis 4 Tagen Dauer ist der Anteil mit 64 % dagegen doppelt so hoch.[154] Die Daten zum Reisebuchungsverhalten der Deutschen im Jahr 2018 verdeutlichen, dass sich der moderne Tourist durch ein **hybrides multioptionales Verbraucherverhalten** auszeichnet.[155] Zudem sprechen diese Zahlen dafür, dass die Buchung von längeren und komplexeren Reisen ein höheres Maß an Unsicherheit beim Konsumenten auslöst und dementsprechend auf die persönliche Beratung und Buchung im Reisebüro zurückgegriffen wird.[156] Allerdings ergibt sich aus der digitalen Transformation auch für stationäre Reisebüros die Notwendigkeit das Serviceportfolio anzupassen und digitale Features (z. B. Tablets, VR-Brillen) anzubieten, um den neuen Bedürfnissen der Kunden gerecht zu werden.[157] Das in der Einführung erwähnte Überangebot an Apps betrifft auch die Tourismusbranche. Der Nutzer verwendet mittlerweile zahlreiche Reise-Apps, zwischen welchen er mehrmals wechseln muss, um gewünschte Reiseinformationen erhalten und touristische Leistungen buchen zu können.[158]

Das Zusammenspiel aus weiterhin gewünschter persönlicher Reiseberatung, dem Überangebot an Reise-Apps und der gestiegenen Beliebtheit des Chattens als neue Kommunikationsform mit Unternehmen bewirkt, dass Chatbots auch in der Tourismuswirtschaft als mögliches Hilfsmittel im Kundenservice verstärkt diskutiert werden.[159] Als **virtueller Reiseberater** soll der Chatbot Reiseinteressierten

---

[151] Vgl. Verband Internet Reisevertrieb e.V., 2019, S. 33; Rohleder, 2016, S. 7; Herrera, 2016.
[152] Vgl. Verband Internet Reisevertrieb e.V., 2019, S. 50.
[153] Vgl. Verband Internet Reisevertrieb e.V., 2019, S. 48; Freyer, 2011, S. 255.
[154] Vgl. Verband Internet Reisevertrieb e.V., 2019, S. 49.
[155] Vgl. Freyer, 2011, S. 92 ff.; Foscht & Swoboda, 2007, S. 5.
[156] Vgl. Rohleder, 2018, S. 7; Freyer, 2011, S. 290; Mayr & Zins, 2009, S. 165; Herrera, 2016.
[157] Vgl. Rohleder, 2018, S. 8; Niemetz, 2016.
[158] Vgl. Jänisch, 2018; Kühl, 2016.
[159] Vgl. Tourismusdesign GmbH & Co. KG, 2016; Jung & Niemeyer, 2017, S. 3; Heinemann E., 2017.

Informationen und Angebote zu Unterkünften und Flügen, Angaben zu Öffnungszeiten und Eintrittspreisen von Sehenswürdigkeiten sowie Tipps zu Restaurants und Freizeitaktivitäten, Wegbeschreibungen und Gästebewertungen zur Verfügung stellen können.[160]

Jedoch nutzen bisher **nur wenige Tourismusunternehmen** Chatbots. Bekannte *Online-Pure-Player*, wie z. B. *Booking* und *TripAdvisor*, testen die Technologie derzeit. Große deutsche Reiseveranstalter, wie z. B. *TUI* oder die *DERTOURISTIK*, haben sich der Thematik noch nicht aktiv gewidmet.[161] Die *Lufthansa* hat im Facebook-Messenger den Chatbot *Mildred* veröffentlicht, der Nutzern dabei hilft den besten Flug für einen gewünschten Reisezeitraum zu finden.[162] Über den digitalen Assistenten von *KLM* erfolgt sogar der Check-In und das Anzeigen der Bordkarte im Messenger.[163] Mit dem *Kayak*-Chatbot kann der Nutzer nach passenden Unterkünften suchen. Durch einen Klick auf die vom Chatbot angezeigte Hotelauswahl gelangt der Nutzer auf die Buchungswebseite des Unterkunftsanbieters.[164] Der Chatbot *HiJiffy* bietet einen automatisierten Rundumservice für Hotelgäste. Er hilft unter anderem dabei den Zimmer- oder Reinigungsservice zu bestellen.[165]

Die bislang noch **geringe Verbreitung von Chatbots** in Deutschland (siehe Kapitel 2.4) zeigt sich auch in der deutschen Tourismusbranche anhand der Ergebnisse der Exklusivstudie zur *Developer Week*. Hauptsächlich werden Chatbots bisher beim Online-Shopping (47,7 %), zum Abruf von Nachrichten (22,4 %) und Wetterinformationen (20,8 %) genutzt. Nur 14,6 % der befragten Chatbot-Nutzer verwenden Chatbots von Reiseunternehmen.[166]

---

[160] Vgl. Jänisch, 2018; Tourismusdesign GmbH & Co. KG, 2016; Kern A. , 2018; Gögele, 2018; Heinemann E. , 2017.
[161] Vgl. Augsburger Allgemeine, 2019; Juchum, 2018; Klar, 2018.
[162] Vgl. Jung & Niemeyer, 2017, S. 16.
[163] Vgl. Gentsch, 2018, S. 8; Crawford, 2017; Onlim GmbH, 2017.
[164] Vgl. KAYAK.com, 2016.
[165] Vgl. Jung & Niemeyer, 2017, S. 20.
[166] Vgl. Fittkau & Maaß Consulting GmbH, 2017, S. 11.

4 Modell- und Hypothesenentwicklung

Kapitel 4 leitet den empirischen Teil der vorliegenden Arbeit ein. Zur Beantwortung der eingangs vorgestellten Forschungsfragen, wird in diesem Kapitel auf Basis einer fundierten Literaturrecherche ein Forschungsmodell erarbeitet. Die **Konzeptualisierung** umfasst hierbei die Herleitung und Ausformulierung von zum Forschungskontext passenden hypothetischen Konstrukten. Des Weiteren erfolgt das Aufstellen dazugehöriger theoretischer Annahmen (**Hypothesen**), welche einen **Wirkungszusammenhang** zwischen mehreren unabhängigen Variablen (Prädiktorvariablen) und einer abhängigen Variablen (Kriteriumsvariable) vermuten (1. Forschungsfrage). Zusätzlich werden in Kapitel 4.3 spezifische Merkmale (**Moderatorvariablen**) vorgestellt, die sich möglicherweise beeinflussend auf die postulierten Zusammenhänge auswirken (2. Forschungsfrage).[167]

4.1 Abhängige Variable – Nutzungsabsicht

Im Jahr 1986 führte *DAVIS* das ***Technology Acceptance Model*** (TAM) ein, um die Nutzer-akzeptanz von Informationstechnologien zu erklären.[168] Es zählt zu den bekanntesten Technologie-Akzeptanzmodellen.[169] *TAM* stellt eine Abwandlung der ***Theory of Reasoned Action*** (TRA) von *FISHBEIN/AJZEN* aus dem Jahr 1975 dar. In *TRA* wird das tatsächliche Verhalten (*Behavior*) einer Person durch die Verhaltensabsicht (*Behavioral Intention*) dieser Person bestimmt. Die Verhaltensabsicht wird wiederum von subjektiven Normen und Einstellungen beeinflusst. In *TAM* stellen die **Nutzung** (*Use*) und die **Nutzungsabsicht** (*Intention to Use*) die Äquivalente zum Verhalten und zur Verhaltensabsicht aus *TRA* dar.[170]

Als abhängige Variable (AV) wird für dieses Forschungsmodell die Nutzungsabsicht (NA) bestimmt. Die tatsächliche Nutzung wird nicht berücksichtigt. Dies begründet sich durch die Neuheit der Chatbot-Technologie als Kommunikationskanal zwischen Kunden und Unternehmen. Verbraucher können bisher nur auf wenige oder keine Erfahrungen im Zusammenhang mit Chatbots im Tourismus zurückgreifen, sodass die tatsächliche Nutzung schwierig zu erfassen wäre. Dementsprechend

---

[167] Vgl. Cleff, 2015, S. 12; Hartmann & Lois, 2015, S. 9; Foscht & Swoboda, 2007, S. 10; Töpfer, 2012, S. 76.
[168] Vgl. Featherman & Pavlou, 2003, S. 456.
[169] Vgl. Park et al., 2018, S. 177.
[170] Vgl. Davis, 1989, S. 320; Davis, Bagozzi & Warshaw, 1989, S. 983 ff.

wird der Fokus auf die Nutzungsabsicht als direkter Vorläufer zur Nutzung gelegt[171] und für diese Studie folgendermaßen definiert:

Unter der **Nutzungsabsicht (NA)** wird die Verhaltensabsicht von Personen verstanden, zukünftig einen Chatbot als virtuellen Reiseberater auf einer beliebigen Reisewebseite für die Reiseplanung im Internet nutzen zu wollen.[172]

4.2 Unabhängige Variablen

4.2.1 Bezugsrahmen

Seit der Einführung von *TAM* hat sich die Forschung im Bereich der Informationstechnologien stetig weiterentwickelt. Es sind weitere auf *TAM* basierende Akzeptanzmodelle entstanden, in welchen unabhängige Variablen (UV) zur Erklärung der Nutzung von Computer- und Internettechnologien (z. B. Office-Systeme, E-Mail, Smartphones, Online-Banking) modifiziert, hinzugefügt oder entfernt wurden.[173] Zu nennen sind hierzu insbesondere *The Unified Theory of Acceptance and Use of Technology* (UTAUT) von *VENKATESH ET AL.* (2003) und dessen Erweiterung *UTAUT2* von *VENKATESH/THONG/XU* (2012). Letzteres Modell stellt einen wichtigen Entwicklungsschritt dar, da es die Akzeptanz und Nutzung neuer Technologie nicht mehr im Unternehmens-, sondern im Konsumentenkontext untersucht.[174] Als Einflussfaktoren auf die Nutzungsabsicht bestimmte *DAVIS* in *TAM Perceived Usefulness* (wahrgenommene Nützlichkeit) und *Perceived Ease of Use* (wahrgenommene Einfachheit der Nutzung)[175], welche in *UTAUT/2* durch *Performance Expectancy* (Leistungserwartung) und *Effort Expectancy* (Aufwandserwartung) repräsentiert werden.[176]

Fortwährend werden neue technologische Innovationen und Online-Services (z. B. Virtual Reality, Smart Home, Mobile-Payment) entwickelt, sodass es notwendig ist bereits bestehende und als valide geltende Technologie-Akzeptanzmodelle zu modifizieren und mögliche Einflussfaktoren auf das Nutzungsverhalten an die Art der

---

[171] Vgl. Foscht & Swoboda, 2007, S. 72.
[172] Vgl. Venkatesh et al., 2003, S. 427; Pavlou, 2003, S. 72.
[173] Vgl. Venkatesh et al., 2017, S. 85; Slade, Williams & Dwivdei, 2013, S. 10; Park et al., 2018, S. 178.
[174] Vgl. Venkatesh, Thong & Xu, 2012, S. 157 f.
[175] Vgl. Davis, 1989, S. 320; Davis, Bagozzi & Warshaw, 1989, S. 983 ff.; Moon & Kim, 2001, S. 218.
[176] Vgl. Venkatesh et al., 2003, S. 447 & 450.

Technologie, die Zielgruppe und den Kontext anzupassen.[177] Daher wird für diese Untersuchung zur Akzeptanz von Chatbots im Tourismus das *TAM*-Modell als Ausgangsbasis genutzt, jedoch dessen Einflussfaktoren auf die Nutzungsabsicht an den Forschungskontext angepasst und zwei zusätzliche Konstrukte – Risiko und Vertrauen – integriert, welche sich bereits in zahlreichen Studien als signifikante Einflussfaktoren auf die Nutzungsabsicht herausstellten.[178] Nachfolgend werden diese **Modifizierungsmaßnahmen** ausführlich erläutert.

4.2.2 Leistungserwartung

Der Verbraucher möchte einen klaren Nutzen bzw. Vorteil für sich erzielen, wenn er eine neue Technologie verwendet.[179] In der Studie von *BRANDTZAEG/FOLSTAD* (2017) zeigte sich, dass die Erhöhung der Produktivität die am häufigsten genannte Motivation von Konsumenten ist, um einen Chatbot nutzen zu wollen.[180] Übertragen auf den Tourismus-Kontext bedeutet dies eine schnelle, einfache und bequeme Unterstützung durch den Chatbot bei der Reiseplanung.[181] Es kann nicht davon ausgegangen werden, dass Befragungsteilnehmer aufgrund der Neuheit der Chatbot-Kommunikation bereits fundierte Kenntnisse zu diesem Thema erlangt und eine Nützlichkeit der Technologie bereits tatsächlich wahrgenommen haben. Sie können eher nur hypothetisch beurteilen, welche Vorteile ihnen ein Chatbot bei der Reiseplanung womöglich bieten wird. Auch wenn die Konstrukte *wahrgenommene Nützlichkeit (Perceived Usefulness)* aus *TAM* und *Leistungserwartung (Performance Expectancy)* aus *UTAUT2* Äquivalente zueinander darstellen, ist es aufgrund der vorangegangenen Erläuterungen für diese Forschung sinnvoller die Bezeichnung *Leistungserwartung* (LE) zu verwenden. Das Konstrukt wird folgendermaßen definiert:

> Die **Leistungserwartung (LE)** beschreibt das Ausmaß, in welchem ein potenzieller Nutzer glaubt, dass ein Chatbot nützliche Fähigkeiten aufweist und

---

[177] Vgl. Moon & Kim, 2001, S. 217; Shin, Park & Lee, 2018, S. 247; Mukherjee & Nath, 2007, S. 1175; Wu & Wang, 2005, S. 720.
[178] Vgl. Papadopoulou & Martakos, 2008, S. 316 f.; Yang et al., 2015, S. 9 ff.; Fortes, Rita & Pagani, 2017, S. 312.
[179] Vgl. Heins, 2017; Shin, Park & Lee, 2018, S. 252; Shawar & Atwell, 2007, S. 45.
[180] Vgl. Brandtzaeg & Folstad, 2017, S. 14.
[181] Vgl. Brandtzaeg & Folstad, 2017, S. 8; Featherman & Pavlou, 2003, S. 456.

demzufolge die Verwendung der Technologie für die Reiseplanung im Internet von Vorteil für ihn ist.[182]

Bisherige Verbraucherbefragungen zur Verwendung von Chatbots in Deutschland haben ergeben, dass die Mehrheit der befragten Personen aufgrund von Zweifeln an der Zuverlässigkeit und Leistungsfähigkeit von Chatbots dieser Technologie noch skeptisch gegenüber steht und diese nicht nutzen möchte (siehe Kapitel 2.4).[183] Für die Entwicklung von *UTAUT* haben *VENKATESH ET AL.* (2003) acht verschiedene Akzeptanzmodelle miteinander verglichen. Die Leistungserwartung stellte sich in jedem Modell als stärkster Einflussfaktor auf die Nutzungsabsicht dar.[184] Dementsprechend wird die folgende Hypothese formuliert:

H1-LE-NA: Die Leistungserwartung hat einen direkten positiven Einfluss auf die Nutzungsabsicht.

4.2.3 Aufwandserwartung

Die Aufwandserwartung *(Effort Expectancy)* bzw. wahrgenommene Einfachheit der Nutzung *(Perceived ease of use)* wird definiert als Ausmaß, in welchem ein Nutzer glaubt, dass eine Technologie mit geringem Aufwand einfach, intuitiv und unkompliziert zu nutzen ist.[185] Durch die starke Verbreitung, Nutzung und Beliebtheit von Messenger-Diensten sind Verbraucher heutzutage sehr gut mit dem Chatten vertraut.[186] Hierbei ist es zunächst nicht relevant, ob der Chatpartner ein Mensch oder ein Bot ist, da sich dadurch die Art der Kommunikation – nämlich das Chatten an sich über ein Chatfenster – nicht ändert. Zudem ist es für Nutzer möglich – wie bereits in Kapitel 2.3.1 erläutert – in natürlicher Sprache mit dem Chatbot zu kommunizieren. Sie müssen dementsprechend keine spezielle Programmiersprache erlernen oder IT-Kenntnisse besitzen, um die Konversation mit einem Chatbot in einer App oder auf einer Internetseite zu beginnen.[187]

---

[182] Vgl. Davis, 1989, S. 320; Venkatesh et al., 2003, S. 447; Venkatesh, Thong & Xu, 2012, S. 159.
[183] Vgl. interface medien GmbH, 2017.
[184] Vgl. Davis, Bagozzi & Warshaw, 1989, S. 986; Venkatesh et al., 2003, S. 447; Venkatesh, Thong & Xu, 2012, S. 159.
[185] Vgl. Davis, 1989, S. 320; Alwahaishi & Snasel, 2013, S. 33 f.
[186] Vgl. Spryker Systems GmbH, 2018, S. 12 f.; Piyush, Choudhury & Kumar, 2016, S. 323; Schlicht, 2016.
[187] Vgl. Hebenstreit, 2017; Försch, 2018; Braun, 2003, S. 28; Shawar & Atwell, 2007, S. 44.

Diese erläuterten Aspekte lassen die Vermutung zu, dass die Aufwandserwartung für diesen Forschungskontext keinen relevanten Einflussfaktor auf die Nutzungsabsicht darstellt. Daher soll das üblicherweise in Untersuchungen zur Technologie-Akzeptanz verwendete Konstrukt in diesem Forschungsmodell nicht berücksichtigt werden. An dieser Stelle sei zusätzlich erwähnt, dass das Konstrukt im Pretest noch gemessen wurde. Nach der Auswertung der Daten des Pretests hat sich die zuvor genannte Vermutung bestätigt, sodass die Entscheidung getroffen wurde, die unabhängige Variable *Aufwandserwartung* aus dem finalen Forschungsmodell auszuschließen.

4.2.4 Wahrgenommenes Risiko

Vor dem Kauf eines Produktes nehmen Konsumenten ein gewisses Maß an Unsicherheit, Unwohlsein und/oder Ängstlichkeit wahr[188], da sie nicht sicher vorhersagen können, ob das Produkt nach dem Kauf die versprochenen bzw. erwarteten Eigenschaften erfüllt und womöglich sogar negative Folgen auftreten.[189] Dadurch empfinden Konsumenten vor einem Produktkauf immer ein gewisses **Schadens-/Verlustpotenzial**.[190] Dieses ist je nach Person, Produktart und Kaufsituation unterschiedlich stark ausgeprägt. Das wahrgenommene Risiko (WR) ist daher ein **kognitiver Prozess**, welcher der **Subjektivität** unterliegt.[191]

Im Allgemeinen neigt der Konsument dazu Maßnahmen zu ergreifen, um die empfundenen Dissonanzen vor dem Kauf bestmöglich zu minimieren.[192] Allerdings kommt es hierbei auf die **Komplexität der Kaufentscheidung** und die **Wertigkeit des Produktes** an, welche unter anderem vom Preis, der Kaufhäufigkeit oder Prestigeaspekten bestimmt werden. Der Konsument wägt ab, ob es sich lohnt zusätzliche Zeit und Mühe zu investieren, um detaillierte Informationen zum gewünschten Produkt zu erhalten.[193] Verhaltenskonsequenzen von Dissonanzen können ebenfalls die Verschiebung des Kaufes oder der Nicht-Kauf sein.[194]

---

[188] Vgl. Dowling & Stealin, 1994, S. 120; Wiedmann & Frenzel, 2004, S. 109.
[189] Vgl. Kroeber-Riel, Weinberg & Gröppel-Klein, 2009, S. 436.
[190] Vgl. Featherman & Pavlou, 2003, S. 454; Foscht & Swoboda, 2007, S. 83; Trommsdorff, 2002, S. 134.
[191] Vgl. Foscht & Swoboda, 2007, S. 87 f.; Trommsdorff, 2002, S. 245.
[192] Vgl. Foscht & Swoboda, 2007, S. 83; Trommsdorff, 2002, S. 246.
[193] Vgl. Trommsdorff, 2002, S. 127.
[194] Vgl. Trommsdorff, 2002, S. 134.

Im Online-Handel treten für den Konsumenten in einem stärkeren Maße Unsicherheiten vor dem Kauf auf als im stationären Handel, weil es keine reale Zusammenkunft von Anbieter und Nachfrager gibt und die Produkte vorab nicht angesehen, angefasst oder überprüft werden können.[195] Das Konstrukt des wahrgenommenen Risikos wurde daher schon in frühen Studien zur Erforschung der E-Commerce Akzeptanz in *TAM* integriert, wie z. B. in der Untersuchung von *PAVLOU* (2003). Auch *KIM/PRABHAKAR* (2000) haben in ihrer Studie das wahrgenommene Risiko als Einflussfaktor auf die Nutzungsabsicht von Internettechnologien (hier: Internetbanking) untersucht.

Wie in Kapitel 3.2 beschrieben, handelt es sich bei einer Reise um ein **immaterielles High-Involvement-Produkt**, welches mit starken Emotionen verbunden ist und dessen Qualität erst vollständig beurteilt werden kann, wenn der Urlaub tatsächlich stattgefunden hat (Erfahrungsgut).[196] Dies führt beim Konsumenten vor der Buchung einer Urlaubsreise ohnehin zu einer höheren Unsicherheit als beim Kauf von physischen Produkten, wie z. B. Kleidung, Lebensmittel. In Kombination mit der Buchung einer Reise im Internet statt im Reisebüro wird diese Unsicherheit sogar noch verstärkt.[197] Um das wahrgenommene Risiko zu minimieren, führt der Konsument in der Regel umfassende Recherchen und intensivere Überlegungen vor einer Online-Reisebuchung durch.[198] Besonders bei komplexeren und höherpreisigen Auslandsreisen wird im Vergleich zu Kurzurlauben im Inland häufig noch die persönliche Beratung durch einen Reisebüromitarbeiter gewünscht.[199] Im Internet steht dies dem Reiseinteressierten in der Regel nicht zur Verfügung. Hier kann der Chatbot eine sinnvolle Ergänzung auf einer Reisewebseite sein, wenn er wie eine Art **virtueller Reisebüromitarbeiter** agiert.[200] Da Chatbots jedoch noch eine recht neue Art der Kommunikation zwischen Kunden und Unternehmen darstellen, können Verbraucher kaum auf bestehende Erfahrungswerte zurückgreifen, um einschätzen zu können, inwiefern sie sich auf die Richtigkeit und Gültigkeit der

---

[195] Vgl. Bauer & Sauer, 2004, S. 45; Ahlert, Evanschitzky & Hesse, 2004, S. 124; Kollmann, 2011, S. 280; Fortes, Rita & Pagani, 2017, S. 312.
[196] Vgl. Foscht & Swoboda, 2007, S. 22; Trommsdorff, 2002, S. 127.
[197] Vgl. Kroeber-Riel, Weinberg & Gröppel-Klein, 2009, S. 412 f.; Foscht & Swoboda, 2007, S. 122; Kim, Chung & Lee, 2011, S. 258.
[198] Vgl. Foscht & Swoboda, 2007, S. 151; Solomon, 2013, S. 305 f.
[199] Vgl. Freyer, 2011, S. 290; Verband Internet Reisevertrieb e.V., 2019, S. 48; Deutscher Reiseverband, 2019, S. 11.
[200] Vgl. Riikkinen et al., 2018, S. 1155 f.; Jung & Niemeyer, 2017, S. 14-19.

vom Chatbot zur Verfügung gestellten Reiseinformationen verlassen können. Dies verursacht ebenfalls ein höheres Ausmaß an Unsicherheit beim Konsumenten.[201] Diese Erläuterungen verdeutlichen die hohe Relevanz des wahrgenommenen Risikos zur Untersuchung der Akzeptanz von Chatbots im Tourismus. Daher wird das Konstrukt als zweite unabhängige Variable in das Forschungsmodell aufgenommen und wie folgt definiert:

> Das **wahrgenommene Risiko (WR)** repräsentiert die subjektive Bewertung des potenziellen Nutzers der möglichen nicht sicher vorhersehbaren negativen Folgen durch die Verwendung eines Chatbots bei der Reiseplanung im Internet.[202]

Das wahrgenommene Risiko bestimmt maßgeblich darüber, ob ein Verbraucher ein neues Produkt kaufen, ein System annehmen oder eine Transaktion mit einem Händler tätigen wird.[203] Wenn das wahrgenommene Risiko in einer Kauf-/Nutzungssituation die **individuelle Toleranzschwelle** eines Verbrauchers überschreitet, wird dieser die Annahme oder Transaktion entweder hinauszögern oder nicht durchführen.[204] Es stellt daher ein entscheidendes Kauf-/Nutzungshindernis dar und nimmt eine wichtige Rolle im Kauf-/Nutzungsverhalten von Konsumenten ein.[205] Je höher das wahrgenommene Risiko ausgeprägt ist, desto stärker wird die **Annahme bzw. Akzeptanz** von Verbrauchern für ein Produkt, eine Dienstleistung, einen Service oder eine Technologie gehemmt.[206] Übertragen auf den Forschungskontext wird folgende Hypothesen aufgestellt:

> **H2-WR-NA:** *Das wahrgenommene Risiko hat einen <u>direkten negativen</u> Einfluss auf die Nutzungsabsicht.*

Als das Konzept des wahrgenommenen Risikos im Jahr 1960 erstmals vorgestellt wurde, wurde es zunächst eindimensional betrachtet.[207] Mittlerweile wurden

---

[201] Vgl. Trommsdorff, 2002, S. 245.
[202] Vgl. Featherman & Pavlou, 2003, S. 453.
[203] Vgl. Trommsdorff, 2002, S. 127; Salam, Rao & Pegels, 2003, S. 328; Sharma & Kurien, 2017, S. 32.
[204] Vgl. Dowling & Stealin, 1994, S. 119; Kroeber-Riel, Weinberg & Gröppel-Klein, 2009, S. 437.
[205] Vgl. Ahlert, Evanschitzky & Hesse, 2004, S. 124; Mitchell, 1992, S. 30; Kollmann, 2011, S. 280; Folarin & Ogundare, 2016, S. 71.
[206] Vgl. Wiedmann & Frenzel, 2004, S. 109; Kim & Prabhakar, 2000, S. 541; Rotchanakitumnuai & Speece, 2003, S. 315; Featherman & Pavlou, 2003, S. 466.
[207] Vgl. Mitchell, 1992, S. 27.

verschiedene Dimensionen des Konstruktes erforscht.[208] Hierzu zählen unter anderem das funktionale, finanzielle, zeitliche, soziale, psychologische und physische Risiko.[209] Die **mehrdimensionale Betrachtung** hilft dabei die Abstraktheit des Konstruktes besser testen zu können. Die Dimensionen (Konstrukte 1. Ordnung) werden einzeln ermittelt und anschließend zu einem Gesamtrisiko (Konstrukt 2. Ordnung) zusammengefasst.[210] In dieser Arbeit wird das wahrgenommene Risiko **vierdimensional konzeptualisiert** und sich an den Studien von FEATHERMAN/PAVLOU (2003) und MARTINS/OLIVEIRA/POPOVIC (2014) orientiert, in welchen die Mehrdimensionalität des wahrgenommenen Risikos im Zusammenhang mit der Erforschung der Akzeptanz von Internettechnologien Anwendung gefunden hat.

4.2.4.1 Funktionales Risiko

Bisherige Befragungen haben ergeben, dass die Funktionalität eines Chatbots das wichtigste Kriterium ist, um den Nutzer zufriedenzustellen.[211] Funktioniert die Technologie allerdings **nicht fehlerfrei**[212], werden Fragen beispielsweise falsch bzw. nicht kontextbezogen beantwortet oder unpassende bzw. nicht nützliche Reiseinformationen zur Verfügung gestellt[213], stellt dies ein funktionales Risiko für den Verbraucher dar und die gewünschten Vorteile der Chatbot-Nutzung können nicht erzielt werden.[214] Daher wird das funktionale Risiko als erste Dimension des wahrgenommenen Risikos in das Forschungsmodell aufgenommen.

4.2.4.2 Finanzielles Risiko

Bei der Chatbot-Nutzung kann ein **finanzieller Verlust** für den Verbraucher auftreten, wenn der Chatbot nur Reiseangebote vorschlägt, die nicht dem Budget des Reiseinteressierten entsprechen oder der Chatbot nicht in der Lage ist jenes Reiseangebot mit dem besten Preis-/Leistungsverhältnis anzuzeigen.[215] Auf Basis der Chatbot-Beratung könnte der Nutzer somit eine Reise buchen, die er womöglich

---

[208] Vgl. Dowling & Stealin, 1994, S. 119; Sharma & Kurien, 2017, S. 33.
[209] Vgl. Trommsdorff, 2002, S. 245; Featherman & Pavlou, 2003, S. 454 f.; Mitchell, 1992, S. 27.
[210] Vgl. Kroeber-Riel, Weinberg & Gröppel-Klein, 2009, S. 436; Albers & Götz, 2006, S. 672.
[211] Vgl. Tißler, 2018; Bitkom e.V., 2017.
[212] Vgl. Featherman & Pavlou, 2003, S. 455; Wu & Wang, 2005, S. 721.
[213] Vgl. interface medien GmbH, 2017; Boden et al., 2006, S. 5.
[214] Vgl. Mitchell, 1992, S. 27; Featherman & Pavlou, 2003, S. 455; Sharma & Kurien, 2017, S. 35.
[215] Vgl. Mitchell, 1992, S. 27; Featherman & Pavlou, 2003, S. 455; Choi, Lee & Ok, 2013, S. 225.

durch das eigenständige Recherchieren und Vergleichen von Angeboten auf verschiedenen Reisewebseiten zu einem günstigeren Preis hätte buchen können. Demzufolge stellt das finanzielle Risiko die zweite Dimension des wahrgenommenen Risikos dar.

4.2.4.3 Zeitliches Risiko

Wenn der Nutzer mehrere Male seine Fragen wiederholen muss, bis der Chatbot diese richtig versteht, vergeht womöglich mehr Zeit die gewünschten Reiseinformationen und -angebote zu erhalten, als wenn der Nutzer diese selbstständig über die Suchfunktion oder Navigationsleiste einer Reisewebseite recherchiert hätte. Dadurch empfindet der Nutzer einen **Zeitverlust**.[216] Ebenfalls muss der Nutzer mehr Zeit und Mühe aufbringen, wenn eine nicht zielführende Konversation mit dem Chatbot zu einem Abbruch des Gesprächs führt und der Nutzer anschließend selbstständig eine erneute Informations-/Angebotsrecherche durchführen muss. Diese Situationen repräsentieren ein zeitliches Risiko bei der Chatbot-Nutzung. Folglich wird dieses als dritte Dimension des wahrgenommenen Risikos in das Modell aufgenommen.[217]

4.2.4.4 Psychologisches Risiko

Die Kommunikation mit einem Computerprogramm zur Planung einer Urlaubsreise könnte für den Nutzer unnatürlich oder seltsam wirken. Er könnte sich **unwohl und frustriert fühlen**, weil dem Chatbot menschliche Kommunikationsmerkmale fehlen, wie z. B. Empathie.[218] Mögliche negative Folgen auf das Wohlbefinden des Verbrauchers durch die Nutzung einer Technologie werden unter dem psychologischen Risiko eingeordnet.[219] Infolgedessen wird dieses als vierte und letzte Dimension des wahrgenommenen Risikos im Forschungsmodell berücksichtigt.

4.2.5 Erwartete Vertrauenswürdigkeit

Vertrauen (*Trust*) bedeutet im Allgemeinen, dass eine Person (*Trustor*) die Bereitschaft aufbringt sich auf eine andere Person (*Trustee*) zu verlassen.[220] Das

---

[216] Vgl. Featherman & Pavlou, 2003, S. 455; Piyush, Choudhury & Kumar, 2016, S. 326.
[217] Vgl. Mitchell, 1992, S. 27; Foscht & Swoboda, 2007, S. 84.
[218] Vgl. Tißler, 2018; Choi, Lee & Ok, 2013, S. 225; Koelwel, 2019.
[219] Vgl. Mitchell, 1992, S. 27; Featherman & Pavlou, 2003, S. 455; Sharma & Kurien, 2017, S. 35.
[220] Vgl. Moorman, Deshpandé & Zaltman, 1993, S. 82; Schulz, Büttner & Silberer, 2009, S. 6 f.

Vertrauenskonstrukt beinhaltet zwei Ansätze.[221] Zum einen ist Vertrauen der Glaube, die Zuversicht, die Überzeugung oder Erwartung des *Trustors* in das Vorhandensein von vertrauensvollen Eigenschaften des *Trustees*.[222] Unter diesem Gesichtspunkt wird Vertrauen als **Eigenschaftszuschreibung** (*trusting beliefs*) angesehen und häufig von *wahrgenommener Vertrauenswürdigkeit* (*Perceived Trustworthiness*) gesprochen.[223] Zum anderen ist Vertrauen die **Verhaltensbereitschaft** (*trusting intention*) des *Trustors* sich in eine unsichere und verletzliche Situation zu begeben[224] und dem *Trustee* gegenüber ein Risiko einzugehen, da er nie sicher vorhersagen kann, ob sich dieser derart vertrauensvoll verhält, wie er es von ihm erwartet.[225] Diese Erläuterungen verdeutlichen, dass das Vertrauen ein vielschichtiges und komplexes Konstrukt des Konsumentenverhaltens darstellt, welches im wissenschaftlichen Kontext durchaus schwer zu definieren ist[226] und dass zwischen dem Risiko- und Vertrauenskonstrukt eine enge Beziehung besteht.[227]

Das Vertrauenskonstrukt stellt nicht nur im persönlichen, sondern auch im geschäftlichen Umfeld einen wichtigen Bestandteil für eine erfolgreiche Beziehung dar.[228] Alle Transaktionen zwischen Konsumenten und Händlern benötigen ein gewisses Maß an Vertrauen.[229] Besonders ausgeprägt ist dieser Sachverhalt im Online-Handel (siehe Kapitel 4.2.4) und bei Urlaubsbuchungen aufgrund der bereits zuvor beschriebenen Reisespezifika in Kapitel 3.2, welche beim Konsumenten vor der Kaufentscheidung ein erhöhtes Maß an Unsicherheit auslösen.[230] In der Reisevorbereitungsphase muss ein Reiseunternehmen daher seine Glaubwürdigkeit und Verlässlichkeit beweisen, damit ein Kunde trotz dem empfundenen Risiko eine

---

[221] Vgl. McKnight, Cummings & Chervany, 1998, S. 474.
[222] Vgl. Mayer, Davis & Schoorman, 1995, S. 715; Moorman, Deshpandé & Zaltman, 1993, S. 82.
[223] Vgl. Gefen, Srinivasan Rao & Tractinsky, 2003, S. 2; Büttner, Schulz & Silberer, 2006, S. 5.
[224] Vgl. Mayer, Davis & Schoorman, 1995, S. 712; Büttner, Schulz & Silberer, 2006, S. 5; McKnight, Choudhury & Kacmar, 2002, S. 337.
[225] Vgl. Moorman, Deshpandé & Zaltman, 1993, S. 82; Rousseau et al., 1998, S. 395; Gefen, Srinivasan Rao & Tractinsky, 2003, S. 2; McKnight, Choudhury & Kacmar, 2002, S. 337.
[226] Vgl. McKnight, Choudhury & Kacmar, 2002, S. 335 f.; Becerra & Gupta, 2002, S. 2; Neumaier, 2010, S. 3; Papadopoulou & Martakos, 2008, S. 315.
[227] Vgl. Pavlou, 2003, S. 79; Gefen, Srinivasan Rao & Tractinsky, 2003, S. 2.
[228] Vgl. Rempel, Holmes & Zanna, 1985, S. 95; Moorman, Deshpandé & Zaltman, 1993, S. 81; Kroeber-Riel, Weinberg & Gröppel-Klein, 2009, S. 438.
[229] Vgl. Pavlou, 2001, S. 817; Flavian & Guinaliu, 2006, S. 602 f.
[230] Vgl. Mukherjee & Nath, 2007, S. 1175; Foscht & Swoboda, 2007, S. 179; Schulz, Büttner & Silberer, 2009, S. 3; Flavian & Guinaliu, 2006, S. 602.

Reisebuchung tätigt.[231] Vertrauen zwischen Kunden und Unternehmen ist daher ein essenzieller Bestandteil des Online-Handels und der Tourismusbranche.[232]

Die Besonderheit ist, dass der Chatbot eine **Doppelfunktion** in sich vereint. Zum einen gibt es den rein technologischen Bestandteil. Wie bei einem Online-Shop, möchte der Nutzer, dass auch das Chatbot-Programm eine korrekte Funktionalität aufweist. Zum anderen beinhaltet der Chatbot gleichzeitig einen menschenähnlichen Bestandteil, da er die Rolle eines Verkäufers bzw. Beraters einnimmt, der seine Vertrauenswürdigkeit unter Beweis stellen muss. Der Nutzer möchte, dass der Chatbot nicht manipulativ, sondern in seinem Sinne agiert.[233] Unter Berücksichtigung dieser Aspekte weist das Vertrauenskonstrukt eine hohe Relevanz zur Untersuchung der Akzeptanz von Chatbots im Tourismus auf und soll daher als dritte unabhängige Variable in das Kausalmodell aufgenommen werden.

Allerdings sind in der Literatur **zwei unterschiedliche Ansichten** für die Konzeptualisierung des Vertrauenskonstruktes vertreten.[234] Daher muss zunächst entschieden werden, welche dieser Ansichten dem Forschungsmodell zugrunde gelegt werden soll. Einige Forscher sind der Meinung, dass es notwendig ist das Vertrauen immer als Kombination aus *Trusting Beliefs* und *Trusting Intentions* anzusehen, wobei unter diesem Gesichtspunkt die wahrgenommene Vertrauenswürdigkeit als Determinante des Vertrauens verstanden wird. Es muss also Vertrauen als Eigenschaftszuschreibung und ebenso Vertrauen als Verhaltensbereitschaft vorliegen, um das Gesamtvertrauen zu erfassen.[235] Beide Begrifflichkeiten müssten dann klar voneinander abgegrenzt und mit unterschiedlichen Skalen erfasst werden. Dies ist in vielen Studien aber nicht der Fall. Wiederum gibt es auch einige Forscher, die der Meinung sind, dass die wahrgenommene Vertrauenswürdigkeit als Eigenschaftszuschreibung ausreicht, um das Vertrauenskonstrukt zu erfassen.[236]

Diese Arbeit folgt der zuletzt genannten Ansicht und orientiert sich an der Studie von *BÜTTNER/GÖRITZ* (2008). Sie übernehmen das von *MAYER/DAVIS/SCHOOR-*

---

[231] Vgl. Freyer, 2011, S. 324; Büttner, Schulz & Silberer, 2006, S. 4; Solomon, 2013, S. 372.
[232] Vgl. Kollmann, 2011, S. 508; Pavlou, 2001, S. 816; Mukherjee & Nath, 2007, S. 1174; Kim, Chung & Lee, 2011, S. 257.
[233] Vgl. Fittkau & Maaß Consulting GmbH, 2017, S. 6; Froy, 2019.
[234] Vgl. Schulz, Büttner & Silberer, 2009, S. 11.
[235] Vgl. McKnight, Choudhury & Kacmar, 2002, S. 340; Mayer, Davis & Schoorman, 1995, S. 715.
[236] Vgl. Schulz, Büttner & Silberer, 2009, S. 11 f.

MAN (1995) bekannte und etablierte Vertrauensmodell[237], und wendeten es auf den Online-Kontext an – wie beispielsweise zuvor schon *LAUER/DENG* (2007) –, um die wahrgenommene Vertrauenswürdigkeit und Akzeptanz von Internet-Apotheken zu analysieren.[238] Jedoch wird im weiteren Verlauf dieser Arbeit die Begrifflichkeit *wahrgenommen* aus der **Benennung des Konstruktes** bewusst entfernt und stattdessen auf das Wort *erwartet* zurückgegriffen. Begründet wird dies mit der geringen Verbreitung und Bekanntheit der Chatbot-Technologie im Tourismuskontext (siehe Kapitel 3.5). Es kann nicht davon ausgegangen werden, dass Verbraucher schon häufig mit einem Reiseberater-Chatbot kommuniziert haben. Folglich können sie noch keine ausgereifte Beurteilung über die tatsächliche Vertrauenswürdigkeit eines Chatbots abgeben. Dieser Aspekt untermauert die Entscheidung das Vertrauen als Eigenschaftszuschreibung zu konzeptualisieren. Dadurch lässt sich das Konstrukt messen, auch wenn noch keine Kommunikation zwischen dem Nutzer und Chatbot stattgefunden hat.[239] Der potenzielle Nutzer soll lediglich eine **hypothetische Einschätzung** über mögliche vertrauenswürdige Eigenschaften eines Reiseberater-Chatbots abgeben. Demzufolge wird in dieser Studie nicht die wahrgenommene, sondern die erwartete Vertrauenswürdigkeit (EV) ermittelt und folgendermaßen definiert:

Die **erwartete Vertrauenswürdigkeit (EV)** repräsentiert die zuversichtliche Einschätzung des potenziellen Nutzers, dass der Chatbot vertrauensvolle Eigenschaften aufweist und demzufolge die Verwendung der Technologie für die Reiseplanung im Internet von Vorteil für ihn ist.[240]

Überdies sei an dieser Stelle der Vollständigkeit halber und, um Unklarheiten zu vermeiden, erwähnt, dass die Begrifflichkeit *wahrgenommen* bei der zweiten unabhängigen Variablen *wahrgenommenes Risiko* bestehen bleibt. Es handelt sich zwar um denselben Begriff, aber auf den Chatbot-Kontext bezogen gibt es einen inhaltlichen Unterschied. Ein Nutzer kann ein Risiko für sich selbst wahrnehmen, auch wenn er einen Chatbot noch nicht genutzt hat. Das Wort *wahrnehmen* steht hier eher für *empfinden*. Wiederum kann ein Nutzer keine Vertrauenswürdigkeit wahrnehmen, wenn noch keine Interkation mit dem Chatbot stattgefunden hat. Das Wort *wahrnehmen* steht in diesem Zusammenhang eher für *feststellen*.

---

[237] Vgl. Schoorman, Mayer & Davis, 2007, S. 344.
[238] Vgl. Büttner & Göritz, 2008, S. 39.
[239] Vgl. Mayer, Davis & Schoorman, 1995, S. 722.
[240] Vgl. Pavlou, 2001, S. 817; Büttner & Göritz, 2008, S. 37.

Infolgedessen wird die dritte unabhängige Variable – wie im vorherigen Abschnitt erläutert – umbenannt und als erwartete Vertrauenswürdigkeit bezeichnet. Wenn das Vertrauen ausschließlich als Eigenschaftszuschreibung erfasst wird, muss diesem dennoch eine **verhaltensbedingte Konsequenz** folgen. Diese Konsequenz ist somit die Absicht eines Verbrauchers ein Produkt, eine Dienstleistung oder eine Technologie zukünftig (online) kaufen bzw. nutzen zu wollen.[241] Um trotz empfundener Unsicherheiten eine Transaktion bei einem Online-Händler zu tätigen oder eine neuartige Technologie zu nutzen, ist Vertrauen notwendig.[242] Fehlendes Vertrauen stellt eine entscheidende Barriere für die erfolgreiche Adoption von internetbasierten Services und den Erfolg von Online-Unternehmen dar.[243] Ein höheres Maß an Vertrauen wirkt sich daher positiv auf die Kauf-/Nutzungsabsicht aus.[244] Daraus resultiert die Aufstellung der nachfolgenden Hypothese.

H3-EV-NA: Die erwartete Vertrauenswürdigkeit hat einen <u>direkten positiven</u> Einfluss auf die Nutzungsabsicht.

Im nächsten Schritt der Konzeptualisierung der Vertrauenswürdigkeit wird auf die **Dimensionalität** des Konstruktes eingegangen. Bereits im Jahr 1995 stellten *MAYER/DAVIS/SCHOORMAN* drei Dimensionen der Vertrauenswürdigkeit vor. Hierbei handelte es sich um *Ability* (Fähigkeit), *Benevolence* (Wohlwollen) und *Integrity* (Integrität).[245] Seitdem haben weitere Forscher den Versuch unternommen eine tatsächlich vorliegende Mehrdimensionalität des Vertrauens durch empirische Studien festzustellen, dies ist jedoch nur selten gelungen.[246] Bei manchen Studien stellten sich die vermuteten Dimensionen als beeinflussende Variablen auf die Vertrauenswürdigkeit heraus.[247]

BÜTTNER/*GÖRITZ* (2008) konzeptualisierten die wahrgenommene Vertrauenswürdigkeit vierdimensional, indem sie die Dimensionen von *MAYER/DAVIS/SCHOORMAN* (1995) übernahmen und zusätzlich die Dimension *Predictability* (Vorher-

---

[241] Vgl. McKnight, Choudhury & Kacmar, 2002, S. 340 f.; Bauer & Freitag, 2017, S. 13; Mukherjee & Nath, 2007, S. 1181.
[242] Vgl. McKnight, Choudhury & Kacmar, 2002, S. 335. Mukherjee & Nath, 2007, S. 1181.
[243] Vgl. Rotchanakitumnuai & Speece, 2003, S. 319; Lauer & Deng, 2007, S. 323; Kim, Chung & Lee, 2011, S. 259.
[244] Vgl. Büttner & Göritz, 2008, S. 44; Yang et al., 2015, S. 17; Pavlou, 2001, S. 817; Schulz, Büttner & Silberer, 2009, S. 12.
[245] Vgl. Mayer, Davis & Schoorman, 1995, S. 715.
[246] Vgl. Papadopoulou & Martakos, 2008, S. 317; Schulz, Büttner & Silberer, 2009, S. 11.
[247] Vgl. Rempel, Holmes & Zanna, 1985, S. 109; Moorman, Deshpandé & Zaltman, 1993, S. 82.

sehbarkeit) hinzufügten.[248] Jedoch konnte diese vierdimensionale Struktur nicht bestätigt werden.[249] Es wird vermutet, dass die Dauer einer Beziehung die Dimensionalität des Vertrauenskonstruktes beeinflusst. Wenn nur wenig bis keine Interaktion mit einer neuen Technologie stattgefunden hat, fällt es Verbrauchern womöglich schwer eine differenzierte Bewertung über verschiedene Aspekte der Vertrauenswürdigkeit abzugeben, sodass eine globale Messung des Konstruktes im Anfangsstadium einer Technologie (unausgereifte Funktionalität, geringe Verbreitung, Akzeptanz, Beliebtheit) eventuell sinnvoller erscheint.[250]

Für diese Forschung soll das Konstrukt der Vertrauenswürdigkeit, trotz der sich in der Frühphase befindlichen Chatbot-Technologie in der Tourismusbranche, **fünfdimensional konzeptualisiert** werden. Der Problematik, dass Verbraucher aufgrund mangelnder Erfahrung mit der Chatbot-Technologie keine spezifische Beurteilung verschiedener Vertrauens-eigenschaften abgeben können, wird durch die Erfassung des Konstruktes als erwartete, anstatt wahrgenommener Vertrauenswürdigkeit entgegengewirkt.[251] Zudem hilft die mehrdimensionale Betrachtung dabei den abstrakten und komplexen Sachverhalt des Vertrauenskonstruktes besser zu verstehen und im späteren Verlauf dieser Arbeit gezieltere Handlungsimplikationen für im Tourismus agierende Unternehmen abzugeben. Eine eindimensionale Betrachtung bietet keinen Mehrwert für ein Reiseunternehmen, welches plant einen Chatbot auf der eigenen Internetseite zu implementieren. Aus dieser würde nicht hervorgehen, welche spezifischen Eigenschaften für den Nutzer sehr relevant oder weniger relevant sind, damit ein Chatbot als vertrauenswürdig gilt.[252]

4.2.5.1 Kompetenz

Unter Kompetenz wird verstanden, dass ein Unternehmen Fähigkeiten aufweist, mit welchen es in der Lage ist, Produkte, Dienstleistungen oder Services anzubieten, die die Bedürfnisse des Kunden bestmöglich erfüllen.[253] Wenn eine Person Reiseinformationen von einem als kompetent eingestuften Reisebüromitarbeiter

---

[248] Vgl. Büttner & Göritz, 2008, S. 39.
[249] Vgl. Büttner & Göritz, 2008, S. 44.
[250] Vgl. Büttner & Göritz, 2008, S. 45 f.; Schoorman, Mayer & Davis, 2007, S. 346.
[251] Vgl. Buckstegen, 2017; Rondinella, 2018; Weck, 2018; Fittkau & Maaß Consulting GmbH, 2017, S. 5.
[252] Vgl. Trommsdorff, 2002, S. 245.
[253] Vgl. Mayer, Davis & Schoorman, 1995, S. 717; McKnight, Choudhury & Kacmar, 2002, S. 337; Büttner & Göritz, 2008, S. 37.

erhält, werden diese als tendenziell vertrauenswürdiger eingestuft.[254] Eine kompetente Beratung wünscht sich ein Nutzer auch von einem Reiseberater-Chatbot, damit er eine Reise buchen kann, die zu seinen Bedürfnissen passt. Kompetenz in Bezug auf einen Chatbot bedeutet, dass er in der Lage sein soll die Fragen des Nutzers **richtig zu interpretieren und zu beantworten**.[255] Wenn der Nutzer keine passenden Antworten von einem Chatbot erhält und sein Anliegen nicht sinnvoll gelöst werden kann, bricht der Kunde die Kommunikation in der Regel ab und stuft die Technologie als nicht leistungsfähig genug ein.[256] Die Kompetenz wird daher als erste Dimension der erwarteten Vertrauenswürdigkeit in das Forschungsmodell aufgenommen.

4.2.5.2 Wohlwollen

Wohlwollend zu handeln bedeutet, dass ein Unternehmen **im Interesse des Kunden** agiert und diesen nicht ausnutzt.[257] Im E-Commerce spielt Wohlwollen dahingehend eine geringere Rolle, als dass der Nutzer auf einer Webseite selbst nach Informationen sucht, er nicht aktiv mit einem Mitarbeiter des Online-Unternehmens in der Vorbereitungsphase in Kontakt kommt. Erst bei eventuell auftretenden Problemen mit Bestellungen und Rücksendungen kontaktiert ein Kunde den Online-Kundenservice. Doch in Bezug auf einen Chatbot liegt eine andere Situation vor. Der Nutzer kommt direkt mit einer Beratungsleistung auf der Reisewebseite in Kontakt. Der Chatbot ist in diesem Sinne kein ‚reines' Werkzeug, sondern ähnlich wie ein menschlicher Geschäftspartner.[258] Dieser sollte nicht nur gewinnorientiert handeln, sondern auch das Wohlergehen der Kunden berücksichtigen und gewährleisten.[259] Folglich wird das Wohlwollen als zweite Dimension der Vertrauenswürdigkeit im Modell berücksichtigt.

4.2.5.3 Integrität

Integrität bedeutet, dass ein Unternehmen unter anderem wahrheitsgetreue Informationen bereitstellt und dass getätigte Zusagen gegenüber Kunden auch tatsächlich eingehalten werden, das Unternehmen somit als zuverlässig angesehen

---

[254] Vgl. Kroeber-Riel & Gröppel-Klein, 2013, S. 663.
[255] Vgl. Folstad, Nordheim & Bjorkli, 2018, S. 10.
[256] Vgl. Zumstein & Hundertmark, 2018, S. 100; Jänisch, 2019.
[257] Vgl. Mayer, Davis & Schoorman, 1995, S. 718 f.; Büttner & Göritz, 2008, S. 37.
[258] Vgl. Braun, 2003, S. 58 f.
[259] Vgl. Folstad, Nordheim & Bjorkli, 2018, S. 10; Zumstein & Hundertmark, 2018, S. 100.

werden kann.[260] Bei Produkten mit zusätzlich vorliegenden Erfahrungseigenschaften (Reise) spielt die **Glaubwürdigkeit und Zuverlässigkeit** eine größere Rolle als bei Produkten mit ausschließlich vorliegenden Sucheigenschaften (Kleidung), da die Qualität einer Reise erst vollständig beurteilt werden kann, wenn diese tatsächlich stattgefunden hat.[261] Der Reiseinteressierte ist demnach darauf angewiesen, dass der Reisebüromitarbeiter aufrichtig und zuverlässig ist. Diese Eigenschaften werden auch bei einem Reiseberater-Chatbot benötigt, damit der Nutzer ihn als vertrauenswürdig einschätzt.[262] Infolgedessen wird die Integrität als dritte Dimension der Vertrauenswürdigkeit in das Modell aufgenommen.

4.2.5.4 Menschenähnlichkeit

Ein Chatbot ist mehr als nur ein reines Computerprogramm. Es findet eine dynamische, zweiseitige Kommunikation statt, ähnlich wie dies mit einem menschlichen Gesprächspartner der Fall ist. Dies bedeutet, dass neben Funktionalität und Produktivität auch Unterhaltung und Sympathie eine wichtige Rolle spielen.[263] Der Chatbot sollte höflich, freundlich und persönlich kommunizieren können.[264] Auch wenn Kunden vorab darüber informiert werden, dass sie mit einem Chatbot sprechen[265] und den meisten in der Regel bewusst ist, dass ein Chatbot keine empathischen Fähigkeiten besitzt und er nicht in der Lage ist Sarkasmus oder Humor zu verstehen[266], wird dennoch ein **gewisses Maß an Empathie und emotionalen Reaktionen** erwartet.[267] Menschen neigen dazu einem Computer eine gewisse Persönlichkeit zu unterstellen, wenn sie in natürlicher Sprache mit diesem kommunizieren. Dies konnte auch schon *Weizenbaum* in seinem Experiment im Jahr 1966 feststellen. Für die Probanden war es weniger relevant, ob ihr Gesprächspartner ein Mensch oder ein Computer war. Wichtig war ihnen vielmehr, dass die Antworten möglichst menschlich erscheinen. Einige Personen glaubten dadurch, dass

---

[260] Vgl. Mayer, Davis & Schoorman, 1995, S. 719; McKnight, Choudhury & Kacmar, 2002, S. 339; Schoorman, Mayer & Davis, 2007, S. 345.
[261] Vgl. Trommsdorff, 2002, S. 302 f.
[262] Vgl. Kroeber-Riel & Gröppel-Klein, 2013, S. 663; Braun, 2003, S. 59; Folstad, Nordheim & Bjorkli, 2018, S. 10; Schlicht, 2016.
[263] Vgl. Boden et al., 2006, S. 5; Brandtzaeg & Folstad, 2017, S. 13; Jung & Niemeyer, 2017, S. 10.
[264] Vgl. Onlim GmbH, 2018, S. 17; Zumstein & Hundertmark, 2018, S. 100.
[265] Vgl. interface medien GmbH, 2017.
[266] Vgl. Piyush, Choudhury & Kumar, 2016, S. 326; Tuzovic & Paluch, 2018, S. 13.
[267] Vgl. Zumstein & Hundertmark, 2018, S. 100.

ELIZA als virtueller Psychotherapeut tatsächlich in der Lage war Verständnis zu zeigen. Diese Erkenntnis bezeichnete *Weizenbaum* als **ELIZA-Effekt**.[268] Einem Chatbot Fachwissen beizubringen, ist durch das stetige Befüllen und Optimieren der internen Wissensdatenbanken sowie der Fortschritte im Bereich des maschinellen Lernens mittlerweile erfolgreich gelungen. Doch einem Chatbot eine Art ‚gesunden Menschenverstand' zu ermöglichen, stellt die größte Herausforderung in der Programmierung dar und scheint zum jetzigen Zeitpunkt noch weit entfernt.[269] Dieser Aspekt bedingt jedoch keine Einschränkung für die Untersuchung des Konstruktes *Menschenähnlichkeit* in der vorliegenden Arbeit. Losgelöst von der Diskussion, ob und wie die Programmierung von Empathie und Emotionen in Zukunft bestmöglich gelingen könnte, kann der potenzielle Nutzer dennoch eine Einschätzung darüber abgeben, welche menschenähnlichen Eigenschaften er an einem Reiseberater-Chatbot als relevant und nützlich erachtet.

Aus der Werbung sind es Kunden bereits gewöhnt, dass einige Unternehmen ihre Produkte personifizieren, um eine emotionale Bindung zwischen dem Produkt und dem Konsumenten aufzubauen. Dem Chatbot einen bestimmten Charakter zu geben – unterstützt durch eine Visualisierung g, z. B. in Form eines Avatars –, kann daher durchaus hilfreich sein, damit sich die Interaktion mit dem Chatbot für den Nutzer natürlicher und entspannter anfühlt.[270] In der Studie von *FOLSTAD/NORDHEIM/BJORKLI* (2018) wurde die Menschenähnlichkeit (*Human-likeness*) von den Interviewteilnehmern als zweithäufigster Grund genannt, einem Chatbot vertrauen zu können.[271] Basierend auf den vorangegangen Erläuterungen wird die Menschenähnlichkeit als vierte Dimension der erwarteten Vertrauenswürdigkeit in das Forschungsmodell integriert.

4.2.5.5 Reputation der Reisewebseite

Die vier zuvor erläuterten Dimensionen beziehen sich direkt auf den Chatbot selbst. Die fünfte Dimension der Vertrauenswürdigkeit bezieht sich auf das **Reise-**

---

[268] Vgl. Storp, 2002, S. 30.
[269] Vgl. Brandtzaeg & Folstad, 2017, S. 15; Storp, 2002, S. 18; Kühl, 2016; Galert, 2018; Rode, 2017.
[270] Vgl. Braun, 2003, S. 40; Boden et al., 2006, S. 5; Storp, 2002, S. 28; Tißler, 2018.
[271] Vgl. Folstad, Nordheim & Bjorkli, 2018, S. 10.

unternehmen, welches auf seiner Webseite einen Reiseberater-Chatbot anbietet.[272]

Eine gute Reputation ist für Offline- wie für Online-Unternehmen ein wichtiger Faktor, um Kunden zu akquirieren und zu binden,[273] da sie mit Glaubwürdigkeit und Verlässlichkeit assoziiert wird.[274] In der Regel bewertet der Kunde anhand seines **Gesamteindrucks** ein Geschäft oder einen Online-Shop als ‚gut' oder ‚schlecht'. Dies bedeutet, dass er nicht unbedingt einzelne Faktoren hervorhebt und gegeneinander abwägt, wie z. B. die Ladenausstattung oder die Fähigkeiten des Personals. Wenn der Kunde den Online-Shop an sich gut findet, aber beim Versand etwas nicht funktioniert, dann tendiert er dazu die gesamte Einkaufserfahrung als eher schlecht zu beurteilen.[275]

Dieser Aspekt lässt sich auf den Forschungskontext dieser Arbeit übertragen. Wenn der Reiseveranstalter oder -mittler eine schlechte Reputation aufweist, dann wird vermutet, dass Nutzer dem Chatbot skeptisch gegenüberstehen.[276] Auch *FOLSTAD/NORDHEIM/BJORKLI* (2018) haben ermittelt, dass es Nutzern wichtig ist, dass sie das Unternehmen, mit welchem sie per Chatbot kommunizieren wollen, kennen und als positiv empfinden. Dadurch würden sie automatisch auch dem Chatbot aufgeschlossener gegenüberstehen.[277] Somit ist es relevant die Reputation der Reisewebseite als fünfte und letzte Dimension der erwarteten Vertrauenswürdigkeit in dieser Untersuchung zu berücksichtigen.

4.3 Moderatoren

Dieser Abschnitt der Modellentwicklung fokussiert sich auf die zweite Forschungsfrage. Es soll untersucht werden, inwiefern die vorangegangen vermuteten Einflüsse der unabhängigen Variablen auf die abhängige Variable *Nutzungsabsicht* durch die drei Moderatorvariablen **Geschlecht, Alter** und **Chatbot-Erfahrung** stärker oder schwächer ausgeprägt sein werden.[278]

---

[272] Vgl. Folstad, Nordheim & Bjorkli, 2018, S. 9.
[273] Vgl. Rotchanakitumnuai & Speece, 2003, S. 315.
[274] Vgl. Casalo, Flavian & Guinaliu, 2007, S. 4.
[275] Vgl. Solomon, 2013, S. 358.
[276] Vgl. Casalo, Flavian & Guinaliu, 2007, S. 13.
[277] Vgl. Folstad, Nordheim & Bjorkli, 2018, S. 9.
[278] Vgl. Müller, 2009, S. 257; Kuß, Wildner & Kreis, 2018, S. 196; Wiedmann & Frenzel, 2004, S. 110; Solomon, 2013, S. 55.

4.3.1 Geschlecht

VENKATESH *ET AL.* (2003) vermuteten, dass der Effekt der Leistungserwartung auf die Nutzungsabsicht durch das Geschlecht[279] moderiert wird, und zwar in der Form, dass der Effekt bei Männern stärker ausgeprägt ist als bei Frauen.[280] Sie begründeten dies damit, dass Männer tendenziell aufgabenorientierter sind als Frauen. Für Männer steht bei einer Technologie insbesondere die Funktionalität im Vordergrund.[281] Es wird daher folgende Moderationshypothese formuliert:

H4-LE-NA$_{(Mod-G)}$: Der positive Einfluss der Leistungserwartung auf die Nutzungsabsicht ist bei Männern <u>stärker</u> ausgeprägt als bei Frauen.

Männer weisen im Allgemeinen eine höhere Risikobereitschaft auf als Frauen. Frauen neigen dazu, sich in unsicheren Situationen vergleichsweise mehr zu sorgen und ein höheres Risiko zu empfinden.[282] Aus diesen Erläuterungen resultiert die folgende Hypothese:

H5-WR-NA$_{(Mod-G)}$: Der negative Einfluss des wahrgenommenen Risikos auf die Nutzungsabsicht ist bei Männern <u>schwächer</u> ausgeprägt als bei Frauen.

Wenn Frauen in unsicheren Situationen tendenziell ein höheres Risiko wahrnehmen als Männer, bedeutet dies zugleich, dass sie im Vergleich zu Männern mehr Vertrauen aufbringen müssen, um sich trotz der empfundenen Unsicherheit auf die Nutzung einer neuartigen Technologie einlassen zu können.[283] Demnach lässt sich nachfolgende Hypothese aufstellen:

H6-EV-NA$_{(Mod-G)}$: Der positive Einfluss der erwarteten Vertrauenswürdigkeit auf die Nutzungsabsicht ist bei Männern <u>schwächer</u> ausgeprägt als bei Frauen.

4.3.2 Alter

Jüngere Personen legen tendenziell mehr Wert auf extrinsische Belohnungen. Sie möchten neue Dinge ausprobieren und eine Technologie soll ihnen einen höchstmöglichen Nutzen bringen. Für ältere Personen ist die Nützlichkeit einer

---

[279] Zu beachten ist bei der Moderatorvariable Geschlecht, dass nicht allein das biologische Geschlecht bestimmend ist, sondern auch die in der Erziehung und Gesellschaft erlernten und vorgelebten Rollenbilder (vgl. Solomon, 2013, S. 185).

[280] Vgl. Venkatesh et al., 2003, S. 467; Wang & Wang, 2010, S. 423.

[281] Vgl. Venkatesh et al., 2003, S. 449; Bauer & Sauer, 2004, S. 46.

[282] Vgl. Slade, Williams & Dwivdei, 2013, S. 15; Sharma & Kurien, 2017, S. 40.

[283] Vgl. Venkatesh, Thong & Xu, 2012, S. 162; Slade, Williams & Dwivdei, 2013, S. 16.

Technologie zwar nicht unwichtig, jedoch geht es ihnen vor allem darum, dass diese leicht und verständlich zu benutzen ist, weil es mit dem Alter schwieriger wird komplexe Informationen zu verarbeiten.[284] Dementsprechend wird nachfolgende Moderationshypothese festgelegt:

H7-LE-NA$_{(Mod-A)}$: Der positive Einfluss der Leistungserwartung auf die Nutzungsabsicht ist bei älteren Personen <u>schwächer</u> ausgeprägt als bei jüngeren Personen.

Ältere Personen neigen dazu in neuen, komplexeren Situationen ein höheres Risiko zu empfinden, da es ihnen im Alter schwerer fällt sich an neue Gegebenheiten anzupassen.[285] Sie möchten eher auf bestehende, bereits gelernte Strukturen zurückgreifen, um Unsicherheiten in Kaufsituationen zu überwinden und stehen neuen Technologien eher skeptisch gegenüber.[286] Jüngeren Personen unter 40 Jahren fällt es dagegen leichter sich mit neuen Technologien auseinanderzusetzen, da sie als sogenannte *Generation Y (Millennials/Digital Natives)*[287] viel stärker mit dem Internet, Computern und Smartphones in Berührung gekommen sind.[288] Folgende Moderationshypothese wird aufgestellt:

H8-WR-NA$_{(Mod-A)}$: Der negative Einfluss des wahrgenommenen Risikos auf die Nutzungsabsicht ist bei älteren Personen <u>stärker</u> ausgeprägt als bei jüngeren Personen.

Gleichzeitig lässt sich aus den vorangegangenen Erläuterungen ableiten, dass ältere Personen verstärkt auf vertrauenswürdige Eigenschaften eines Online-Händlers bzw. eines Chatbots achten, um die empfundene Unsicherheit zu kompensieren.[289] Daraus ergibt sich folgende Hypothese:

H9-EV-NA$_{(Mod-A)}$: Der positive Einfluss der erwarteten Vertrauenswürdigkeit auf die Nutzungsabsicht ist bei älteren Personen <u>stärker</u> ausgeprägt als bei jüngeren Personen.

---

[284] Vgl. Venkatesh et al., 2003, S. 450;
[285] Vgl. Venkatesh, Thong & Xu, 2012, S. 162.
[286] Vgl. Bauer & Sauer, 2004, S. 46; Fittkau & Maaß Consulting GmbH, 2017, S. 13; Solomon, 2013, S. 506.
[287] Generation, die im Zeitraum der frühen 1980er bis zu den späten 1990er Jahren geboren wurde.
[288] Vgl. Solomon, 2013, S. 493; Richad et al., 2019, S. 1272.
[289] Vgl. Slade, Williams & Dwivdei, 2013, S. 16.

4.3.3 Chatbot-Erfahrung

Hat ein Nutzer erste Erfahrungen mit einer Technologie sammeln können, so verfügt er über ein bestimmtes Grundwissen über die Funktionsweise der Technologie und konnte sich mit deren Handhabung bereits vertraut machen. Er hat womöglich schon Vor- und Nachteile eines neuen Systems erkannt und kann mögliche negative Konsequenzen besser einschätzen.[290] Dies führt dazu, dass erfahrene Nutzer ein vergleichsweise geringeres wahrgenommenes Risiko empfinden und eher dazu geneigt sind den Chatbot erneut zu nutzen.[291] Wiederum bedeutet dies für unerfahrene Nutzer, dass sie ein höheres wahrgenommenes Risiko verspüren und sich mehr auf das Vorhandensein vertrauensvoller Eigenschaften des Chatbots verlassen müssen.[292] Für diese Forschung wird unter Chatbot-Erfahrung verstanden, dass ein Befragungsteilnehmer bereits einmal **wissentlich** mit einem Chatbot auf einer beliebigen Internetseite kommuniziert hat (z. B. Versicherungs- oder Modeberatung). Folgende zwei Hypothesen werden abschließend formuliert:

H10-WR-NA$_{(Mod-E)}$: Der negative Einfluss des wahrgenommenen Risikos auf die Nutzungsabsicht ist bei unerfahrenen Personen <u>stärker</u> ausgeprägt als bei erfahrenen Personen.

H11-EV-NA$_{(Mod-E)}$: Der positive Einfluss der erwarteten Vertrauenswürdigkeit auf die Nutzungsabsicht ist bei unerfahrenen Personen <u>stärker</u> ausgeprägt als bei erfahrenen Personen.

4.4 Mediatoren

Wenn eine unabhängige Variable (UV1) einen Einfluss auf eine andere unabhängige Variable (UV2) hat und diese wiederum einen Einfluss auf die abhängige Variable (AV) besitzt, dann wird die *UV2* als **Mediator** bezeichnet. Wenn der Einfluss der *UV1* auf die *AV* vollständig über die *UV2* übertragen wird, dann wird dies als **totale Mediation** bezeichnet. Besitzt die *UV1* einen direkten Effekt auf die *AV* und gleichzeitig einen indirekten auf die *AV* über die Mediatorvariable *UV2*, dann handelt es sich um eine **partielle Mediation**.[293] Für diese Untersuchung sollen die Leistungserwartung und das wahrgenommene Risiko nicht nur als Prädiktor-

---

[290] Vgl. Venkatesh, Thong & Xu, 2012, S. 162; Pavlou, 2003, S. 81.
[291] Vgl. Bauer & Sauer, 2004, S. 52.
[292] Vgl. Rotchanakitumnuai & Speece, 2003, S. 319.
[293] Vgl. Müller, 2009, S. 266 f.

variablen, sondern zusätzlich als Mediatorvariablen betrachtet werden. Dies wird nachfolgend im Detail dargelegt.

4.4.1 Leistungserwartung

Es wird erwartet, dass ein Nutzer einen Reiseberater-Chatbot nur dann als nützlich empfindet, wenn er ein geringes Risiko wahrnimmt. Eine hohe erwartete Nützlichkeit schließt nicht aus, dass negative Folgen auftreten können, da sich der Verbraucher weiterhin in einer unsicheren Situation befindet und die Konsequenzen bis zur tatsächlichen Nutzung ungewiss bleiben.[294] Davon ausgehend, dass das wahrgenommene Risiko die Leistungserwartung und Nutzungsabsicht minimiert[295] und die Leistungserwartung wiederum die Nutzungsabsicht maximiert[296] (siehe *H1-LE-NA* in Kapitel 4.2.2), wird postuliert, dass *LE* den Einfluss von *WR* auf *NA* **partiell mediiert**.[297] Nachfolgende Hypothese lässt sich daraus ableiten:

H12-WR-LE(Med): Das wahrgenommene Risiko hat einen direkten negativen Einfluss auf die Leistungserwartung und damit gleichzeitig über LE als Mediatorvariable einen indirekten negativen Einfluss auf die Nutzungsabsicht.

Zusätzlich wird vermutet, dass LE auch die Wirkung der erwarteten Vertrauenswürdigkeit auf die Nutzungsabsicht **partiell mediiert**. Begründet wird dies dadurch, dass wenn der Chatbot nicht vertrauenswürdig agiert, dies dem Verbraucher auch keinen Nutzen bringen wird. Sollte der Chatbot weder eine kompetente noch aufrichtige Reiseberatung bieten, lohnt es sich für den Verbraucher nicht den Chatbot zu nutzen. In diesem Fall versucht er selbstständig auf der Internetseite mittels Suchfunktion die gewünschten Reiseinformationen zu erhalten.[298] Daher wird folgender Zusammenhang formuliert:

H13-EV-LE(Med): Die erwartete Vertrauenswürdigkeit hat einen direkten positiven Einfluss auf die Leistungserwartung und damit gleichzeitig über LE als Mediatorvariable einen indirekten positiven Einfluss auf die Nutzungsabsicht.

---

[294] Vgl. Martins, Oliveira & Popovic, 2014, S. 5; Kroeber-Riel, Weinberg & Gröppel-Klein, 2009, S. 437.
[295] Vgl. Featherman & Pavlou, 2003, S. 456.
[296] Vgl. Davis, Bagozzi & Warshaw, 1989, S. 986; Venkatesh, Thong & Xu, 2012, S. 159.
[297] Vgl. Müller, 2009, S. 266; Featherman & Pavlou, 2003, S. 460; Martins, Oliveira & Popovic, 2014, S. 8 f.
[298] Vgl. Pavlou, 2003, S. 78 f.

4.4.2 Wahrgenommenes Risiko

Aus den Erläuterungen in Kapitel 4.2.5 zur Konzeptualisierung der Vertrauenswürdigkeit geht bereits die **enge Beziehung zwischen Risiko und Vertrauen** hervor.[299] Vertrauen spielt vor allem in Kauf- oder Nutzungsszenarien eine wichtige Rolle, in welchen für Konsumenten ein erhöhtes wahrgenommenes Risiko und Verlustpotenzial besteht.[300] Jedoch ist häufig unklar, welche Zusammenhangsrichtung zwischen den beiden Konstrukten besteht. Hierzu sind in der Literatur mehrere Ansätze zu finden, welche nachfolgend erläutert werden.[301]

1) Risiko als Moderator

Das wahrgenommene Risiko kann als Moderator auf die Beziehung zwischen Vertrauen und Verhaltensabsicht einwirken. Dies bedeutet, dass der Effekt des Vertrauens auf die Nutzungsbereitschaft unterschiedlich stark ausfällt, je nachdem, ob ein höheres oder niedrigeres wahrgenommenes Risiko vorliegt.[302]

2) Risiko als Mediator

Das wahrgenommene Risiko kann auch als Mediator auf die Beziehung zwischen Vertrauen und Verhaltensabsicht agieren. Das Vertrauen reduziert hierbei das wahrgenommene Risiko.[303] Ein niedrigeres wahrgenommenes Risiko bewirkt wiederum eine höhere Transaktions-/Nutzungsbereitschaft.[304]

PAVLOU (2001) postulierte eine **totale Mediation**, sodass das Vertrauen in einen Online-Händler das wahrgenommene Risiko reduziert und dadurch einen indirekten positiven Effekt auf die Verhaltensintention, eine Online-Transaktion zu tätigen, ausübt. Die vermuteten Effekte stellten sich als signifikant heraus.[305] PAVLOU (2003) entwickelte ein weiteres konzeptionelles Modell zur Erforschung der E-Commerce Akzeptanz und unterstellte diesmal keine totale, sondern eine **partielle Mediation**. Seine aufgestellte Hypothese, dass das Vertrauen einen direkten Effekt

---

[299] Vgl. Venkatesh et al., 2017, S. 92; Pennanen, Kaapu & Paakki, 2006, S. 7.
[300] Vgl. Kroeber-Riel, Weinberg & Gröppel-Klein, 2009, S. 438.
[301] Vgl. Mayer, Davis & Schoorman, 1995, S. 711; Gefen, Srinivasan Rao & Tractinsky, 2003, S. 6.
[302] Vgl. Gefen, Srinivasan Rao & Tractinsky, 2003, S. 6; Mayer, Davis & Schoorman, 1995, S. 715; Müller, 2009, S. 258.
[303] Vgl. Kollmann, 2011, S. 508; Pavlou, 2003, S. 79; McKnight, Choudhury & Kacmar, 2002, S. 335.
[304] Vgl. Gefen, Srinivasan Rao & Tractinsky, 2003, S. 6.
[305] Vgl. Pavlou, 2001, S. 820; Müller, 2009, S. 267.

auf die Nutzungsabsicht hat und gleichzeitig auch einen indirekten Effekt über das wahrgenommene Risiko ausübt, konnte bestätigt werden.[306]

3) Threshold-Model

Beim Threshold-Ansatz werden das wahrgenommene Risiko und das Vertrauen jeweils als Einflussfaktoren auf die Nutzungsabsicht getrennt voneinander betrachtet. Das heißt, dass sie **parallel existieren**, aber **keine direkte Verbindung** zwischen Risiko und Vertrauen postuliert wird.[307] Wenn das Vertrauen des Nutzers (*Trustor*) in den Online-Händler (*Trustee*) die individuell empfundene Risikoschwelle übersteigt, wird der Nutzer einen Kauf tätigen bzw. einen Service in Anspruch nehmen. Wenn jedoch das wahrgenommene Risiko bezüglich des Online-Händlers das Vertrauen des Nutzers übersteigt, wird kein(e) Kauf bzw. Nutzung erfolgen.[308]

4) Vertrauen als Mediator

BÜTTNER/GÖRITZ (2008) wählten für ihre Untersuchung der Akzeptanz von Internet-Apotheken den ersten Ansatz ‚[1] Risiko als Moderator'. Allerdings unterstützen die Ergebnisse nicht die Annahme der moderierenden Rolle des wahrgenommenen Risikos. Es zeigte sich, dass der Einfluss des wahrgenommenen Risikos auf die Nutzungsabsicht partiell von der Vertrauenswürdigkeit mediiert wird.[309] Hierbei handelt es sich somit um einen vierten Ansatz, welcher in der Literatur allerdings seltener zu finden ist. *YANG ET AL.* (2015) verfolgten diesen vierten Ansatz in ihrer Studie und formulierten die Hypothese, dass das wahrgenommene Risiko dem Vertrauen vorausgeht und der Einfluss des wahrgenommenen Risikos auf die Nutzungsabsicht durch das Vertrauen total mediiert wird.[310] Diese Hypothese konnte bestätigt werden.[311]

Begründet wurde die Entscheidung für diesen vierten Konzeptualisierungsansatz mit dem **Entwicklungsstadium** der zu untersuchenden **Internettechnologie**. *YANG ET AL.* (2015) argumentierten, dass internetbasierte Services im Jahr 2015

---

[306] Vgl. Pavlou, 2003, S. 72; Müller, 2009, S. 267.
[307] Vgl. Gefen, Srinivasan Rao & Tractinsky, 2003, S. 6; Kim & Prabhakar, 2000, S. 540; Yang et al., 2015, S. 13.
[308] Vgl. Mayer, Davis & Schoorman, 1995, S. 726.
[309] Vgl. Büttner & Göritz, 2008, S. 35.
[310] Vgl. Yang et al., 2015, S. 14.
[311] Vgl. Yang et al., 2015, S. 16 f.

deutlich fortgeschrittener und akzeptierter sind – insbesondere bezogen auf die junge Generation der chinesischen Bevölkerung –, im Vergleich zu anderen Forschungen 10-15 Jahre zuvor, die ebenfalls die Akzeptanz von E-Services mit Hilfe des Vertrauens und wahrgenommenen Risikos untersuchten. *YANG ET AL.* (2015) gingen davon aus, dass wenn Kunden bereits viele (positive) Erfahrungen mit dem digitalen Zahlungsverkehr sammeln konnten, sich ihre Sorgen und Unsicherheiten diesbezüglich reduzieren. Dies wiederum erhöht ihre wahrgenommene Vertrauenswürdigkeit gegenüber dem Online-Payment. In der Frühphase einer Technologie können Verbraucher erst vertrauen, wenn sie Risiken erkannt, bewertet und minimiert haben. In der Reifephase einer Technologie haben Verbraucher bereits Vertrauen aufgebaut, welches dann durch neu aufkommende Risiken minimiert werden könnte.[312]

Interessanterweise begründeten *BÜTTNER/GÖRITZ* (2008) die festgestellte Rolle des Vertrauens als Mediator nicht mit der Reifephase, sondern mit der Frühphase von Online-Apotheken im Jahr 2008. Das wahrgenommene Risiko unterliegt in der Regel der Subjektivität. *BÜTTNER/GÖRITZ* (2008) vermuteten jedoch im Rahmen ihrer Studie, dass dieser Aspekt durch die **Pharmabranche** diskriminiert wurde, da der medizinische Bereich allgemein von Verbrauchern als riskanter eingestuft wird. Ebenso zeigte sich, dass der Einfluss der wahrgenommenen Vertrauenswürdigkeit auf die Nutzungsabsicht in Bezug auf den Pharma-Kontext größer ist als bei weniger riskanten Branchen (z. B. Bekleidung, Elektronik).[313] Zudem haben *BÜTTNER/GÖRITZ* (2008) das Vertrauenskonstrukt vierdimensional konzeptualisiert, wohingegen *YANG ET AL.* (2015) das Vertrauen nur eindimensional gemessen haben.[314] Des Weiteren ist auf die **kulturellen Unterschiede** der jeweiligen Grundgesamtheit zu verweisen, aus welchen die Stichproben gezogen wurden. Die Untersuchung von *BÜTTNER/GÖRITZ* (2008) bezog sich auf die deutsche Bevölkerung, wohingegen die Studie von *YANG ET AL.* (2015) die Technologie-Akzeptanz der chinesischen Bevölkerung untersuchte.[315] In Anbetracht dieser Erläuterungen sind daher tatsächlich beide Ergebnisse und die dazugehörigen Argumentationen nachvollziehbar.

---

[312] Vgl. Yang et al., 2015, S. 14.
[313] Vgl. Büttner & Göritz, 2008, S. 46.
[314] Vgl. Yang et al., 2015, S. 20; Büttner & Göritz, 2008, S. 43.
[315] Vgl. Büttner & Göritz, 2008, S. 40; Yang et al., 2015, S. 15.

Diese Arbeit folgt dem **zweiten Ansatz** ‚[2] Risiko als Mediator' und vermutet, dass das wahrgenommene Risiko den Einfluss der erwarteten Vertrauenswürdigkeit auf die Absicht einen Chatbot bei der Reiseplanung zu nutzen, partiell mediiert. Die Begründung für diese Entscheidung ist mehrschichtig und komplex.

Einerseits befindet sich das Chatten an sich und die hierbei zugrundeliegende Technologe in einem fortgeschrittenen Entwicklungsstadium.[316] In diesem Fall könnte auf die Begründung von *YANG ET AL.* (2015) bezüglich der Reifephase verwiesen werden. Folglich würde nicht das wahrgenommene Risiko, sondern die Vertrauenswürdigkeit die Mediatorvariable darstellen. Andererseits befindet sich die Kommunikation mit einem Chatbot, insbesondere für komplexere Anliegen, wie das Planen einer Reise, noch im Anfangsstadium. Da diese Masterarbeit nicht die Akzeptanz des Chattens an sich, sondern die Akzeptanz von Chatbots untersucht, wird die Frühphase der Technologie zur Entscheidung des Zusammenhanges zwischen Risiko und Vertrauen herangezogen. Entsprechend *BÜTTNER/GÖRITZ* (2008) ist diesbezüglich jedoch zu beachten, dass Probanden womöglich noch keine spezifische Beurteilung verschiedener Vertrauenseigenschaften abgeben können. Doch wie bereits in Kapitel 4.2.5 erläutert wurde, wird dieser Problematik dadurch entgegengewirkt, dass nicht die wahrgenommene, sondern die erwartete Vertrauenswürdigkeit untersucht wird und eine bisher fehlende Erfahrung mit einem Chatbot nur eine untergeordnete Rolle für die Messung des Vertrauenskonstruktes in dieser Studie spielt.[317]

Wenn der Nutzer vermutet, dass der Chatbot glaubwürdig, zuverlässig und wohlwollend agiert, dann geben ihm diese Aspekte ein Gefühl der Kontrolle in der möglicherweise unsicheren Nutzungssituation. Es wird daher davon ausgegangen, dass erwartete vertrauenswürdige Eigenschaften eines Chatbots die Ungewissheit bezüglich möglicher negativer Folgen der Chatbot-Nutzung reduzieren.[318] Daher wird folgende Hypothese aufgestellt:

H14-EV-WR$_{(Med)}$: Die erwartete Vertrauenswürdigkeit hat einen <u>direkten negativen</u> Einfluss auf das wahrgenommene Risiko und damit gleichzeitig über WR als Mediatorvariable einen <u>indirekten positiven</u> Einfluss auf die Nutzungsabsicht.

---

[316] Vgl. Hebenstreit, 2017; Försch, 2018; Wild, 2017.
[317] Vgl. Buckstegen, 2017; Rondinella, 2018; Weck, 2018; Fittkau & Maaß Consulting GmbH, 2017, S. 5.
[318] Vgl. Pavlou, 2003, S. 79 f.; Pavlou, 2001, S. 821; Gefen, Srinivasan Rao & Tractinsky, 2003, S. 7; McKnight, Choudhury & Kacmar, 2002, S. 334.

4.5 Zusammenfassung Forschungsmodell und Hypothesen

Abbildung 1 zeigt das finale Forschungsmodell mit allen erarbeiteten Konstrukten erster und zweiter Ordnung. Für eine bessere Übersichtlichkeit sind die jeweiligen Hypothesen lediglich mit ihrem Kürzel (z. B. H1) gekennzeichnet. Ein Plus- oder Minuszeichen beschreibt den jeweils vermuteten positiven oder negativen Einfluss der unabhängigen Variablen *LE*, *WR* und *EV* auf die abhängige Variable *Nutzungsabsicht*. Die postulierten Moderatoreffekte des Geschlechts, Alters und der Chatbot-Erfahrung sollen ebenfalls mit einem Plus- oder Minuszeichen dargestellt werden, damit sich aufzeigen lässt, ob sich der jeweilige Effekt des Moderators verstärkend (+) oder abschwächend (–) auf den Zusammenhang zwischen der entsprechenden *UV* und *AV* auswirkt. Hierzu wurde – passend zur Formulierung der Moderationshypothesen in Kapitel 4.3 – eine entsprechende Bezugsgruppe je Moderatorvariable ausgewählt (Geschlecht: männlich, Alter: älter, Chatbot-Erfahrung: unerfahren).

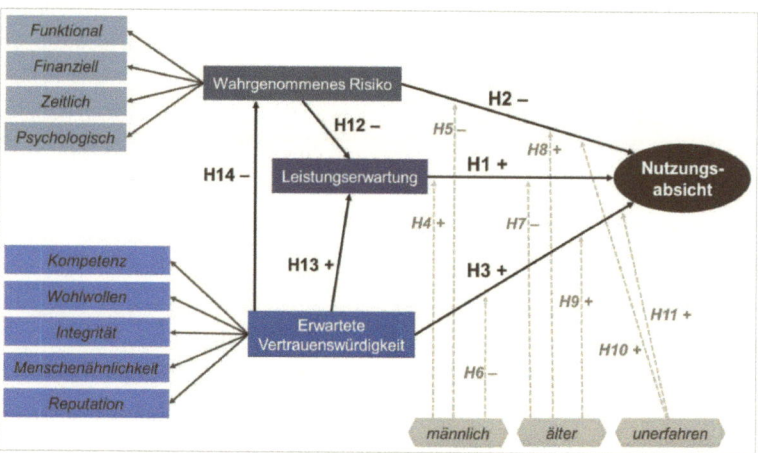

Abbildung 1: Finales Forschungsmodell

Des Weiteren fasst Tabelle 2 alle aufgestellten Hypothesen übersichtlich zusammen. Die Unterstreichung bestimmter Wörter dient dazu die jeweils vermutete Effektrichtung und -stärke zu verdeutlichen.

Tabelle 2: Übersicht Hypothesen

Übersicht Hypothesen		
hellblau = *Zusammehangshypothesen*	*blau =* *Moderationshypothesen*	*dunkelblau =* *Mediationshypothesen*
H1-LE-NA	Die Leistungserwartung hat einen direkten positiven Einfluss auf die Nutzungsabsicht.	
H2-WR-NA	Das wahrgenommene Risiko hat einen direkten negativen Einfluss auf die Nutzungsabsicht.	
H3-EV-NA	Die erwartete Vertrauenswürdigkeit hat einen direkten positiven Einfluss auf die Nutzungsabsicht.	
H4-LE-NA$_{(Mod-G)}$	Der positive Einfluss der Leistungserwartung auf die Nutzungsabsicht ist bei Männern stärker ausgeprägt als bei Frauen.	
H5-WR-NA$_{(Mod-G)}$	Der negative Einfluss des wahrgenommenen Risikos auf die Nutzungsabsicht ist bei Männern schwächer ausgeprägt als bei Frauen.	
H6-EV-NA$_{(Mod-G)}$	Der positive Einfluss der erwarteten Vertrauenswürdigkeit auf die Nutzungsabsicht ist bei Männern schwächer ausgeprägt als bei Frauen.	
H7-LE-NA$_{(Mod-A)}$	Der positive Einfluss der Leistungserwartung auf die Nutzungsabsicht ist bei älteren Personen schwächer ausgeprägt als bei jüngeren Personen.	
H8-WR-NA$_{(Mod-A)}$	Der negative Einfluss des wahrgenommenen Risikos auf die Nutzungsabsicht ist bei älteren Personen stärker ausgeprägt als bei jüngeren Personen.	
H9-EV-NA$_{(Mod-A)}$	Der positive Einfluss der erwarteten Vertrauenswürdigkeit auf die Nutzungsabsicht ist bei älteren Personen stärker ausgeprägt als bei jüngeren Personen.	
H10-WR-NA$_{(Mod-E)}$	Der negative Einfluss des wahrgenommenen Risikos auf die Nutzungsabsicht ist bei unerfahrenen Personen stärker ausgeprägt als bei erfahrenen Personen.	
H11-EV-NA$_{(Mod-E)}$	Der positive Einfluss der erwarteten Vertrauenswürdigkeit auf die Nutzungsabsicht ist bei unerfahrenen Personen stärker ausgeprägt als bei erfahrenen Personen.	

Übersicht Hypothesen		
hellblau = *Zusammehangshypothesen*	*blau =* *Moderationshypothesen*	*dunkelblau =* *Mediationshypothesen*
H12-WR-LE$_{(Med)}$	Das wahrgenommene Risiko hat einen <u>direkten negativen</u> Einfluss auf die Leistungserwartung und damit gleichzeitig über LE als Mediatorvariable einen <u>indirekten negativen</u> Einfluss auf die Nutzungsabsicht.	
H13-EV-LE$_{(Med)}$	Die erwartete Vertrauenswürdigkeit hat einen <u>direkten positiven</u> Einfluss auf die Leistungserwartung und damit gleichzeitig über LE als Mediatorvariable einen <u>indirekten positiven</u> Einfluss auf die Nutzungsabsicht.	
H14-EV-WR$_{(Med)}$	Die erwartete Vertrauenswürdigkeit hat einen <u>direkten negativen</u> Einfluss auf das wahrgenommene Risiko und damit gleichzeitig über WR als Mediatorvariable einen <u>indirekten positiven</u> Einfluss auf die Nutzungsabsicht.	

5 Vorbereitung quantitative Untersuchung

5.1 Untersuchungsdesign

Bisher gibt es keine vergleichbare Studie im deutschsprachigen Raum, welche die Akzeptanz und Nutzungsabsicht von Chatbots im Tourismus erforscht. Daher werden die benötigten Daten zur empirischen Überprüfung der aufgestellten Hypothesen des Forschungsmodells eigens erhoben (**Primärdaten**). Zudem wird in dieser Querschnittsstudie aus wirtschaftlichen Gründen eine **Teilerhebung** durchgeführt.[319]

Als **Grundgesamtheit** werden **tägliche Internetnutzer in Deutschland im Jahr 2019** definiert, sodass die erforderliche sachliche, räumliche und zeitliche Abgrenzung der Grundgesamtheit gegeben ist.[320] Im Jahr 2019 nutzten 50,3 Millionen Personen (ab 14 Jahren) in Deutschland täglich das Internet.[321] Bezüglich des Geschlechts zeigt sich mit 25,7 Millionen weiblichen Internetnutzern (51,1 %) und 24,6 Millionen männlichen Internetnutzern (48,9 %) eine annähernde Gleichverteilung. 23 Millionen deutsche Internetnutzer im Jahr 2019 sind 14 bis 39 Jahre alt (45,7 %). Die Anzahl der über 40-jährigen Personen in Deutschland, die täglich das Internet nutzen, beläuft sich auf 27,3 Millionen Personen (54,3 %).[322]

Die Festlegung dieser Grundgesamtheit ist durch die zu untersuchende Thematik begründbar. Die zu befragenden Personen müssen einen Zugang zum Internet besitzen, um eine Reisewebseite aufrufen und einen Chatbot zur Reiseplanung nutzen zu können. Zudem wird zur Teilnahme an der Online-Befragung ein Internetzugang benötigt. Eine weitere sachliche Abgrenzung der Grundgesamtheit in Bezug auf den Tourismuskontext wird nicht vorgenommen. Zum einen wird nicht die tatsächliche Nutzung, sondern die Nutzungsabsicht untersucht, sodass eine Person an der Befragung teilnehmen kann, auch wenn sie bisher noch nicht mit einem Reiseberater-Chatbot kommuniziert hat. Zum anderen fokussiert sich diese Arbeit auf die Reisevorbereitungsphase. Ein täglicher Internetnutzer muss dementsprechend nicht zwingend bereits gereist sein oder in Zukunft tatsächlich eine Reise durch-

---

[319] Vgl. Kosfeld, Eckey & Türck, 2016, S. 28; Kuß, Wildner & Kreis, 2018, S. 99; Hartmann & Lois, 2015, S. 9; Töpfer, 2012, S. 76.
[320] Vgl. Kuß, Wildner & Kreis, 2018, S. 68.
[321] Vgl. ARD/ZDF-Forschungskommission, 2019a.
[322] Vgl. ARD/ZDF-Forschungskommission, 2019b.

führen, um einen Reiseberater-Chatbot zur Inspiration oder aus Neugier auszuprobieren zu wollen.

Passend zum Forschungskontext und der festgelegten Grundgesamtheit, wird ein **standardisierter Online-Fragebogen** zur Datenerhebung genutzt. Vorteilhaft hierbei ist, dass potenzielle Teilnehmer selbst entscheiden können, wann sie den Link zur Umfrage anklicken und die Befragung durchführen. Dies erhöht die Wahrscheinlichkeit, dass die Personen den Fragebogen in einer ruhigen, entspannten und konzentrierten Umgebung ohne Ablenkung beantworten. Zudem treten während einer Online-Befragung keine Versuchsleitereffekte auf und die Übertragung der bereits in digitaler Form vorliegenden Daten in die Statistiksoftware erfolgt automatisiert, sodass die Objektivität erhöht werden kann. Einschränkungen sind wiederum nicht kontrollierbare Einflüsse von Dritten und mögliche Mehrfachteilnahmen sowie die fehlende persönliche Betreuung der Teilnehmer zu Beginn einer Befragung, um eventuell auftretende Verständnisprobleme bezüglich der Formulierung der Fragen und Antwortmöglichkeiten klären zu können.[323]

Durch das Aktivieren von Cookies in der verwendeten Umfragesoftware kann die Möglichkeit von **Mehrfachteilnahmen** minimiert werden. Jedem Teilnehmer wird eine eindeutige Session ID zugewiesen, anhand welcher er von der Umfragesoftware wiedererkannt wird. Wurde die Umfrage bereits erfolgreich beendet, kann diese daher nicht erneut durchgeführt werden. Voraussetzung ist allerdings, dass der Teilnehmer beim erneuten Aufrufen des Links das gleiche Endgerät benutzt und die Cookies im Browserverlauf nicht löscht.[324] Um Verständnisproblemen und Unklarheiten während der Beantwortung des Fragebogens bestmöglich vorzubeugen, wird ein **Pretest** durchgeführt (siehe Kapitel 5.2.1). Durch die Auswertung des Feedbacks der Pretest-Teilnehmer lassen sich Fehler bei der Formulierung der Fragen und Antwortoptionen identifizieren. Ein verständlich und sinnvoll entwickelter Fragebogen wirkt sich positiv auf die Qualität der Daten und die Abbruchquote aus.[325] Ebenso wird der Fragebogen so konzipiert, dass er mit einem mobilen Endgerät, wie einem Smartphone, ohne Darstellungsprobleme bearbeitet werden kann.[326] Unaufmerksame Probanden, welche den Online-Fragebogen nicht gewissenhaft beantworten, können durch eine Analyse der **Bearbeitungszeit** und

---

[323] Vgl. Kosfeld, Eckey & Türck, 2016, S. 23.
[324] Vgl. Ryte GmbH, 2019a; Ryte GmbH, 2019b.
[325] Vgl. Kuß, Wildner & Kreis, 2018, S. 123; Raab, Unger & Unger, 2018, S. 396.
[326] Vgl. Kuß, Wildner & Kreis, 2018, S. 136 f.

anormaler Fälle als **Ausreißer** identifiziert und ausgeschlossen werden (siehe Kapitel 6.2.1).[327]

Die Aktivierung von Cookies, die Durchführung eines Pretests und die Prüfung von Ausreißern wirken den genannten Einschränkungen einer Online-Umfrage entgegen, sodass ein standardisierter Online-Fragebogen sich weiterhin als geeignetes Messinstrument für diese Studie erweist.

Inwiefern ein Stichprobenumfang als angemessen angesehen werden kann, hängt von unterschiedlichen Faktoren ab, unter anderem vom Forschungsziel, der Komplexität des Forschungsmodells und den verwendeten statischen Verfahren zur Datenanalyse.[328] Für die Festlegung einer **optimalen Mindeststichprobengröße** existieren in der Statistik-Literatur verschiedene Empfehlungen, an denen sich orientiert werden kann.[329]

Als vorbereitende Maßnahme für die spätere Analyse des Kausalmodells, wird in Kapitel 6.2.2 zunächst eine *konfirmatorische Faktorenanalyse* durchgeführt. Hierbei wird ein Stichprobenumfang von mindestens 50, besser 100 Fällen empfohlen.[330] Die Überprüfung der aufgestellten Hypothesen erfolgt anschließend mittels *multipler Regressionsanalysen* ab Kapitel 6.3.2. Die Stichprobengröße hat bei diesem Verfahren einen direkten Einfluss auf die statische Aussagekraft der Ergebnisse.[331] Generell gilt, dass ein höherer Stichprobenumfang den Stichprobenfehler reduziert und damit die statistische Genauigkeit der Ergebnisse verbessert wird.[332] Im Allgemeinen sollte es für jede unabhängige Variable ein Minimum von 15 bis 20 Beobachtungen geben.[333] *GREEN* (1991) stellt zwei spezifischere Empfehlungen zur Verfügung. Wenn der Fokus der Untersuchung auf einer möglichst hohen Varianzaufklärung und dem **Bestimmtheitsmaß R^2** liegt, dann sollte eine Mindeststichprobengröße von *n ≥ 50 + 8x Anzahl der Prädiktoren* vorliegen. Sind vorwiegend die **standardisierten Regressionskoeffizienten β** von Interesse, um die

---

[327] Vgl. Kuß, Wildner & Kreis, 2018, S. 134.
[328] Vgl. Anderson et al., 2014, S. 573.
[329] Vgl. Stoetzer, 2017, S. 203.
[330] Vgl. Anderson et al., 2014, S. 100.
[331] Vgl. Anderson et al., 2014, S. 170.
[332] Vgl. Kuß, Wildner & Kreis, 2018, S. 78; Anderson et al., 2014, S. 70.
[333] Vgl. Anderson et al., 2014, S. 172.

Effektstärken der *UVs* auf die *AV* zu interpretieren, dann empfiehlt sich wiederum eine Stichprobengröße von mindestens *n ≥ 104 + Anzahl der Prädiktoren*.[334]

Da für diese Untersuchung die Überprüfung der vermuteten Stärke des Einflusses der jeweiligen **Prädiktorvariablen** auf die **Kriteriumsvariable** im Vordergrund steht, wird der zweiten Empfehlung von *GREEN* (1991) gefolgt und ein Stichprobenumfang von 107 Probanden angestrebt. Zusätzlich gilt es zu beachten, dass die Zusammensetzung der Anteile der Merkmale *Geschlecht* und *Alter* sich so in der Stichprobe widerspiegeln, wie sie in der vorab definierten Grundgesamtheit vorliegen. Daher erfolgt eine internetrepräsentative Quotierung (siehe Tabelle 3).[335] Hierbei ist überdies wichtig, dass die Fallzahlen pro Merkmalsgruppe nicht zu gering ausfallen (mindestens n = 30).[336] Zudem sollte ein Puffer eingeplant werden, da vor der Datenanalyse eine Datenbereinigung erfolgt und sich hierbei die Fallzahlen reduzieren können.[337] Die angestrebte Anzahl der Befragungsteilnehmer wird daher verdoppelt. Somit beträgt die **finale Mindeststichprobengröße 214 Probanden**.

Tabelle 3: Quotierung Stichprobe[338]

	14 bis 39 Jahre	Über 40 Jahre	Gesamt
Weiblich	Fälle: 50	Fälle: 59	Fälle: 109 (51,1 %)
Männlich	Fälle: 48	Fälle: 57	Fälle: 105 (48,9 %)
Gesamt	Fälle: 98 (45,7 %)	Fälle: 116 (54,3 %)	**Fälle: 214 (100 %)**

5.2 Operationalisierung

Bei den drei Prädiktorvariablen *wahrgenommenes Risiko, erwartete Vertrauenswürdigkeit* und *Leistungserwartung* sowie der Kriteriumsvariable *Nutzungsabsicht* handelt es sich um sogenannte **latente Konstrukte**. Dies bedeutet, dass sie nicht direkt beobachtbar und messbar sind. Es werden **manifeste Indikatoren/Items** benötigt, um die latenten Konstrukte messbar zu machen. Diese Messbarmachung

---

[334] Vgl. Stoetzer, 2017, S. 198; Green, 1991, S. 505.
[335] Vgl. Kosfeld, Eckey & Türck, 2016, S. 31.
[336] Vgl. Stoetzer, 2017, S. 268.
[337] Vgl. Anderson et al., 2014, S. 573.
[338] Quelle: Eigene Darstellung (2019) in Anlehnung an ARD/ZDF-Forschungskommission, 2019b.

von Konstrukten wird als *Operationalisierung* bezeichnet.[339] Bevor die finalen Indikatoren vorgestellt werden, bedarf es zunächst der Erläuterung von Rahmenbedingungen zur Bestimmung geeigneter Items.

5.2.1 Rahmenbedingungen

Zur Operationalisierung der Konstrukte wird sich überwiegend an bereits getesteten Indikatoren anerkannter Studien zur Technologieakzeptanz orientiert. Hierbei werden die Angaben zur **internen Konsistenz** der Items berücksichtigt (Voraussetzung: *Cronbachs Alpha* [CA] mind. 0,7 bzw. [korrigierte] *Item-to-Total-Korrelation* mind. 0,5).[340] Einige Indikatoren werden übernommen und die Formulierung an den Chatbot-Kontext angepasst. Andere Indikatoren werden wiederum entfernt und mit zum Forschungskontext besser geeigneten Indikatoren ersetzt.[341]

Die Messung von Konstrukten über **Multi-Item-Skalen** wird im Allgemeinen empfohlen, da hierdurch die Realität besser abgebildet werden kann. Die einzelnen miteinander korrelierenden Items werden im späteren Verlauf der Analyse jeweils zu einem gemeinsamen Faktor aggregiert, wodurch eine Korrektur der Messfehler ermöglicht wird.[342] Für diese Untersuchung sollen die Konstrukte mit **jeweils vier Items** bzw. die Leistungserwartung mit fünf Items gemessen werden.

Damit eine *konfirmatorische Faktorenanalyse* sowie *multiple Regressionsanalysen* in Kapitel 6 durchgeführt werden können, wird ein **metrisches Skalenniveau** aller Variablen vorausgesetzt. Diese Prämisse ist bei der Operationalisierung der Konstrukte zu beachten.[343] Es wird daher eine **unipolare endpunktverbalisierte 5er-Skala** verwendet, der Äquidistanz unterstellt werden kann, damit ein metrisches Skalenniveau vorliegt.[344]

Die Entscheidung für eine **ungerade Ratingskala** wird mit der Neuheit der Chatbot-Technologie als Kommunikationskanal zwischen Kunden und Unternehmen in Deutschland begründet. Bei der bisher noch geringen Verbreitung und Bekanntheit von Chatbots in Deutschland (siehe Kapitel 2.4) kann nicht davon ausgegangen

---

[339] Vgl. Cleff, 2015, S. 12; Foscht & Swoboda, 2007, S. 10; Töpfer, 2012, S. 76; Hartmann & Lois, 2015, S. 21; Weiber & Mühlhaus, 2014, S. 73.
[340] Vgl. Backhaus, Erichson & Weiber, 2015, S. 122; Zinnbauer & Eberl, 2004, S. 6 f.
[341] Vgl. Bortz & Schuster, 2010, S. 9.
[342] Vgl. Bauer & Freitag, 2017, S. 8 f.; Müller, 2009, S. 265.
[343] Vgl. Backhaus et al., 2018, S. 58; Cleff, 2015, S. 21.
[344] Vgl. Cleff, 2015, S. 19 ff.; Raab, Unger & Unger, 2018, S. 80; Bortz & Schuster, 2010, S. 14.

werden, dass Nutzer bereits tiefergehende Erfahrungen hierzu gesammelt haben. Die Befragungsteilnehmer sollen eine spontane und ehrliche Einschätzung abgeben und nicht zu einer Tendenz gezwungen werden. Die Interpretation des mittleren Skalenpunkts ist jedoch schwierig, da der Proband die Frage womöglich nicht richtig verstanden hat oder diesen für irrelevant hält. Dies kann zu einer Verzerrung der Ergebnisse führen. Wiederum wirkt die Messung eines Konstruktes über mehrere Items und die spätere Ausreißer- und Reliabilitätsprüfung dieser Problematik entgegen.[345]

Die sich im Anfangsstadium befindende Chatbot-Nutzung in Deutschland beeinflusst ebenfalls die verwendete Zeitform bei der Formulierung der Items. Personen, welche noch keine Berührung mit einem Chatbot hatten, können zur Beurteilung des Nutzungsrisikos, der Leistungsfähigkeit und der Vertrauenswürdigkeit nicht auf bisherige Erfahrungswerte zurückgreifen. Den Befragungsteilnehmern wird zu Beginn des Fragebogens ein **hypothetisches Szenario** vorgegeben, in welches sie sich für Bearbeitung der Umfrage hineinversetzen sollen (siehe Abbildung 10 in Anhang 2.2). Die Items werden daher im **Konjunktiv** formuliert (z. B. *Ich hätte Sorge, dass [...]* oder *Wie vertrauenswürdig würden Sie einen Chatbot empfinden, wenn [...]*).

Der **Pretest** wurde **vom 13. bis zum 20. Juli 2019** durchgeführt. Es wurden **24 Personen** befragt, welche die vorgestellten relevanten soziodemographischen Merkmalsausprägungen besitzen. Hiermit wurde die in der Literatur empfohlene Anzahl von mindestens 20 Pretest-Teilnehmern erfüllt.[346] Anhand der Analyse der Pretest-Daten konnte ein Optimierungsbedarf bezüglich der Formulierung der Items sowie der Darstellung und Länge des Fragebogens identifiziert werden.[347] Insbesondere hat sich herausgestellt, dass sich Probanden eine ausführlichere Erklärung der Funktionsweise eines Reiseberater-Chatbots und der Art der Item-Formulierung zu Beginn des Fragebogens wünschen, um mehr Klarheit und ein besseres Verständnis über den Forschungskontext zu gewinnen. Dementsprechend wurden die Begrüßung und der einleitende **Hinweistext** für die Hauptuntersuchung überarbeitet und verbessert, damit den Probanden die Bearbeitung der Umfrage

---

[345] Vgl. Menold & Bogner, 2015, S. 5 f.; Raab, Unger & Unger, 2018, S. 78 f.; Cleff, 2015, S. 24.
[346] Vgl. Raab, Unger & Unger, 2018, S. 396; Kuß, Wildner & Kreis, 2018, S. 123.
[347] Vgl. Kuß, Wildner & Kreis, 2018, S. 123; Weiber & Mühlhaus, 2014, S. 120; Raab, Unger & Unger, 2018, S. 396.

leichter fällt (siehe Abbildung 9 in Anhang 2.1 und Abbildung 10 in Anhang 2.2).[348] Zudem äußerten die Pretest-Probanden den Wunsch, dass bestimmte Begriffe in den Fragen/Aussagen unterstrichen werden, damit schneller erfasst werden kann, worauf die jeweilige Frage/Aussage abzielt.

Die nachfolgenden Ausführungen beziehen sich auf die finale Operationalisierung der Indikatoren. Sie beinhalten bereits die auf Basis der Auswertung des Pretests durchgeführten Anpassungen der jeweiligen Item-Formulierungen.

5.2.2 Abhängige Variable – Nutzungsabsicht

Zur Operationalisierung der Nutzungsabsicht (NA) (*Behavioral Intention* = *BI*) können die Indikatoren von *VENKATESH/THONG/XU* (2012) als Basis verwendet werden (Cronbachs Alpha = 0,93).[349]

> *BI1: I intend to continue using mobile Internet in the future.*
>
> *BI2: I will always try to use mobile Internet in my daily life.*
>
> *BI3: I plan to continue to use mobile Internet frequently.*[350]

Da die Chatbot-Technologie bei Verbrauchern und im Tourismus noch wenig bekannt und verbreitet ist, muss bei der Formulierung der Indikatoren darauf geachtet werden, dass diese nicht zu strikt gefasst sind. Um die Formulierung von *VENKATESH/THONG/XU* (2012) zu entschärfen, werden die Formulierungen *ich könnte mir vorstellen* und *ich halte es für wahrscheinlich* genutzt. Ebenso wird als Zeitangabe *in Zukunft* oder *zukünftig* bevorzugt (siehe Tabelle 4). Diese Formulierung nutzt auch *PAVLOU* (2001) in seiner Studie zur Untersuchung des Einflusses von Risiko und Vertrauen auf die Akzeptanz von E-Commerce und misst die Nutzungsabsicht (hier: *Intention to Transact* = *IT*) mit drei Items (Cronbachs Alpha = 0,96).[351]

> *IT1: Given the chance, I intend to use this retailer's Website.*
>
> *IT2: Given the chance, I predict that I would use this retailer's Website in the future.*
>
> *IT3: It is likely that I transact with this Web retailer in the near future.*[352]

---

[348] Vgl. Kuß, Wildner & Kreis, 2018, S. 85 f.
[349] Vgl. Venkatesh, Thong & Xu, 2012, S. 168.
[350] Venkatesh, Thong & Xu, 2012, S. 178.
[351] Vgl. Pavlou, 2001, S. 822.
[352] Pavlou, 2001, S. 822.

Es wurden bewusst inhaltliche Abstufungen bei der Formulierung der Indikatoren gewählt, damit sich Probanden mit unterschiedlichen Erfahrungsstufen jeweils wiederfinden können. So ist *NA1* eher vage formuliert, während *NA3* mit der verwendeten Begrifflichkeit *beabsichtigen* eine konkretere Absicht darstellt.

Tabelle 4: Finale Operationalisierung Nutzungsabsicht

Indikator	Nutzungsabsicht (NA)
NA1	Ich könnte mir vorstellen, dass ich in Zukunft die Hilfe eines Chatbots für meine Urlaubsplanung im Internet in Anspruch nehmen werde.
NA2	Ich halte es für wahrscheinlich, dass ich in Zukunft einen virtuellen Reiseberater auf einer Reisewebseite ausprobieren werde.
NA3	Wenn es darum geht eine Urlaubsreise im Internet zu planen, beabsichtige ich hierfür zukünftig einen Chatbot zu nutzen.
NA4	Ich möchte mich gerne zukünftig bei der Informations- und Angebotssuche von einem virtuellen Reiseberater unterstützen lassen.
5er-Skala von 1 = 'stimme gar nicht zu' bis 5 = 'stimme voll zu'	

5.2.3 Unabhängige Variable – Leistungserwartung

Für die erste unabhängige Variable Leistungserwartung (LE) (*Performance Expectancy = PE* bzw. *Perceived Usefulness = PU*) kann sich ebenfalls an VENKATESH/THONG/XU (2012) und *PAVLOU* (2001) orientiert werden. Erstere operationalisieren das Konstrukt mit drei Items (CA = 0,88).[353] Letzterer nutzt vier Items und erreicht mit diesen einen sehr guten Cronbachs Alpha Wert von 0,92.[354]

PE1: I find mobile Internet useful in my daily life.

PE2: Using mobile Internet helps me accomplish things more quickly.

PE3: Using mobile Internet increases my productivity.[355]

PU1: Overall, I find this retailer's Website useful.

PU2: I think this retailer's Website creates value to me.

PU3: The content on this retailer's Website is useful to me.

PU4: This retailer's Website is functional.[356]

---

[353] Vgl. Venkatesh, Thong & Xu, 2012, S. 168.
[354] Vgl. Pavlou, 2001, S. 822.
[355] Venkatesh, Thong & Xu, 2012, S. 178.
[356] Pavlou, 2001, S. 822.

Die Indikatoren *PE1*, *PE2* sowie *PU1*, *PU3* können annähernd übernommen werden. Die Formulierung *nützlich (useful)* findet sich in *LE1* wieder. In *LE4* wird auf eine höhere Schnelligkeit bei der Reiseplanung eingegangen. Die Verwendung eines Chatbots soll dem Verbraucher einen Nutzen bringen und sich für ihn lohnen. Hierzu werden *LE2* und *LE3* formuliert, welche sich an *PU2* und im weiteren Sinne an *PU4* von *PAVLOU* (2001) orientieren. *PE3* von *VENKATESH/THONG/XU* (2012) geht auf eine höhere Produktivität ein. Diese Begrifflichkeit wird nicht eins zu eins übernommen. Die Formulierung *effizienter* wird in *LE5* als Äquivalent zu *PE3* gewählt (siehe Tabelle 5).

Tabelle 5: Finale Operationalisierung Leistungserwartung

Indikator	Leistungserwartung (LE)
LE1	Ich denke, dass ein Chatbot für meine Reiseplanung im Internet nützlich wäre.
LE2	Ich denke, dass sich die Reiseplanung per Chatbot für mich lohnen würde.
LE3	Ich denke, dass ein Chatbot für meine Reiseplanung im Internet praktisch wäre.
LE4	Ich denke, dass ein Chatbot mir dabei helfen könnte meine Reiseplanung im Internet schneller durchzuführen.
LE5	Ich denke, dass meine Reiseplanung mit der Unterstützung eines Chatbots effizienter wäre.

5er-Skala von 1 = ‚stimme gar nicht zu' bis 5 = ‚stimme voll zu'

5.2.4 Unabhängige Variable – Wahrgenommenes Risiko

FEATHERMAN/PAVLOU (2003) haben das wahrgenommene Risiko in *TAM* integriert, um dessen Einfluss auf die Nutzungsbereitschaft für E-Services zu erforschen.[357] Zur Messung der unterschiedlichen Risikodimensionen haben die beiden Forscher Indikatoren erarbeitet, welche bewusst allgemein formuliert wurden, sodass diese für verschiedene Arten von internetbasierten Technologien und Services übernommen werden können.[358]

MARTINS/OLIVEIRA/POPOVIC (2014) haben in ihrer Studie das wahrgenommene Risiko in *UTAUT* integriert, um ein besseres Verständnis der Annahmebereitschaft von Nutzern für das Internet Banking zu erlangen.[359] Für die Operationalisierung

---

[357] Vgl. Featherman & Pavlou, 2003, S. 453.
[358] Vgl. Featherman & Pavlou, 2003, S. 470 ff.
[359] Vgl. Martins, Oliveira & Popovic, 2014, S. 5.

der Risikodimensionen haben sie die Items von *FEATHERMAN/PAVLOU* (2003) nahezu identisch übernommen und häufig lediglich die Platzhalter [*XXXX*] mit ‚Internet Banking' ersetzt.[360]

5.2.4.1 Funktionales Risiko

Das funktionale Risiko (WRfunk) wurde bei *FEATHERMAN/PAVLOU* (2003) und *MARTINS/OLIVEIRA/POPOVIC* (2014) als *Performance Risk* (*PFR*) bezeichnet und mit nachfolgenden Indikatoren operationalisiert (Cronbachs Alpha = 0,797).[361]

> *PFR1: Internet banking might not perform well and create problems with my credit.*
>
> *PFR2: The security systems built into the Internet banking system are not strong enough to protect my checking account.*
>
> *PFR3: The probability that something's wrong with the performance of Internet banking is high.*
>
> *PFR4: Considering the expected level of service performance of Internet banking, for me to sign up and use, it would be risky.*
>
> *PFR5: Internet banking servers may not perform well and thus process payments incorrectly.*[362]

Das funktionale Risiko im Chatbot-Kontext bezieht sich insbesondere auf die möglicherweise auftretende Sorge der Verbraucher, dass der Chatbot ihre Fragen nicht richtig interpretieren kann und daraufhin nicht in der Lage ist passende Antworten zu geben. Eine schlechte Performance in Bezug auf die Interpretationsfähigkeit des Chatbots wird durch die Items *WRfunk1* und *WRfunk4* dargestellt, welche auf den Items *PFR1* und *PFR3* basieren. *PFR5* bezieht sich auf mögliche Serverprobleme beim Internet Banking. In ähnlicher Weise kann dies für den Chatbot übernommen werden, da die Möglichkeit besteht, dass das System abstürzt und der Chatbot mitten im Gespräch keine Reaktion mehr zeigt (siehe *WRfunk3*). *PFR4* kann in dieser Form nicht übernommen werden. Allerdings kann der Aspekt der Serviceleistung aufgegriffen werden, da der Chatbot als virtueller Reiseberater den Service bieten soll geeignete Reiseangebote vorzuschlagen. Verbraucher könnten dies dem Chatbot nicht zutrauen und daher ein mögliches Risiko bei der Nutzung empfinden. Hierzu wird *WRfunk2* als weiterer Indikator aufgenommen (siehe Tabelle 6).

---

[360] Vgl. Martins, Oliveira & Popovic, 2014, S. 11.
[361] Vgl. Featherman & Pavlou, 2003, S. 459; Martins, Oliveira & Popovic, 2014, S. 6.
[362] Martins, Oliveira & Popovic, 2014, S. 11; Featherman & Pavlou, 2003, S. 471.

Tabelle 6: Finale Operationalisierung funktionales Risiko

Indikator	Funktionales Risiko (WRfunk)
WRfunk1	Ich hätte Sorge, dass der Chatbot meine Fragen nicht richtig interpretieren und beantworten kann.
WRfunk2	Ich hätte Sorge, dass mir der Chatbot keine geeigneten Reiseangebote vorschlagen kann.
WRfunk3	Ich hätte Sorge, dass der Chatbot mitten im Gespräch keine Reaktion mehr zeigt/nicht mehr erreichbar ist.
WRfunk4	Ich hätte Sorge, dass mir der Chatbot falsche Reiseinformationen nennt, weil er mein Anliegen nicht richtig verstanden hat.

5er-Skala von 1 = ‚stimme gar nicht zu' bis 5 = ‚stimme voll zu'

5.2.4.2 Finanzielles Risiko

Zur Operationalisierung des finanziellen Risikos (WRfina) im Chatbot-Kontext (*financial risk = FR*) kann sich erneut an den Studien von FEATHERMAN/PAVLOU (2003) und *MARTINS/OLIVEIRA/POPOVIC* (2014) orientiert werden (Cronbachs Alpha = 0,857).[363]

> FR1: The chances of losing money if I use Internet banking are high.
>
> FR2: Using an Internet-bill-payment service subjects my checking account to potential fraud.
>
> FR3: My signing up for and using an Internet banking service would lead to a financial loss for me.
>
> FR4: Using an Internet-bill-payment service subjects my checking account to financial risk.[364]

Im Fokus steht bei den vier gezeigten Indikatoren der mögliche Geldverlust bei der Nutzung von Internet-Banking-Services. Dieser wird in Form von *losing money* oder *financial loss* direkt angesprochen. In Bezug auf Chatbots im Tourismus wird dies indirekter formuliert, damit die zu bewertenden Aussagen für die Probanden verständlicher sind (siehe Tabelle 7). Wenn der Verbraucher auf Basis der Empfehlungen des Chatbots ein zu teures Reiseangebot (*WRfina1* und *WRfina3*) oder nicht das Reiseangebot mit dem bestmöglichen Preis-/Leistungsverhältnis (*WRfina2*) bucht, dann entsteht für ihn das Gefühl eines Geldverlustes. Die abgewandelte Formulierung führt also nicht zu einer anderen inhaltlichen Konsequenz. Ebenso

---

[363] Vgl. Featherman & Pavlou, 2003, S. 459.
[364] Martins, Oliveira & Popovic, 2014, S. 11; Featherman & Pavlou, 2003, S. 470.

könnte der Nutzer durch die Empfehlung zusätzlicher und möglicherweise nicht unbedingt benötigter Reiseprodukte mehr Geld ausgeben als ursprünglich geplant (*WRfina4*).

Tabelle 7: Finale Operationalisierung finanzielles Risiko

Indikator	Finanzielles Risiko (WRfina)
WRfina1	Ich hätte Sorge, dass mir der Chatbot zu teure Reiseangebote vorschlägt.
WRfina2	Ich hätte Sorge, dass der Chatbot nicht in der Lage ist das Reiseangebot mit dem besten Preis-/Leistungsverhältnis anzuzeigen.
WRfina3	Ich hätte Sorge, dass mir der Chatbot nicht die günstigsten Flug- und/oder Hotelpreise anbietet.
WRfina4	Ich hätte Sorge, dass mir der Chatbot zusätzliche Reiseprodukte (z. B. Tickets für Sehenswürdigkeiten) verkaufen möchte, obwohl ich kein Interesse daran habe.

5er-Skala von 1 = ‚stimme gar nicht zu' bis 5 = ‚stimme voll zu'

5.2.4.3 Zeitliches Risiko

FEATHERMAN/PAVLOU (2003) erreichten mit ihrer Messung des zeitlichen Risikos (WRzeit) *(time risk = TR)* einen akzeptablen Cronbachs Alpha-Wert von 0,796.[365] Die Satzstellung der Indikatoren wurde von *MARTINS/OLIVEIRA/POPOVIC* (2014) leicht angepasst, ohne dass hierdurch inhaltliche Unterschiede zu deren ursprünglichen Formulierung verursacht wurden.

> *TR1: I think that if I use Internet banking then I will lose time due to having to switch to a different payment method.*

> *TR2: Using Internet banking would lead to a loss of convenience for me because I would have to waste a lot of time fixing payments errors.*

> *TR3: Considering the investment of my time involved to switch to (and set up) Internet banking, it would be risky.*

> *TR4: The possible time loss from having to set up and learn how to use e-bill payment is high.*[366]

Die Schnelligkeit im E-Commerce verändert die Bedürfnisse der Kunden dahingehend, dass sie längere Wartezeiten und eine umständlichere Informationsbeschaffung kaum mehr akzeptieren. Sie möchten schnell und einfach ihre gewünschten

---

[365] Vgl. Featherman & Pavlou, 2003, S. 459.
[366] Martins, Oliveira & Popovic, 2014, S. 11; Featherman & Pavlou, 2003, S. 472.

Informationen im Internet finden.[367] In Bezug auf einen Reiseberater-Chatbot sollte dessen Nutzung nicht dazu führen, dass die Reiseplanung mehr Zeit für den Kunden in Anspruch nimmt, als wenn er diesen nicht nutzt. *WRzeit1* und *WRzeit4* greifen diese Sorge auf und orientieren sich an den Items *TR3* und *TR4*. Bei *TR1* ist es zu umständlich zwischen mehreren Zahlungsmethoden wechseln zu müssen und bei *TR2* verliert der Kunde Zeit, um Zahlungsfehler zu korrigieren. *WRzeit2* geht daher auf mögliche Systemfehler und *WRzeit3* auf eventuelle Interpretationsschwierigkeiten des Chatbots ein, die zu Zeitverlust bei der Reiseplanung führen können (siehe Tabelle 8).

Tabelle 8: Finale Operationalisierung zeitliches Risiko

Indikator	Zeitliches Risiko (WRzeit)
WRzeit1	Ich hätte Sorge, dass mich meine Reiseplanung im Internet durch den Chatbot mehr Zeit kosten wird.
WRzeit2	Ich hätte Sorge, dass es lange dauert bis der Chatbot mir Reiseinformationen (z. B. Flugverbindungen, Hotelbilder etc.) im Chatfenster anzeigt.
WRzeit3	Ich hätte Sorge, dass es zeitaufwendig ist mit dem Chatbot zu kommunizieren, weil ich meine Anliegen mehrmals umformulieren muss bis der Chatbot diese richtig versteht.
WRzeit4	Ich hätte Sorge, dass es mehr Zeit in Anspruch nimmt den Chatbot nach Reiseangeboten zu fragen als diese selbst auf der Internetseite rauszusuchen.

5er-Skala von 1 = ‚stimme gar nicht zu' bis 5 = ‚stimme voll zu'

5.2.4.4 Psychologisches Risiko

Zur Messung des psychologischen Risikos (WRpsych) nutzten *FEATHERMAN/PAVLOU* (2003) *(psychological risk = PSR)* lediglich zwei Indikatoren (Cronbachs Alpha = 0,891).[368]

PSR1: The XXXX will not fit in well with my self-image or self-concept.

PSR2: The usage of an XXXX would lead to a psychological loss for me because it would not fit in well with my self-image or self-concept.[369]

PSR1 und *PSR2* dienen als Orientierung für die Entwicklung von Indikatoren zur Messung des psychologischen Risikos im Chatbot-Kontext. Zwar führt die

---

[367] Vgl. Henn, 2018, S. 12.
[368] Vgl. Featherman & Pavlou, 2003, S. 459.
[369] Featherman & Pavlou, 2003, S. 471.

verstärkte Verbreitung und Nutzung von Sprachassistenten (z. B. *Amazon Alexa*, *Apple Siri*) dazu, dass eine menschenähnliche Kommunikation mit einem Computerprogramm in Privathaushalten keine Zukunftsvision mehr ist.[370] Doch wie in Kapitel 2.3.1 erläutert wurde, kann es für den Nutzer unnatürlich oder seltsam wirken mit einem Chatbot wie mit einem Reisebüromitarbeiter sprechen zu können. Dies kann ein Gefühl des Unwohlseins bei der Nutzung der neuen Technologie verursachen.[371]

FOLSTAD/NORDHEIM/BJORKLI (2018) haben feststellen können, dass es für einige Teilnehmer unheimlich ist, wenn ein Chatbot zu viele menschenähnliche Eigenschaften besitzt. Andere Befragte denken wiederum es ist wünschenswert, dass der Chatbot eine humorvolle und sympathische Ausdrucksweise aufweist. *WRpsych1* bis *WRpsych3* stellen das Gefühl des Unwohlseins einen Chatbot zur Reiseberatung zu nutzen in den Vordergrund. *WRpsych4* geht wiederum darauf ein, dass ein negatives Gefühl beim Nutzer entstehen kann, wenn dem Chatbot eine menschliche Ausdrucksweise fehlt (siehe Tabelle 9).

Tabelle 9: Finale Operationalisierung psychologisches Risiko

Indikator	Psychologisches Risiko (WRpsych)
WRpsych1	Ich hätte Sorge, dass ich die Kommunikation mit einem Chatbot als unangenehm wahrnehmen könnte, weil es sich um ein Computerprogramm handelt.
WRpsych2	Ich hätte Sorge, dass ich die Reiseberatung durch einen Chatbot als unnatürlich empfinden könnte, da dieser Service normalerweise von einem Menschen ausgeführt wird.
WRpsych3	Ich hätte Sorge, dass die Reiseplanung im Internet mit Hilfe eines Chatbots seltsam sein könnte.
WRpsych4	Ich hätte Sorge, dass mich das Gespräch mit dem Chatbot frustrieren könnte, weil er keine menschlichen Eigenschaften besitzt, wie z. B. Empathie.

5er-Skala von 1 = ‚stimme gar nicht zu' bis 5 = ‚stimme voll zu'

---

[370] Vgl. Spryker Systems GmbH, 2018, S. 14 f.
[371] Vgl. Folstad, Nordheim & Bjorkli, 2018, S. 10.

5.2.5 Unabhängige Variable – Vertrauenswürdigkeit

Zur Operationalisierung der **fünf Dimensionen der Vertrauenswürdigkeit** werden als Grundlage die Studien von *BÜTTNER/GÖRITZ* (2008) und *FOLSTAD/NORDHEIM/BJORKLI* (2018) genutzt. *BÜTTNER/GÖRITZ* (2008) untersuchten den Einfluss der wahrgenommenen Vertrauenswürdigkeit auf die Absicht von Verbrauchern Medikamente über Internetapotheken zu bestellen.[372] *FOLSTAD/NORDHEIM/BJORKLI* (2018) führten persönliche Interviews mit 13 Chatbot-Nutzern. Die Teilnehmer wurden zu ihren bisherigen Erfahrungen mit Chatbots im Kundenservice befragt. Die Studie diente dazu Faktoren zu ermitteln, die dazu führen, dass Verbraucher Chatbot-Services vertrauen.[373]

5.2.5.1 Kompetenz

Bei *BÜTTNER/GÖRITZ* (2008) wurde die Kompetenz (EVkomp) als *Ability* (*AB*) bezeichnet und mit drei Items gemessen (KITK von 0,81 bis 0,86).[374]

> *AB1: This provider is very competent.*
>
> *AB2: This provider is able to fully satisfy its customers.*
>
> *AB3: One can expect good advice from this provider.*[375]

Die Erkenntnisse von *FOLSTAD/NORDHEIM/BJORKLI* (2018) dienen dazu die Formulierung der Indikatoren besser auf den Chatbot-Kontext auszurichten. Unter der Rubrik *interpretation and advice* verbirgt sich der Wunsch der Nutzer, dass ein Chatbot die Fragen korrekt interpretiert und beantwortet. Ist ein Chatbot in der Lage dies zu erfüllen, wird er als kompetent und vertrauenswürdig angesehen.[376]

Bezogen auf den konkreten Fall der Reiseplanung im Internet bedeutet eine korrekte Interpretation, dass der Chatbot geeignete Reiseangebote und nützliche Reiseinformationen bereitstellt. Repräsentiert wird dies durch die Items *EVkomp1* und *EVkomp3*, welche sich an *AB3* orientieren. *EVkomp4* geht allgemein auf die Interpretationsfähigkeit des Chatbots ein. Um die Funktion als virtueller Reiseberater zufriedenstellend zu erfüllen, sollte der Chatbot in der Lage sein eine

---

[372] Vgl. Büttner & Göritz, 2008, S. 39.
[373] Vgl. Folstad, Nordheim & Bjorkli, 2018, S. 1.
[374] Vgl. Büttner & Göritz, 2008, S. 43.
[375] Büttner & Göritz, 2008, S. 43.
[376] Vgl. Folstad, Nordheim & Bjorkli, 2018, S. 8.

kompetente Reiseberatung zu bieten.[377] Dies wird durch *EVkomp2* dargestellt, welcher auf *AB1* und im weiteren Sinne auf *AB2* basiert (siehe Tabelle 10).

Tabelle 10: Finale Operationalisierung Kompetenz

Indikator	Kompetenz (EVkomp)
Wie vertrauenswürdig würden Sie einen Chatbot empfinden, wenn...	
EVkomp1	...er Ihnen passende Reiseangebote vorschlagen könnte?
EVkomp2	...er in der Lage wäre Ihre Erwartungen an eine kompetente Reiseberatung zu erfüllen?
EVkomp3	...er Ihnen interessante/nützliche Reisetipps geben könnte?
EVkomp4	...er Ihre Fragen richtig interpretieren und sinnvoll beantworten würde?
5er-Skala von 1 = ‚gar nicht vertrauenswürdig' bis 5 = ‚sehr vertrauenswürdig'	

5.2.5.2 Wohlwollen

BÜTTNER/GÖRITZ (2008) haben das Konstrukt Wohlwollen (EVwohl) (*Benevolence = BE*) mit den drei nachfolgenden Indikatoren gemessen (KITK von 0,75 bis 0,79).[378]

> *BE1: This provider is genuinely interested in its customers' welfare.*
>
> *BE2: This provider puts customers' interests first.*
>
> *BE3: If problems arise, one can expect to be treated fairly by this provider.*[379]

Die meisten Kunden werden nicht in der Lage sein die Funktionsweise eines Chatbots exakt zu verstehen oder die Einschränkungen in der Kommunikationsfähigkeit zu kennen. Für die Operationalisierung des Wohlwollens im Chatbot-Kontext wird der Chatbot daher bewusst vermenschlicht und sich dem beschriebenen *ELIZA-Effekt* (siehe Kapitel 4.2.5) zu Nutze gemacht.

Ähnlich wie bei einem Reisebüromitarbeiter im stationären Reisebüro wünschen sich Kunden, dass dieser nicht nur eine Profitorientierung bei der Beratung verfolgt, sondern auch wohlwollend handelt und auf die Reisebedürfnisse des Kunden eingeht.[380] *EVwohl1* und *EVwohl4* repräsentieren *BE1* und stehen für das grundsätzliche Interesse des Chatbots die beste Reiseberatungsleistung zu ermöglichen

---

[377] Vgl. Mayer, Davis & Schoorman, 1995, S. 717; Jänisch, 2018.
[378] Vgl. Büttner & Göritz, 2008, S. 43.
[379] Büttner & Göritz, 2008, S. 43.
[380] Vgl. Mayer, Davis & Schoorman, 1995, S. 718.

(siehe Tabelle 11). *EVwohl2* und *EVwohl3* orientieren sich wiederum an *BE2*. Der Chatbot soll keine willkürlichen Angebote und Tipps bereitstellen, sondern die Interessen des Kunden berücksichtigen. *BE3* wird derart nicht übernommen, findet sich aber indirekt in *EVwohl1* und *EVwohl2* wieder. Nur relevante Inhalte anzuzeigen und besondere Reisewünsche zu berücksichtigen, kann gewissermaßen als faires und wohlwollendes Handeln bezeichnet werden.

Tabelle 11: Finale Operationalisierung Wohlwollen

Indikator	Wohlwollen (EVwohl)
\multicolumn{2}{l}{Wie vertrauenswürdig würden Sie einen Chatbot empfinden, wenn...}
EVwohl1	...er in Ihrem besten Interesse handeln/reagieren würde (z. B. er nur Reiseprodukte anzeigt, die für Sie relevant sind)?
EVwohl2	...er in der Lage wäre Verständnis für besondere Reisewünsche (z. B. vegetarische Gerichte im Hotel) zu zeigen?
EVwohl3	...Ihre Reisebedürfnisse/-wünsche für den Chatbot an erster Stelle stehen würden?
EVwohl4	...er sein Bestes versuchen würde, um Ihnen bei der Planung Ihres Jahresurlaubes zu helfen?

5er-Skala von 1 = ‚gar nicht vertrauenswürdig' bis 5 = ‚sehr vertrauenswürdig'

5.2.5.3 Integrität

Zur Messung der Integrität (EVinteg) (*Integrity = IN*) nutzten *BÜTTNER/GÖRITZ* (2008) nachfolgende drei Items (KITK von 0,81 bis 0,86).[381]

> *IN1: I am happy with the standards by which this provider is operating.*
>
> *IN2: This provider operates scrupulously.*
>
> *IN3: You can believe the statements of this provider.*[382]

In Bezug auf den Reiseberater-Chatbot sind diese Items zu allgemein formuliert. Daher werden diese spezifischer auf den Reisekontext ausgerichtet. *IN1* drückt in allgemeiner Form aus, dass ein Unternehmen nach bestimmten Standards handeln soll, welche die Kunden zufriedenstellen. *EVinteg2* und *EVinteg4* stehen für diese Standards (Richtigkeit, Aktualität etc. der Reiseinformationen) in Bezug auf den Reiseberater-Chatbot. *IN2* wird in *EVinteg1* aufgenommen. Zum besseren Verständnis für die Umfrageteilnehmer wird ein gewissenhaftes Handeln genauer

---

[381] Vgl. Büttner & Göritz, 2008, S. 43.
[382] Büttner & Göritz, 2008, S. 43.

spezifiziert. Es steht dafür ein Anliegen mit Genauigkeit und Sorgfalt zu bearbeiten.[383] *EVinteg3* orientiert sich an *IN3*. Den Aussagen eines Unternehmens glauben zu können, ist für Kunden besser möglich, wenn sie das Gefühl haben, dass mit ihnen ehrlich kommuniziert wird (siehe Tabelle 12).

Tabelle 12: Finale Operationalisierung Integrität

Indikator	Integrität (EVinteg)
Wie vertrauenswürdig würden Sie einen Chatbot empfinden, wenn...	
EVinteg1	...er Ihre Anliegen gewissenhaft (mit Genauigkeit und Sorgfalt) bearbeiten würde?
EVinteg2	...Sie sich auf die Richtigkeit und Gültigkeit der vorgeschlagenen Reiseangebote verlassen könnten?
EVinteg3	...er ehrlich und aufrichtig mit Ihnen kommunizieren würde?
EVinteg4	...er Ihnen aktuelle und wahrheitsgetreue Reiseinformationen zur Verfügung stellen würde (z. B. Bauarbeiten im Hotel)?
5er-Skala von 1 = ‚gar nicht vertrauenswürdig' bis 5 = ‚sehr vertrauenswürdig'	

5.2.5.4 Menschenähnlichkeit

Für die Operationalisierung des Konstruktes der **Menschenähnlichkeit** (EVmensch) liegen in der Literatur noch keine Indikatoren/Items vor. Es kann sich allerdings an der Studie von *FOLSTAD/NORDHEIM/BJORKLI* (2018) orientiert werden.

Unter der Rubrik *Human-likeness* fassen sie die Aussagen der Interviewteilnehmer zusammen, dass sie sich menschenähnliche Eigenschaften an einem Chatbot wünschen, um ihm vertrauen zu können. Hierzu gehören Freundlichkeit (*EVmensch1*) und Humor (*EVmensch4*) sowie ein Avatar (*EVmensch3*).[384] Unter *Professional appearance* gaben einige Probanden an, dass es für sie relevant ist, dass der Chatbot einen seriösen, professionellen Eindruck macht, damit er vertrauensvoll erscheint. Hierzu zählt unter anderem eine korrekte Rechtschreibung (*EVmensch2*).[385] Tabelle 13 zeigt die vier Indikatoren, welche die Menschenähnlichkeit messen sollen.

---

[383] Vgl. McKnight, Choudhury & Kacmar, 2002, S. 339.
[384] Vgl. Folstad, Nordheim & Bjorkli, 2018, S. 8.
[385] Vgl. Folstad, Nordheim & Bjorkli, 2018, S. 10.

Tabelle 13: Finale Operationalisierung Menschenähnlichkeit

Indikator	Menschenähnlichkeit (EVmensch)
Wie vertrauenswürdig würden Sie einen Chatbot empfinden, wenn…	
EVmensch1	…er freundlich und höflich mit Ihnen kommunizieren würde?
EVmensch2	…er eine korrekte Rechtschreibung und Grammatik beherrschen würde?
EVmensch3	…er eine möglichst menschenähnliche Erscheinung (z. B. Name, Foto/Avatar) hätte?
EVmensch4	…er nicht nur eine sachlich/faktenbasierte, sondern auch eine sympathische/humorvolle Ausdrucksweise (z. B. Nutzung von Smileys) hätte?

5er-Skala von 1 = ‚gar nicht vertrauenswürdig' bis 5 = ‚sehr vertrauenswürdig'

5.2.5.5 Reputation

Neben Faktoren, die sich direkt auf bestimmte vertrauenswürdige Eigenschaften des Chatbots beziehen, konnten *FOLSTAD/NORDHEIM/BJORKLI* (2018) auch Faktoren ermitteln, die sich auf die Service-Umgebung des Chatbots beziehen[386], weshalb die Dimension **Reputation der Reisewebseite** (EVrepu) in das Forschungsmodell aufgenommen wurde.

Um dieses Konstrukt messen zu können, wird es mit den in Tabelle 14 ersichtlichen Indikatoren operationalisiert. Im Online-Handel sind ein guter Ruf (*EVrepu1*) und gute Bewertungen (*EVrepu2*) eines Online-Shops ein entscheidender Faktor für Kunden eine Bestellung zu tätigen. Doch mit dem verstärkten Aufkommen von gekauften Bewertungen, ist die persönliche Empfehlung eines Freundes ein noch wichtigerer Faktor, um für einen Produktkauf überzeugt zu werden (*EVrepu3*). Ebenso ist es relevant, wenn ein Kunde bereits gute Erfahrungen mit einem Anbieter gesammelt hat. Auch dies soll auf den Reiseberater-Chatbot übertragen werden (*EVrepu4*).

---

[386] Vgl. Folstad, Nordheim & Bjorkli, 2018, S. 10.

Tabelle 14: Finale Operationalisierung Reputation

Indikator	Reputation (EVrepu)
\multicolumn{2}{l}{Wie vertrauenswürdig würden Sie einen Chatbot empfinden, wenn...}
EVrepu1	...die Reisewebseite, auf welcher Sie den Chatbot nutzen würden, einen guten Ruf hätte?
EVrepu2	...die Reisewebseite, auf welcher Sie den Chatbot nutzen würden, gute Bewertungen hätte?
EVrepu3	...Ihnen Freunde und/oder Familienmitglieder die Reisewebseite, auf welcher Sie den Chatbot nutzen würden, empfehlen würden?
EVrepu4	...Sie über die Reisewebseite, auf welcher Sie den Chatbot nutzen würden, schon eine Reisebuchung getätigt hätten?

5er-Skala von 1 = ‚gar nicht vertrauenswürdig' bis 5 = ‚sehr vertrauenswürdig'

5.2.6 Moderatorvariablen

Die Variablen *Alter*, *Geschlecht* und *Chatbot-Erfahrung* stellen keine latenten Konstrukte dar. Sie können über Einzelitems gemessen werden. Zusätzlich wird die Erfahrung mit Online-Reisebuchungen abgefragt (siehe Tabelle 15). Diese Variable wird allerdings nicht zur Prüfung der Moderatoreffekte verwendet.

Tabelle 15: Finale Operationalisierung Moderatorvariablen

Moderatorvariablen		Skala
Geschlecht	Bitte geben Sie Ihr Geschlecht an.	1 = weiblich, 2 = männlich, 3 = divers
Alter	Bitte geben Sie Ihr Alter in Jahren an.	Freitextfeld (Nur ganze Zahlen)
Chatbot-Erfahrung	Haben Sie schon einmal mit einem Chatbot auf einer Internetseite kommuniziert? (z. B. Kundenservice, Versicherungs-/Modeberatung etc.)	1 = ja 2 = nein 3 = Ich bin mir nicht sicher
Online-Reisebuchung	Wie erfahren sind Sie mit dem Buchen einer Urlaubsreise im Internet?	Ratingskala von 1 = ‚gar nicht erfahren' bis 5 = ‚sehr erfahren'

6 Quantitative Untersuchung

6.1 Datenerhebung

Für die Erstellung des standardisierten Online-Fragebogens wurde die Umfragesoftware *EFS Survey* von *Unipark/Questback* verwendet. Der finale Fragebogen kann Anhang 2 entnommen werden. Die Ziehung der Stichprobe erfolgte über die Veröffentlichung des Umfragelinks[387] vom **23. Juli bis 10. September 2019** auf den sozialen Netzwerken *Facebook* und *Xing* sowie über den Messaging-Dienst *WhatsApp*. Zusätzlich wurde der Link zur Befragung im genannten Zeitraum auf den Portalen *SurveyCircle* und *Thesius* veröffentlicht. *SurveyCircle* ist die größte Community für Online-Forschung. Das Grundprinzip besteht darin, dass ein registrierter Nutzer an veröffentlichten Studien anderer registrierter Nutzer teilnimmt und dadurch Punkte sammelt, um mit seiner eigenen Studie im ***Survey-Ranking*** aufzusteigen. Dadurch erhält eine Studie eine höhere Aufmerksamkeit und wiederum mehr Teilnehmer.[388] *Thesius* ist die größte deutschsprachige Doktorandencommunity.[389] Durch das Inserieren einer Umfrage nimmt diese automatisch an der ***Thesius-Lotterie*** teil. Dies bedeutet, dass Umfrageteilnehmer nach dem Beenden des Fragebogens ein Los für die Lotterie erhalten. Dadurch können Forscher schneller Teilnehmer erreichen, da die Verlosung einen attraktiven Anreiz zur Umfrageteilnahme darstellt.[390] Es wurde bewusst ein längerer Erhebungszeitraum gewählt, um eine ausreichend hohe Anzahl an Teilnehmern über die genannten Communities akquirieren zu können, da die Erhebung in der Urlaubs-/Ferienzeit stattfand. Es wurden vorab in *EFS Survey* keine Regeln definiert, anhand derer Teilnehmer automatisch ausgeschlossen wurden. Die Bereinigung der Daten erfolgte manuell nach dem Ende der Laufzeit der Umfrage und wird im nachfolgenden Kapitel 6.2.1 erläutert.

---

[387] https://ww3.unipark.de/uc/hsnr_kvdb_chatbot/
[388] Vgl. SurveyCircle, 2019.
[389] Vgl. Thesius, 2019a.
[390] Vgl. Thesius, 2019b.

6.2 Vorbereitung der Datenauswertung

6.2.1 Datenbereinigung

Das **Gesamtsample** beläuft sich auf **416 Personen**. Dieses wird zunächst um zwei Personen bereinigt, welche die Einverständniserklärung abgelehnt haben. Des Weiteren werden sieben weitere Probanden entfernt, welche zwar die Einverständniserklärung akzeptiert, aber mit der Beantwortung der Fragen nicht begonnen haben. Die **Nettobeteiligung** beläuft sich somit auf **407 Personen**. Hiervon haben 32 Befragte die Umfrage abgebrochen, wovon acht Personen nach einer Unterbrechung die Bearbeitung des Fragebogens wieder fortgesetzt haben. Demnach wird ein Datensatz mit **375 Teilnehmern,** welche die Umfrage **vollständig beendet** haben, aus *EFS Survey* zur weiteren Datenbereinigung mit Hilfe von *Microsoft Excel* und *IBM SPSS Statistics 25*[391] exportiert.

Die **durchschnittliche Bearbeitungszeit** der Umfrage liegt bei **6 Minuten und 54 Sekunden**. Zu beachten ist, dass der Umfragelink über Plattformen bzw. Communities veröffentlicht wurde, in welchen insbesondere Studierende aktiv sind. Durch das Prinzip der gegenseitigen Unterstützung erreichen Studierende über spezielle Facebook-Gruppen und Portale wie *SurveyCircle* Teilnehmer für ihre eigenen Studien. Dies ist ein wichtiger Einflussfaktor auf die durchschnittliche Bearbeitungszeit. In der Regel haben die Studierenden bereits verschiedene Umfragen beantwortet und für die eigene Abschlussarbeit selbst eine Umfrage erstellt. Dies bedeutet, dass sie eher in der Lage sind einen Online-Fragebogen sehr zügig und dennoch gewissenhaft zu beantworten. Jedoch spricht eine zu kurze Bearbeitungszeit dafür, dass der Fragebogen nur willkürlich durchgeklickt wurde. Mit Hilfe von *Excel* werden daher Teilnehmer herausgefiltert, welche eine Bearbeitungszeit von **unter 3 Minuten** aufweisen, da diese Zeitunterschreitung eine nicht gewissenhafte Beantwortung der Fragen vermuten lässt. Dies trifft auf 41 Personen zu, welche aus dem Datensatz ausgeschlossen werden. Zudem werden fünf Datensätze entfernt, bei denen die Bearbeitungszeit **über 30 Minuten** liegt. Hierbei kann vermutet werden, dass die Probanden bei der Bearbeitung des Fragebogens abgelenkt waren.[392]

Zwar wurde jede Frage als Pflichtfrage programmiert, sodass das Auftreten fehlender Werte vermieden werden sollte, aber durch eventuell auftretende Synchroni-

---

[391] Der Einfachheit halber wird das Programm im weiteren Verlauf der Arbeit nur noch als SPSS bezeichnet.
[392] Vgl. Cleff, 2015, S. 26 f.

sierungsfehler zwischen der Umfragesoftware und dem Server, auf welchem die Befragung gehostet wird, kann es dennoch zu einzelnen **fehlenden Werten** kommen. In *SPSS* können diese zwar definiert werden. Allerdings können die späteren Regressionsanalysen nicht verzerrungsfrei durchgeführt werden, wenn bei einer einzigen Variablen Angaben fehlen.[393] Daher wird entschieden die betroffenen drei Datensätze zu entfernen.[394] Weitere drei Teilnehmer werden ausgeschlossen, da sie als Geschlecht *divers* angegeben haben. Das sogenannte *dritte* Geschlecht wird bei der Überprüfung der Moderationshypothesen nicht berücksichtigt.

Mit einer Stichprobengröße von 323 Probanden erfolgt der letzte Schritt der Datenbereinigung durch eine Ausreißerprüfung mit Hilfe von Boxplots in *SPSS*. Ein **Boxplot** veranschaulicht die zentrale Tendenz und Variabilität einer Verteilung.[395] Überschreitet ein Wert den oberen oder unteren Interquartilbereich um das 1,5-fache gilt dieser Wert als **Ausreißer**. Überschreiten Werte den oberen oder unteren Interquartilbereich sogar um das 3-fache werden sie als **Extremwerte** bezeichnet. Zu beachten ist, dass die Ausreißerprüfung per Boxplot zunächst nur Hinweise liefert. Ob es sich im inhaltlichen Sinne um einen Ausreißer handelt, welcher aus dem Datensatz ausgeschlossen werden sollte, ist nach sachlogischer Überlegung die Entscheidung des Forschers.[396] Nach manueller Überprüfung der in den Boxplots markierten Ausreißer wurden zwei Fälle identifiziert, bei denen es sich auch im inhaltlichen Sinne um Ausreißer handelt, sodass die Entscheidung getroffen wird diese beiden Probanden aus dem Datensatz zu entfernen. Die Stichprobengröße zur Durchführung der konfirmatorischen Faktorenanalyse im nachfolgenden Kapitel 6.2.2 beträgt somit **321 Teilnehmer.** Damit wurde die angestrebte Mindeststichprobengröße von 214 Probanden erreicht.

Da die Verbreitung des Umfragelinks nicht in Zusammenarbeit mit einem Panel-Anbieter, sondern eigens über verschiedene soziale Netzwerke erfolgte, wurde die Befüllung der festgelegten Quotenklassen deutlich erschwert. Die durchgeführten **Chi-Quadrat-Anpassungstests** bestätigen, dass die beobachteten Häufigkeiten der Variablen *Geschlecht, Alter* und *Chatbot-Erfahrung* nicht den theoretisch erwarteten Häufigkeiten entsprechen (siehe Anhang 3). Die Ergebnisse dieser Studie

---

[393] Vgl. Cleff, 2015, S. 24.
[394] Vgl. Backhaus et al., 2018, S. 424.
[395] Vgl. Kosfeld, Eckey & Türck, 2016, S. 115.
[396] Vgl. Bortz & Schuster, 2010, S. 44 f.; Cleff, 2015, S. 52.

können daher nicht als repräsentativ für die in Kapitel 5.1 festgelegte Grundgesamtheit angesehen werden.

Allerdings bedeutet dies nicht, dass es keine Unterschiede in der Beantwortung der Fragen zwischen den jeweiligen Geschlechter-, Alters- und Erfahrungsgruppen gibt.[397] Zur späteren Durchführung von Gruppenmittelwertvergleichen (siehe Kapitel 6.3.1) und Überprüfung der aufgestellten Moderationshypothesen (siehe Kapitel 0), welche postulieren, dass die Stärke des Einflusses der Prädiktorvariablen auf die Kriteriumsvariable in verschiedenen Gruppen unterschiedlich ausgeprägt ist, werden daher die Variablen *Alter*, *Geschlecht* und *Chatbot-Erfahrung* weiterhin beibehalten.

Zur Analyse von Gruppenunterschieden werden die Variablen *Alter* und *Chatbot-Erfahrung* **umkodiert**. Für die Variable *Geschlecht* muss keine Umkodierung vorgenommen werden. Die metrisch skalierte Variable *Alter in Jahren* wird in eine nominal skalierte Variable umkodiert, indem ein Split in zwei Gruppen vorgenommen wird. Der Gruppe der **Jüngeren** werden Probanden zwischen 19 und 39 Jahren zugeordnet. Der Gruppe der **Älteren** werden Probanden ab 40 Jahren zugeordnet. Die Ausprägung *Ich bin mir nicht sicher* des Merkmals *Chatbot-Erfahrung* wird der Gruppe der **Chatbot-unerfahrenen** Personen zugeordnet. Diese Entscheidung basiert auf der zugrundeliegenden Definition der Variable für diese Untersuchung. Diese besagt, dass ein Nutzer bereits einmal **wissentlich** und branchenunabhängig mit einem Chatbot auf einer Internetseite (z. B. Versicherungs- oder Modeberatung, Abruf von Wetterinformationen) kommuniziert haben soll.

6.2.2 Konfirmatorische Faktorenanalyse

Bevor die vermuteten Wirkungszusammenhänge zwischen den *UVs* und der *AV* mittels Regressionsanalysen in Kapitel 6.3.2 überprüft werden können, müssen die in Kapitel 5.2 erarbeiteten reflektiven Items zu den entsprechenden Konstrukten aggregiert werden.[398] Die **Indexierung** der verschiedenen manifesten Indikatoren zu ihren jeweiligen latenten Faktoren ist jedoch erst nach der Überprüfung der **Reliabilität** (Zuverlässigkeit/Genauigkeit der Messung) und **Validität** (Gültigkeit/Richtigkeit der Messung) des Messmodells auf Indikator- und Faktorebene möglich. Nicht reliable Items bzw. Konstrukte werden in den späteren Re-

---

[397] Vgl. Schwarz & Bruderer Enzler, 2019b; Bortz & Schuster, 2010, S. 71.
[398] Vgl. Backhaus, Erichson & Weiber, 2015, S. 122; Kuß, Wildner & Kreis, 2018, S. 99; Papadopoulou & Martakos, 2008, S. 317.

gressionsanalysen nicht mehr berücksichtigt.[399] Da die Anzahl der Indikatoren und Faktoren vorab durch den Forscher festgelegt wurde, wird eine konfirmatorische Faktorenanalyse (KFA) durchgeführt, welche den **strukturprüfenden Verfahren** zugeordnet wird. Diese stellt ein wichtiges Instrument zur Güteprüfung von reflektiven Messmodellen dar.[400] Abbildung 2 visualisiert den **dreistufigen Güteprüfungsprozess** der KFA, in welchem die eigentliche konfirmatorische Faktorenanalyse erst im dritten Schritt stattfindet.[401]

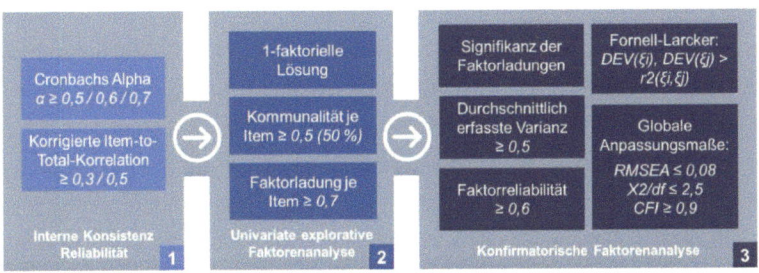

Abbildung 2: Dreistufiger Güteprüfungsprozess[402]

Nachfolgend werden diese drei visualisierten Prüfschritte im Detail erläutert und es wird jeweils auf die Erfüllung oder Nichterfüllung der Grenzwerte eingegangen.

Im ersten Schritt wird die **interne Konsistenz** der Indikatoren geprüft, in dem das *Cronbachsche Alpha* (CA) und die *korrigierte Item-to-Total-Korrelation* (KITK) beurteilt werden.[403] Die Berechnung dieser Gütekriterien erfolgt mittels *SPSS*. Der erste Prüfschritt hat bereits im Zuge des Pretests stattgefunden, damit für den Haupttest möglichst viele verlässliche Indikatoren vorliegen. Nun muss dieser Prüfschritt für die Daten des Haupttests erneut erfolgen.[404] **Cronbachs Alpha** nähert sich umso mehr Eins an, je höher die Korrelationen zwischen den Indikatoren sind. Für eine inhaltlich korrekte Interpretation von Cronbachs Alpha muss die Anzahl der Items berücksichtigt werden. Ab vier Items sollte der Wert bei mindestens 0,7 liegen, sonst gilt das Konstrukt als nicht reliabel. Zusätzlich wird die **korri-

---

[399] Vgl. Bortz & Schuster, 2010, S. 10; Backhaus, Erichson & Weiber, 2015, S. 142.
[400] Vgl. Weiber & Mühlhaus, 2014, S. 148; Backhaus, Erichson & Weiber, 2015, S. 127.
[401] Vgl. Zinnbauer & Eberl, 2004, S. 7; Backhaus, Erichson & Weiber, 2015, S. 142 f.
[402] Quelle: Eigene Darstellung (2019) in Anlehnung an Zinnbauer & Eberl, 2004, S. 6 ff. und Backhaus, Erichson & Weiber, 2015, S. 143.
[403] Vgl. Zinnbauer & Eberl, 2004, S. 6.
[404] Vgl. Backhaus, Erichson & Weiber, 2015, S. 142.

gierte **Item-to-Total-Korrelation** betrachtet, welche einen Mindestwert von 0,5 aufweisen sollte. Die *KITK* repräsentiert die Korrelation eines Indikators mit der Summe aller Indikatoren, die dem gemeinsamen Faktor zugeordnet sind. Durch das sukzessive Ausschließen von Items mit geringer *KITK* kann das Cronbachsche Alpha erhöht werden.[405]

Beim **funktionalen Risiko** muss der Indikator *WRfunk3* entfernt werden, da dieser den erforderlichen Mindestwert der *KITK* von 0,5 nicht erreicht. Hierbei handelt es sich um die Sorge, dass der Chatbot mitten im Gespräch keine Reaktion mehr zeigt. Dies scheint für die Probanden als mögliches funktionales Problem eher nicht nachvollziehbar zu sein. Durch die Eliminierung des Items erhöht sich Cronbachs Alpha von 0,707 auf 0,740.

Beim **finanziellen Risiko** erreicht *WRfina4* zwar mit einem *KITK*-Wert von 0,537 die notwendige Mindestgrenze, jedoch kann durch dessen Eliminierung das *CA* von 0,833 auf 0,845 erhöht werden. *WRfina4* bezieht sich auf die Sorge, dass der Chatbot zusätzliche Reiseprodukte anbietet, die nicht explizit vom Nutzer erwünscht sind. Es lässt sich vermuten, dass einige Probanden dies nicht als Nachteil, sondern womöglich als Vorteil sehen. Ähnlich der Empfehlungsrubriken in Online-Shops, wie z. B. *andere Kunden kauften auch* oder *dies könnte Sie auch interessieren*. Es wird daher entschieden den Indikator *WRfina4* zu entfernen.

Ähnlich ist es beim **zeitlichen Risiko**. Hierbei erreicht das Item *WRzeit2* zwar ebenfalls die *KITK*-Mindestanforderung, aber dessen Entfernung erhöht Cronbachs Alpha von 0,816 auf 0,822. Chatbots sind in der Regel für ihre schnelle Reaktions- bzw. Antwortzeit bekannt. Dies könnte eine mögliche Erklärung für die abweichende Bewertung durch die Befragungs-teilnehmer von *WRzeit2* (*[...] es lange dauert bis der Chatbot mir Reiseinformationen anzeigt*) im Vergleich zu den anderen drei Indikatoren sein. Es wird entschieden *WRzeit2* zu eliminieren, um die interne Konsistenz zu verbessern.

Beim **psychologischen** Risiko wurde aus sachlogischer Überlegung entschieden den Indikator *WRpsych4* (*Frustration durch fehlende menschliche Eigenschaften [z. B. Empathie]*) – trotz der Erreichung der *KITK*-Mindestgrenze mit 0,527 – zu eliminieren. Daraus resultiert eine Erhöhung des Cronbachschen Alphas von 0,859

---

[405] Vgl. Zinnbauer & Eberl, 2004, S. 6 f.

auf 0,893, welcher damit den höchsten *CA*-Wert im Vergleich zu den vorherigen drei Risikodimensionen darstellt.[406]

Bei allen fünf Dimensionen der **Vertrauenswürdigkeit** können die jeweils vier Indikatoren beibehalten werden, da alle die Mindestanforderungen von Cronbachs Alpha und der korrigierten Item-to-Total-Korrelation erreichen. Bei der Kompetenz wird ein guter *CA*-Wert von 0,880 erzielt, das Wohlwollen erreicht einen *CA*-Wert von 0,847, die Integrität weist mit 0,883 den höchsten *CA*-Wert der fünf Faktoren auf. Wiederum erreichen die Indikatoren der Menschenähnlichkeit nur ein Cronbachs Alpha von 0,750, welches den niedrigsten Wert im Vergleich zu den anderen vier Dimensionen der Vertrauenswürdigkeit darstellt. Der *CA*-Wert der Reputation der Reisewebseite erzielt einen guten Wert mit 0,848.

Die fünf Items der **Leistungserwartung** weisen mit einem Cronbachs Alpha Wert von 0,927 eine exzellente Eignung zur Erklärung des Konstruktes auf. Die *KITK* liegt bei allen fünf Indikatoren über 0,7. Ebenfalls erreichen die vier Items der **Nutzungsabsicht** eine hohe interne Konsistenz mit einem Cronbachs Alpha von 0,905. Zudem liegen alle Indikatoren mit ihrem jeweiligen *KITK*-Wert über 0,7.

Der nächste Schritt im Prüfungsprozess ist die **univariate explorative Faktorenanalyse** (EFA), welche ebenfalls mit *SPSS* durchgeführt wird. Hierbei gibt es nur beim Konstrukt der Menschenähnlichkeit Auffälligkeiten. Bei allen anderen Konstrukten kann die erforderliche **1-faktorielle-Lösung** (in Tabelle 16 mit einem grünen Häkchen-Symbol dargestellt) bestätigt sowie die Mindestgrenze der **Kommunalität** (KO) je Item von 0,5 und der **Faktorladung** (FL) je Item von 0,7 erreicht werden.[407] Bei der Menschenähnlichkeit zeigt sich das Problem, dass die vier Items nicht auf einen einzigen gemeinsamen Faktor laden. *EVMensch3* und *EVMensch4* laden mit 0,727 und 0,718 auf Faktor 1 sowie mit 0,513 und 0,534 auf Faktor 2 (siehe Tabelle 16), es liegen also **Querladungen** vor.[408] In der Regel wird ein Item dem Faktor zugeordnet, auf welchen es am höchsten lädt. Ladungen über |0,5|

---

[406] Bis auf die erste Nachkommastelle gerundet, wirkt sich die Item-Eliminierung bei WRfunk, WRzeit und WRpsych zwar nicht verbessernd auf CA aus. Jedoch ist bei inhaltlicher Prüfung und in Anbetracht dessen, dass die Items im Vergleich zu den verbleibenden Items die geringste KITK nur knapp über dem Grenzwert aufweisen, die jeweilige Item-Entfernung aus sachlogischer Überlegung berechtigt.
[407] Vgl. Zinnbauer & Eberl, 2004, S. 7.
[408] Vgl. Schwarz & Bruderer Enzler, Methodenberatung: Faktorenanalyse, 2019a.

gelten als bedeutsam. Diese zwei Aussagen verdeutlichen, dass eine eindeutige Zuordnung der Indikatoren *EVmensch3* und *EVmensch4* nicht möglich ist.[409]

Bei vorliegenden Querladungen gibt es zwei Entscheidungsoptionen. Bei der **ersten Option** ist eine scharfe Abgrenzung der Faktoren das Ziel. Ist die Differenz zwischen den Ladungen kleiner als |0,2|, wird das entsprechende Item entfernt und die Analyse erneut durchgeführt. Ist die Differenz zwischen den Ladungen dagegen höher als |0,2|, dann wird das entsprechende Item dem Faktor zugeordnet, auf welchen es höher lädt. Die **zweite Option** sieht vor die Querladungen beizubehalten, da sie von theoretischem Interesse sein können.[410] Inhaltlich betrachtet könnte sich somit das Konstrukt der Menschenähnlichkeit aus zwei Dimensionen zusammensetzen. Zum einen aus der menschenähnlichen Kommunikation (*EVmensch1* und *EVmensch2*) und zum anderen aus der menschenähnlichen Erscheinung (*EVmensch3* und *EVmensch4*). Bei *EVmensch4* beträgt die Differenz zwischen den Ladungen unter |0,2|. Bei *EVmensch3* wiederum ist die Differenz größer als |0,2|. Es wird entschieden *EVmensch4* zu entfernen und *EVmensch3* Faktor 1 zuzuordnen. Bei erneuter Durchführung des zweiten Prüfschrittes für das Konstrukt Menschenähnlichkeit kann zwar die 1-faktorielle-Lösung bestätigt werden, jedoch zeigt sich nun, dass *EVmensch3* mit einer Kommunalität von 0,382 und einer Faktorladung von 0,618 nicht mehr die Mindestanforderungen erreicht. Dementsprechend wird auch das Item *EVmensch3* entfernt. Dennoch sollen die Querladungen inhaltlich nicht vernachlässigt werden, da sie eine interessante Erkenntnis darstellen. Sie werden daher in Kapitel 7.3 erneut aufgegriffen.

Der dritte und letzte Prüfschritt erfolgt auf Faktorebene und wird mit Hilfe der Softwareprogramme *IBM SPSS Amos 26 Graphics*[411] und *Microsoft Excel* durchgeführt. Nun erfolgt die eigentliche konfirmatorische Faktorenanalyse, welche die statistische Validitätsprüfung der hypothetischen Konstrukte ermöglicht. Zunächst ist die **Signifikanz der Faktorladungen** zu berücksichtigen, welche in *AMOS* nach Zeichnung eines Pfaddiagramms ausgewiesen werden. Anschließend müssen die **durchschnittlich erfasste Varianz** (DEV ≥ 0,5) und die **Faktorreliabilität** (FR ≥ 0,6) zur Überprüfung der Reliabilität und **Konvergenzvalidität** beurteilt werden. Diese beiden Gütekriterien werden in *AMOS* nicht direkt zur Verfügung gestellt. Sie lassen

---

[409] Vgl. Backhaus et al., 2018, S. 309.
[410] Vgl. Schwarz & Bruderer Enzler, Methodenberatung: Faktorenanalyse, 2019a.
[411] Der Einfachheit halber wird das Programm im weiteren Verlauf nur noch als AMOS bezeichnet.

sich aber mit den standardisierten Faktorladungen aus *AMOS* mit Hilfe von *Excel* berechnen.[412] Die vier Risiko- und fünf Vertrauensdimensionen sowie die Leistungserwartung und Nutzungsabsicht erreichen alle die erforderlichen Mindestmaße der *DEV* und *FR* (siehe Tabelle 16). Ebenfalls sind alle Faktorladungen höchstsignifikant.[413]

Tabelle 16: Ergebnisse KFA 1. Ordnung[414]

KFA 1.Ordnung	KITK ≥ 0,3 / 0,5	α, wenn Item entfernt	KO ≥ 0,5	FL ≥ 0,7	Standardisierte Faktorladungen (Signifikanz *** 0,1 %-Niveau)			
Nutzungsabsicht								
NA1	0,781	0,878	0,770	0,878	0,811 (***)			
NA2	0,750	0,890	0,735	0,858	0,778 (***)			
NA3	0,799	0,872	0,795	0,892	0,872 (***)			
NA4	0,815	0,866	0,815	0,903	0,892 (***)			
Konstrukt	α ≥ 0,6 / 0,7	0,905	1-Faktor	✓	DEV ≥ 0,5	0,705	FR ≥ 0,6	0,905
Leistungserwartung								
LE1	0,835	0,906	0,810	0,900	0,894 (***)			
LE2	0,808	0,911	0,775	0,880	0,852 (***)			
LE3	0,832	0,906	0,804	0,897	0,882 (***)			
LE4	0,785	0,916	0,744	0,862	0,801 (***)			
LE5	0,790	0,914	0,747	0,864	0,807 (***)			
Konstrukt	α ≥ 0,6 / 0,7	0,927	1-Faktor	✓	DEV ≥ 0,5	0,719	FR ≥ 0,6	0,927
Funktionales Risiko								
Funk1	(,558) 0,600	(,607) 0,618	0,700	0,837	0,716 (***)			
Funk2	(,534) 0,509	(,617) 0,723	0,588	0,767	0,627 (***)			
Funk3	0,342	0,740	entfernt	entfernt	entfernt			
Funk4	(,560) 0,592	(,602) 0,623	0,694	0,833	0,765 (***)			
Konstrukt	α ≥ 0,6 / 0,7	(,707) 0,740	1-Faktor	✓	DEV ≥ 0,5	0,497	FR ≥ 0,6	0,750
Finanzielles Risiko								
Fina1	(,672) 0,666	(,785) 0,827	0,715	0,846	0,741 (***)			
Fina2	(,694) 0,712	(,775) 0,784	0,765	0,875	0,814 (***)			
Fina3	(,757) 0,759	(,745) 0,737	0,811	0,901	0,861 (***)			
Fina4	0,537	0,845	entfernt	entfernt	entfernt			
Konstrukt	α ≥ 0,6 / 0,7	(,833) 0,845	1-Faktor	✓	DEV ≥ 0,5	0,651	FR ≥ 0,6	0,848
Zeitliches Risiko								
Zeit1	(,697) 0,636	(,740) 0,796	0,692	0,832	0,702 (***)			
Zeit2	0,513	0,822	entfernt	entfernt	entfernt			
Zeit3	(,665) 0,676	(,756) 0,756	0,739	0,859	0,829 (***)			
Zeit4	(,678) 0,720	(,749) 0,709	0,783	0,885	0,802 (***)			
Konstrukt	α ≥ 0,6 / 0,7	(,816) 0,822	1-Faktor	✓	DEV ≥ 0,5	0,608	FR ≥ 0,6	0,822

---

[412] Vgl. Weiber & Mühlhaus, 2014, S. 150 f.; Backhaus, Erichson & Weiber, 2015, S. 143; Zinnbauer & Eberl, 2004, S. 7.
[413] Vgl. Weiber & Mühlhaus, 2014, S. 154.
[414] Bezeichnung der Items wurde für bessere Übersichtlichkeit der Tabelle verkürzt. Wert in Klammern entspricht Alpha-Wert vor der Entfernung des Items (Zur Platzeinsparung ohne Null vor dem Komma).

KFA 1.Ordnung	KITK ≥ 0,3 / 0,5	α, wenn Item entfernt	KO ≥ 0,5	FL ≥ 0,7	Standardisierte Faktorladungen (Signifikanz *** 0,1 %-Niveau)		
Psychologisches Risiko							
Psych1	(,743) 0,764	(,806) 0,870	0,798	0,893	0,818 (***)		
Psych2	(,823) 0,832	(,769) 0,810	0,863	0,929	0,923 (***)		
Psych3	(,745) 0,776	(,804) 0,859	0,810	0,900	0,834 (***)		
Psych4	0,527	0,893	entfernt	entfernt	entfernt		
Konstrukt	α ≥ 0,6 / 0,7	(859) 0,893	1-Faktor	✓	DEV ≥ 0,5	0,739	FR ≥ 0,6	0,894
Kompetenz							
Komp1	0,732	0,849	0,731	0,855	0,796 (***)		
Komp2	0,807	0,820	0,812	0,901	0,875 (***)		
Komp3	0,702	0,860	0,690	0,831	0,754 (***)		
Komp4	0,725	0,853	0,718	0,847	0,805 (***)		
Konstrukt	α ≥ 0,6 / 0,7	0,880	1-Faktor	✓	DEV ≥ 0,5	0,654	FR ≥ 0,6	0,883
Wohlwollen							
Wohl1	0,718	0,792	0,728	0,853	0,809 (***)		
Wohl2	0,640	0,825	0,633	0,795	0,714 (***)		
Wohl3	0,735	0,786	0,744	0,863	0,806 (***)		
Wohl4	0,654	0,822	0,651	0,807	0,736 (***)		
Konstrukt	α ≥ 0,6 / 0,7	0,847	1-Faktor	✓	DEV ≥ 0,5	0,589	FR ≥ 0,6	0,851
Integrität							
Integ1	0,771	0,840	0,769	0,877	0,840 (***)		
Integ2	0,779	0,838	0,789	0,888	0,859 (***)		
Integ3	0,683	0,881	0,663	0,814	0,736 (***)		
Integ4	0,770	0,841	0,772	0,879	0,829 (***)		
Konstrukt	α ≥ 0,6 / 0,7	0,883	1-Faktor	✓	DEV ≥ 0,5	0,668	FR ≥ 0,6	0,889
Menschenähnlichkeit							
Mensch1	0,594	0,670	0,857	0,819 (-0,432)	0,912 (***)		
Mensch2	0,529	0,703	0,872	0,776 (-0,519)	0,794 (***)		
Mensch3	0,548	0,692	0,792	0,727 (0,513)	entfernt		
Mensch4	0,531	0,706	0,801	0,718 (0,534)	entfernt		
Konstrukt	α ≥ 0,6 / 0,7	0,750	1-Faktor	✗	DEV ≥ 0,5	0,731	FR ≥ 0,6	0,844
Reputation							
Repu1	0,743	0,785	0,756	0,870	0,857 (***)		
Repu2	0,724	0,791	0,743	0,862	0,828 (***)		
Repu3	0,694	0,805	0,693	0,833	0,733 (***)		
Repu4	0,594	0,848	0,572	0,756	0,651 (***)		
Konstrukt	α ≥ 0,6 / 0,7	0,848	1-Faktor	✓	DEV ≥ 0,5	0,595	FR ≥ 0,6	0,853

KITK = korrigierte Item-to-Total-Korrelation | α = Cronbachs Alpha | KO = Kommunalität | FL = Faktorladung
DEV = durchschnittlich erfasste Varianz | FR = Faktorreliabilität

Einen ersten Hinweis auf Diskriminanzvalidität gibt bereits die im vorangegangen zweiten Prüfschritt durchgeführte *EFA* durch das Vorhandensein einer 1-faktoriellen-Lösung, bei der die Indikatoren jeweils auf den vorgegebenen Faktor laden, für welchen sie formuliert wurden.[415] Zusätzlich wird das Vorliegen von **Diskriminanzvalidität** mit Hilfe des **Fornell-Larcker-Kriteriums** geprüft. Hierbei ist es notwendig, dass die *DEV* eines Faktors größer ist als alle seine quadrierten Korrelationen mit anderen Faktoren.[416] Es zeigt sich nur beim Konstrukt *Wohlwollen* eine

---

[415] Vgl. Zinnbauer & Eberl, 2004, S. 8; Weiber & Mühlhaus, 2014, S. 164.
[416] Vgl. Backhaus, Erichson & Weiber, 2015, S. 147; Zinnbauer & Eberl, 2004, S. 8.

Auffälligkeit (siehe Tabelle 17). Bei diesem ist die *DEV* geringer als die quadrierte Korrelation mit dem Konstrukt *Integrität*. Wohingegen die *DEV* von *Integrität* die quadrierte Korrelation mit dem Konstrukt *Wohlwollen* übersteigt, wenn auch nur knapp. Diese Ergebnisse deuten an, dass die beiden Faktoren womöglich nicht ausreichend trennscharf gemessen wurden.[417] Wichtig zu beachten ist, dass bei der Güteprüfung eines Messmodells die **Inhaltsvalidität** nicht vernachlässigt werden darf. Eine zu strikte Einhaltung von Grenzwerten und der daraus folgende Ausschluss von Indikatoren und Faktoren ist inhaltlich nicht immer sinnvoll.[418] Auch wenn sich das Konstrukt *Wohlwollen* als nicht diskriminant valide herausgestellt hat, lässt es sich dennoch theoretisch vom Konstrukt *Integrität* trennen. Zudem erreicht es die erforderlichen Grenzwerte für Reliabilität und Konvergenzvalidität. Des Weiteren zeigt sich die hohe Korrelation zwischen *Wohlwollen* und *Integrität* auch bei anderen Forschungen zur Vertrauenswürdigkeit. Dieses Ergebnis tritt insbesondere dann auf, wenn sich die Beziehung zwischen *Trustor* (Nutzer) und *Trustee* (Chatbot) noch im Anfangsstadium befindet. Dieser Aspekt trifft auf diese Untersuchung zu. Bei länger andauernden Beziehungen gelingt es dem *Trustor* besser ein wohlwollendes von einem integren Handeln des *Trustees* zu separieren.[419] Auf Basis dieser Erläuterungen wird das Konstrukt *Wohlwollen* weiterhin als Dimension der Vertrauenswürdigkeit beibehalten.

---

[417] Vgl. Weiber & Mühlhaus, 2014, S. 161.
[418] Vgl. Backhaus, Erichson & Weiber, 2015, S. 169.
[419] Vgl. Schoorman, Mayer & Davis, 2007, S. 346.

Tabelle 17: Fornell-Larcker-Kriterium Konstrukte 1. Ordnung[420]

Fornell-Larcker	DEV	Funk	Fina	Zeit	Psych	Komp	Wohl	Integ	Mensch	Repu	LE
Funk	0,497	1,000									
Fina	0,651	0,164	1,000								
Zeit	0,608	0,201	0,054	1,000							
Psych	0,739	0,062	0,009	0,069	1,000						
Komp	0,654	0,003	0,007	0,005	0,022	1,000					
Wohl	0,589	0,005	0,000	0,007	0,015	0,504	1,000				
Integ	0,668	0,000	0,000	0,003	0,015	0,437	0,630	1,000			
Mensch	0,731	0,004	0,000	0,000	0,010	0,134	0,171	0,224	1,000		
Repu	0,595	0,004	0,004	0,020	0,030	0,198	0,261	0,299	0,187	1,000	
LE	0,719										1,000

---

[420] Bezeichnung der Items wurde für bessere Übersichtlichkeit der Tabelle verkürzt.

Zur Gütebeurteilung auf Modellebene werden für diese Untersuchung drei globale Kriterien herangezogen. Zunächst wird das inferenzstatistische *Stand-Alone-Anpassungsmaß* **Root Mean Square Error of Approximation** (RMSEA) betrachtet. Es prüft, wie gut ein theoretisches Modell sich an die Realität annähert. Ein Wert von ≤ *0,08* repräsentiert einen akzeptablen Modellfit.[421] Das Modell mit Konstrukten erster Ordnung erzielt einen *RMSEA* von *0,051*. Als nächstes wird das **Verhältnis vom χ^2-Wert zu den Freiheitsgraden des Modells** als deskriptives Gütemaß zur Modellbeurteilung genutzt. Hierbei entspricht ein Wert von kleiner oder gleich *2,5* für ein gut angepasstes Modell.[422] Für das Modell wird von *AMOS* ein Wert von *1,841* ausgewiesen. Als letztes wird der **Comparative Fit Index** (CFI) geprüft, welcher als inkrementelles Anpassungsmaß die Anzahl der Freiheitsgrade des Modells berücksichtigt. Ein Wert ab *0,9* lässt den Schluss auf eine akzeptable Modellgüte zu.[423] Das Modell erster Ordnung erreicht einen Wert von *0,933* (siehe Tabelle 18).

Tabelle 18: Globale Anpassungsmaße Konstrukte 1. Ordnung

	RMSEA	CMIN/DF	CFI
Grenzwert	≤ 0,08	≤ 2,5	≥ 0,9
Modell	0,051	1,841	0,933

Nach dem erfolgreichen Durchlaufen des dreistufigen Prüfungsprozesses können nun die verbleibenden Indikatoren zu ihren jeweiligen **Konstrukten 1. Ordnung** indexiert werden. Da das wahrgenommene Risiko und die Vertrauenswürdigkeit mehrdimensional konzeptualisiert wurden, muss der Güteprüfungsprozess nun erneut erfolgen, damit die Dimensionen zu den entsprechenden übergeordneten **Konstrukten 2. Ordnung** aggregiert werden können.[424]

Es zeigt sich, dass das **psychologische Risiko** (*WRpsych*) eine zu geringe *KITK* (0,264) aufweist. Ebenfalls werden die Mindestanforderungen für die *KO* mit nur 0,272 und für die *FL* mit nur 0,522 nicht erreicht. Daher kann das psychologische Risiko im weiteren Verlauf nicht mehr als eine Dimension des wahrgenommenen Risikos berücksichtigt werden. Durch die Entfernung des psychologischen Risikos erhöht sich das Cronbachsche Alpha von 0,596 auf 0,620. Dies ist zwar kein exzellenter Wert, jedoch gilt ein *CA*-Wert über 0,6 ab drei Items als akzeptabel.[425] Das

---

[421] Vgl. Zinnbauer & Eberl, 2004, S. 11.
[422] Vgl. Backhaus, Erichson & Weiber, 2015, S. 149 f.; Zinnbauer & Eberl, 2004, S. 10 f.
[423] Vgl. Zinnbauer & Eberl, 2004, S. 19.
[424] Vgl. Weiber & Mühlhaus, 2014, S. 276 f.
[425] Vgl. Zinnbauer & Eberl, 2004, S. 21.

finanzielle Risiko (*WRfina*) und das **zeitliche Risiko** (*WRzeit*) liegen ebenfalls mit ihrem jeweiligen *KITK*-Wert unter 0,5. Idealerweise sollte eine Skala aufgrund einer zu geringen Reliabilität verworfen werden. Allerdings wird bei der korrigierten Item-to-Total-Korrelation ebenfalls ein Wert ab 0,3 akzeptiert, auch wenn dieser nicht den in der Literatur üblicherweise verwendeten Grenzwert darstellt. Es gilt daher immer durch den Forscher inhaltlich zu prüfen, ob einem Richtwert strikt gefolgt wird oder eine weniger reliable Skala beibehalten wird, wenn dies nach sachlogischer Einschätzung im Sinne der definierten Forschungsziele sinnvoll ist.[426] Für diese Studie wird die Entscheidung getroffen beide Risikodimensionen beizubehalten. Sie erreichen nach der Entfernung von *WRpsych* mit 0,367 (*WRfina*) und 0,395 (*WRzeit*) den *KITK*-Alternativwert und zudem würde deren Eliminierung die interne Konsistenz nicht erhöhen (siehe Tabelle 19).

Bei den Dimensionen der **Vertrauenswürdigkeit** stellt sich erneut die **Menschenähnlichkeit** (*EVmensch*) als problematisch heraus. Alle weiteren Vertrauensdimensionen erreichen die benötigten Mindestmaße bei *CA* und *KITK* sowie der Kommunalität und Faktorladung. Die *KITK* von *EVmensch* liegt bei exakt 0,5. Mit dessen Entfernung wird das *CA* von 0,846 auf 0,864 erhöht. Um die Dimension nicht voreilig auszuschließen, wurden zusätzlich die Werte der Kommunalität und Faktorladung auf Erfüllung der Grenzwerte überprüft. Jedoch erreicht *EVmensch* auch hierbei nicht die geforderten Werte von 0,5 (*KO* = 0,413) und 0,7 (*FL* = 0,643). Dementsprechend wird die Menschenähnlichkeit im weiteren Verlauf nicht mehr als eine Dimension der Vertrauenswürdigkeit berücksichtigt. Nach Entfernung von *EVmensch* zeigt sich, dass sich die *KITK* bei *EVrepu* reduziert hat. Zudem könnte nun durch die Eliminierung von *EVrepu* der *CA*-Wert erneut erhöht werden (0,886). Jedoch wird nach sachlogischer Überlegung die Entscheidung getroffen *EVrepu* beizubehalten. Zudem erreicht die Dimension **Reputation** im nachfolgenden Prüfschritt die erforderlichen Richtwerte der *KO* ($\geq$ 0,5) und *FL* ($\geq$ 0,7). Abschließend zeigt sich im letzten Prüfschritt der *KFA*, dass alle Faktorladungen höchstsignifikant sind und die Konstrukte zweiter Ordnung die Grenzwerte der durchschnittlichen erfassten Varianz ($\geq$ 0,5) und der Faktorreliabilität ($\geq$ 0,6) erreichen (siehe Tabelle 19).

---

[426] Vgl. Weiber & Mühlhaus, 2014, S. 140 ff.

Tabelle 19: Ergebnisse KFA 2. Ordnung[427]

KFA 2. Ordnung	KITK ≥ 0,3 / 0,5	α, wenn Item entfernt	KO ≥ 0,5	FL ≥ 0,7	Standardisierte Faktorladungen (Signifikanz *** 0,1 %-Niveau)		
Wahrgenommenes Risiko							
Funk	(,534) 0,542	(,421) 0,377	0,702	0,838	0,956 (***)		
Fina	(,316) 0,367	(,573) 0,615	0,487	0,698	0,488 (***)		
Zeit	(,436) 0,395	(,479) 0,570	0,541	0,736	0,605 (***)		
Psych	0,264	0,620	entfernt	entfernt	entfernt		
Konstrukt	α ≥ 0,6 / 0,7	(,596) 0,620	1-Faktor	✓	DEV ≥ 0,5	0,506	FR ≥ 0,6	0,739
Erwartete Vertrauenswürdigkeit							
Komp	(,671) 0,703	(,809) 0,830	0,707	0,841	0,821 (***)		
Wohl	(,766) 0,805	(,785) 0,787	0,820	0,906	0,978 (***)		
Integ	(,786) 0,796	(,778) 0,791	0,810	0,900	0,920 (***)		
Mensch	0,500	0,864	entfernt	entfernt	entfernt		
Repu	(,589) 0,555	(,830) 0,886	0,515	0,718	0,617 (***)		
Konstrukt	α ≥ 0,6 / 0,7	(,846) 0,864	1-Faktor	✓	DEV ≥ 0,5	0,714	FR ≥ 0,6	0,907

KITK = korrigierte Item-to-Total-Korrelation | α = Cronbachs Alpha | KO = Kommunalität | FL = Faktorladung
DEV = durchschnittlich erfasste Varianz | FR = Faktorreliabilität

Beim Fornell-Larcker-Kriterium zeigen sich keine Auffälligkeiten (siehe Tabelle 20). Das wahrgenommene Risiko kann somit aus dem funktionalen, finanziellen und zeitlichen Risiko zusammengesetzt werden. Das Konstrukt der erwarteten Vertrauenswürdigkeit wird aus den Dimensionen *Kompetenz*, *Wohlwollen*, *Integrität* und *Reputation* gebildet.

Tabelle 20: Fornell-Larcker-Kriterium Konstrukte 2. Ordnung

Fornell-Larcker		LE	WR	EV
	DEV	0,719	0,525	0,714
Leistungserwartung		0,719	1,000	
Wahrgenommenes Risiko		0,525	0,092	1,000
Erwartete Vertrauenswürdigkeit		0,714	0,141	0,006	1,000

Die globalen Gütekriterien des Modells mit den Konstrukten 2. Ordnung verschlechtern sich leicht im Gegensatz zum Modell mit den Konstrukten 1. Ordnung, jedoch erfüllen sie weiterhin die vorgeschriebenen Grenzwerte (siehe Tabelle 21).

Tabelle 21: Globale Anpassungsmaße Konstrukte 2. Ordnung

	RMSEA	CMIN/DF	CFI
Grenzwert	≤ 0,08	≤ 2,5	≥ 0,9
Modell	0,056	2,014	0,926

---

[427] Bezeichnung der Items wurde für bessere Übersichtlichkeit der Tabelle verkürzt. Wert in Klammern entspricht Alpha-Wert vor der Entfernung des Items (Zur Platzeinsparung ohne Null vor dem Komma).

6.2.3 Prüfung der Regressionsannahmen

Zur Untersuchung der postulierten Zusammenhänge zwischen der abhängigen Variablen und den drei unabhängigen Variablen sowie der möglicherweise moderierenden Wirkung des Geschlechts, des Alters und der Chatbot-Erfahrung sollen multiple Regressionsanalysen durchgeführt werden. Doch bevor die Schätzung der Parameter und die Interpretation der Ergebnisse zulässig ist, müssen bestimmte Regressionsannahmen erfüllt sein. Mit der Erfüllung der Annahmen soll die Methode der kleinsten Quadrate (KQ-Methode) Schätzer liefern, die **unverzerrt** und **effizient** (kleinstmögliche Varianz) sind. Sie werden dann als ***BLUE*** bezeichnet. Diese Abkürzung bildet sich aus der englischen Bezeichnung *Best linear unbiased estimates*.[428]

Die Vorgehensweise zur Überprüfung der in Abbildung 3 dargestellten Regressionsprämissen erfolgt nachfolgend einmalig im Detail am Beispiel der Zusammenhangshypothesen. Für die Moderationshypothesen wird der Übersichtlichkeit halber lediglich auf die Erfüllung bzw. gegebenenfalls vorliegende Nicht-Erfüllung der Prämissen eingegangen. Eine Übersicht der dazugehörigen Prüfergebnisse kann wiederum Anhang 4 entnommen werden.

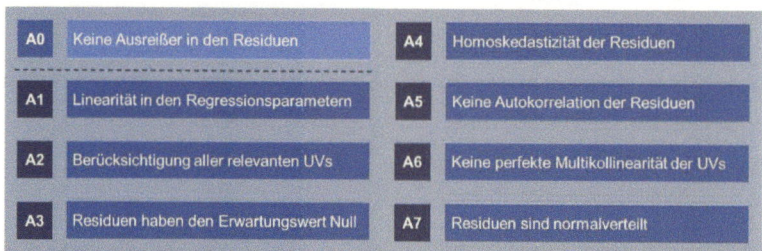

Abbildung 3: Regressionsannahmen[429]

A0: Keine Ausreißer in den Residuen

Zunächst ist es wichtig **Ausreißer** in den Residuen zu identifizieren und zu eliminieren, da diese sonst zu einer **Verzerrung** der Regressionskoeffizienten führen können. Über *SPSS* können diejenigen Fälle angezeigt werden, bei denen der Absolutwert des Residuums über dem eigens festgelegten Schwellenwert von |2| liegt. Es sollen keine Werte über |3| vorliegen. Zudem dürfen nur maximal 5 % der Werte

---

[428] Vgl. Backhaus et al., 2018, S. 89 f.
[429] Quelle: Eigene Darstellung (2019) in Anlehnung an Backhaus et al., 2018, S. 90 und Kuß, Wildner & Kreis, 2018, S. 281 f.

die Schwelle von |2| übersteigen.[430] Um dieser Forderung nachzukommen, müssen sechs Fälle aus dem Datensatz entfernt werden. Für die Moderationshypothesen werden alle erforderlichen Grenzwerte eingehalten und es müssen dementsprechend keine weiteren Fälle aus dem Datensatz entfernt werden. Damit ergibt sich insgesamt eine **finale Stichprobengröße von 315 Probanden.**

A1: Linearität in den Regressionsparametern

Zwischen den unabhängigen Variablen und der abhängigen Variablen soll ein **linearer Zusammenhang** bestehen. Verändert sich die unabhängige Variable um eine Einheit verändert sich die abhängige Variable um die Zahl von Einheiten, welche durch den jeweiligen Regressionskoeffizienten geschätzt wird. Bei Nichtlinearität werden die Schätzwerte der Koeffizienten verzerrt. Dadurch streben die geschätzten Werte mit wachsendem Stichprobenumfang nicht mehr gegen die wahren Werte.[431]

Die visuelle Prüfung der **partiellen Regressionsdiagramme** zeigt für jede unabhängige Variable einen linearen Verlauf (siehe Anhang 5). Allerdings ist beim wahrgenommenen Risiko (siehe Abbildung 46 in Anhang 5.2) und bei der erwarteten Vertrauenswürdigkeit (siehe Abbildung 47 in Anhang 5.3) die **Linearität** im Vergleich zur Leistungserwartung weniger deutlich ausgeprägt (siehe Abbildung 45 in Anhang 5.1). Die partiellen Regressionsdiagramme je nach Alters-, Geschlechts- und Erfahrungsgruppe zeigen ebenfalls einen linearen Zusammenhang und sind in Anhang 4.1 zu finden.

A2: Alle relevanten UVs im Modell

Mehrere Forscher haben bereits erfolgreich etablierte Technologieakzeptanz-Modelle, wie *TAM* oder *UTAUT2*, modifiziert und mit dem Risiko- und Vertrauenskonstrukt erweitert.[432] Ebenso sind das Alter und Geschlecht sowie die Erfahrung gängige zu überprüfende Moderationsvariablen.[433]

Die Mehrdimensionalität des wahrgenommenen Risikos ist bereits durch zahlreiche Studien festgestellt worden. Hier kann unter anderem auf die Forschungen von

---

[430] Vgl. Backhaus et al., 2018, S. 108; Kuß, Wildner & Kreis, 2018, S. 282.
[431] Vgl. Backhaus et al., 2018, S. 91; Kuß, Wildner & Kreis, 2018, S. 281.
[432] Vgl. Venkatesh et al., 2017, S. 85; Slade, Williams & Dwivdei, 2013, S. 10.
[433] Vgl. Venkatesh, Thong & Xu, 2012, S. 159; Venkatesh et al., 2017, S. 106

FEATHERMAN/PAVLOU (2003) und *MARTINS/OLIVEIRA/POPOVIC* (2014) verwiesen werden.

Die mehrdimensionale Konzeptualisierung des Vertrauenskonstruktes wurde seit der Einführung durch *MAYER/DAVIS/SCHOORMAN* (1995) von vielen anderen Forschern übernommen und modifiziert. Allerdings zeigten sich hierbei teilweise gegensätzliche Erkenntnisse und nicht in jeder Studie konnte die zuvor vermutete Mehrdimensionalität der Vertrauenswürdigkeit bestätigt werden, wie z. B. in der Forschung von *BÜTTNER/GÖRITZ* (2008).[434]

Ein möglicher Kritikpunkt ist das Hinzufügen von zwei zusätzlichen Dimensionen der Vertrauenswürdigkeit auf Basis der qualitativen Studie von *FOLSTAD/NORDHEIM/BJORKLI* (2018). Da diese noch nicht ausreichend erforscht wurden, kann nicht eindeutig eingeschätzt werden, inwiefern diese als tatsächlich relevante oder irrelevante Dimensionen angesehen werden können. Zwar wurde die Entscheidung zur Nicht-Berücksichtigung der Variable Aufwandserwartung (*Effort Expectancy*) nachvollziehbar begründet und durch die Erkenntnisse des Pretests gestützt. Allerdings ist zu beachten, dass nicht berücksichtige Variablen die Parameter der weiterhin berücksichtigen Variablen verzerren können.[435]

Zusammenfassend kann dennoch konstatiert werden, dass alle relevanten sowie keine irrelevanten Variablen zur Erforschung der Akzeptanz von Chatbots im Tourismus in das Modell aufgenommen wurden.

A3: Erwartungswert der Residuen ist Null

Die Schwankungen in den Residuen sollen zufällig sein und die Abweichungen zwischen den geschätzten und beobachteten Werten sollen sich ausgleichen. Zur Prüfung der Prämisse wird ein Streudiagramm genutzt.[436]

Abbildung 4 zeigt, dass die Punkte im Diagramm **gleichmäßig um Null (blaue Linie) streuen** und sich negative und positive Werte ausgleichen. Dies trifft auch bei den Streudiagrammen der jeweiligen Alters-, Geschlechts- und Erfahrungsgruppe zu (siehe Anhang 4.2). Annahme 3 kann demnach als Voraussetzung für die regressions-analytische Untersuchung der Zusammenhangs- und Moderationshypothesen als erfüllt angesehen werden.

---

[434] Vgl. Papadopoulou & Martakos, 2008, S. 317; Schulz, Büttner & Silberer, 2009, S. 11.
[435] Vgl. Kuß, Wildner & Kreis, 2018, S. 281.
[436] Vgl. Backhaus et al., 2018, S. 93; Kuß, Wildner & Kreis, 2018, S. 281 f.

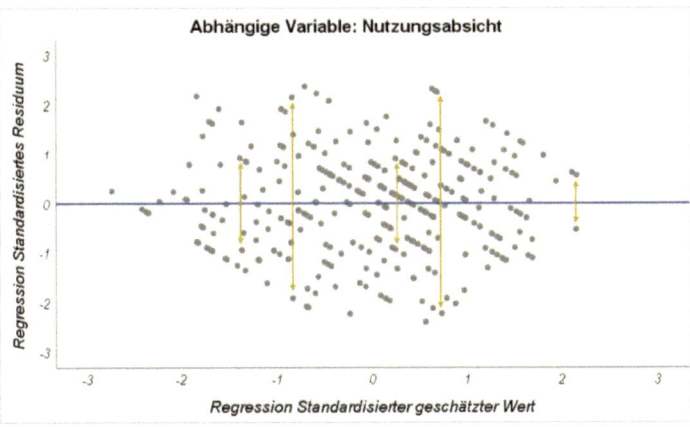

Abbildung 4: Streudiagramm Prüfung Erwartungswert

A4: Homoskedastizität der Residuen

Die Varianz der Residuen soll homogen sein. Dies bedeutet, dass **kein auffälliges Muster in der Streuung**, wie z. B. eine Trompeten-/Dreiecksform, erkennbar sein darf.[437] Die Überprüfung des Streudiagramms in Abbildung 5 zeigt, dass eine Homoskedastizität der Residuen gegeben ist (goldene gestrichelte Linien). Auch für die Moderatorvariablen zeigen sich keine auffälligen Streuungen in den Diagrammen (siehe Anhang 4.2).

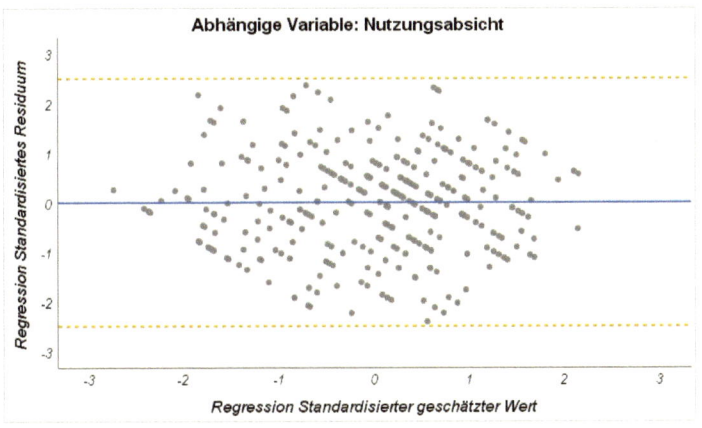

Abbildung 5: Streudiagramm Prüfung Homoskedastizität

---

[437] Vgl. Kuß, Wildner & Kreis, 2018, S. 282; Backhaus et al., 2018, S. 95; Cleff, 2015, S. 159 f.

A5: Keine Autokorrelation der Residuen

Unter den Residuen soll keine Korrelation vorliegen, da sonst keine Zufälligkeit mehr in den Abweichungen von der Regressionsgerade besteht.[438] Das Streudiagramm in Abbildung 5 zeigte bereits ein gleichmäßig verlaufendes Muster der Streuung (keine Wellenform). Zur Untersuchung von A5 wird zusätzlich der **Durbin-Watson-Test** durchgeführt. Liegt der von *SPSS* angezeigte Wert d zwischen dem Grenzwert d_u und $4\text{-}d_u$ besteht keine Autokorrelation. Der Grenzwert d_u kann den *Durbin-Watson-Tabellen*[439] entnommen werden. Er ist abhängig von der Stichprobengröße (bis n = 200) und der Anzahl der Prädiktoren (bis k = 20).[440]

Für diese Forschung mit einer Stichprobengröße von 315 Probanden und drei unabhängigen Variablen muss der Grenzwert bei *n = 200* und *k = 3* (1 %-Niveau) aus der Tabelle entnommen werden (siehe Abbildung 48 in Anhang 6). Dadurch ergibt sich ein d_u-Wert von 1,704. Der *Durbin-Watson-Test* aus *SPSS* zeigt einen **d-Wert von 2,092**. Tabelle 22 verdeutlicht, dass dieser Wert zwischen 1,704 (d_u) und 2,296 ($4\text{-}d_u$) liegt. Somit ist keine Autokorrelation der Residuen gegeben und A5 erfüllt. In Anhang 4.3 sind die jeweiligen *Durbin-Watson-Tests* der einzelnen Moderatorvariablen zu finden, bei welchen Annahme 5 ebenfalls erfüllt wird.

Tabelle 22: Durbin-Watson-Test

d_u für n>200 und k=3 (1 %-Niveau)				
d_u		d		$4\text{-}d_u$
1,704	≤	2,092	≤	2,296

A6: Keine perfekte Multikollinearität der UVs

Bei perfekter Multikollinearität lässt sich eine Regressionsanalyse rechnerisch nicht durchführen. In der Regel liegt immer ein geringes Maß an Multikollinearität vor, welches sich zunächst nicht negativ auswirkt. Eine zu hohe Multikollinearität ist allerdings problematisch, da sich die Streuungen der unabhängigen Variablen hierbei zu sehr überschneiden und die Schätzungen der Regressionskoeffizienten ungenauer werden.[441] Zur Prüfung von A6 eignet sich der **Variance Inflation Factor (VIF)**. VIF-Werte zwischen 1 und 5 gelten als akzeptabel.[442] *SPSS* zeigt für die

---

[438] Vgl. Kuß, Wildner & Kreis, 2018, S. 282; Backhaus et al., 2018, S. 96; Cleff, 2015, S. 159.
[439] Abrufbar unter https://www3.nd.edu/~wevans1/econ30331/Durbin_Watson_tables.pdf.
[440] Vgl. Backhaus et al., 2018, S. 97 f.
[441] Vgl. Backhaus et al., 2018, S. 98 f.; Kuß, Wildner & Kreis, 2018, S. 281.
[442] Vgl. Backhaus et al., 2018, S. 100; Cleff, 2015, S. 162 f.

Leistungserwartung einen VIF-Wert von *1,292*, für das wahrgenommene Risiko wird ein VIF-Wert von *1,104* angezeigt und der VIF-Wert der erwarteten Vertrauenswürdigkeit beträgt *1,181* (siehe Tabelle 23). Alle drei Werte sind nahe 1 und können als sehr akzeptabel angesehen werden. Es liegt demnach nur eine geringe Multikollinearität vor, welche sich nicht störend auf die Regressionsanalysen auswirken wird. Anhang 4.4 beinhaltet die jeweiligen VIF-Werte der einzelnen Moderatoren, welche ebenfalls alle im akzeptablen Bereich liegen.

Tabelle 23: VIF-Werte

1 < VIF ≤ 5 = akzeptabel	
Leistungserwartung	1,292
Wahrgenommenes Risiko	1,104
Vertrauenswürdigkeit	1,181

A7: Normalverteilung der Residuen

Zur Prüfung von A7 wird ein Histogramm der Residuen betrachtet. Abbildung 6 zeigt einen annähernden symmetrischen und glockenförmigen Verlauf, welcher für das Vorhandensein einer Normalverteilung spricht.[443]

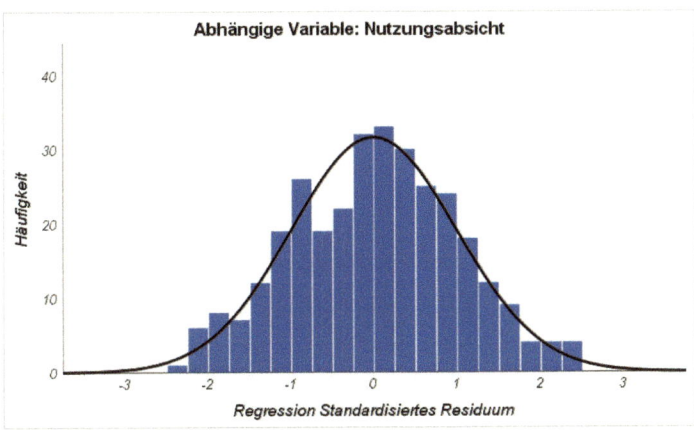

Abbildung 6: Histogramm Prüfung Normalverteilung

---

[443] Vgl. Backhaus et al., 2018, S. 111.

Bei größeren Stichproben (n ≥ 30) kann zudem durch das Zurückgreifen auf den zentralen Grenzwertsatz von einer näherungsweisen Normalverteilung ausgegangen werden. Dennoch kann zusätzlich der *Shapiro-Wilk-Test* durchgeführt werden. Die Nullhypothese nimmt hierbei an, dass eine Normalverteilung vorliegt.[444] Wie in Tabelle 24 zu sehen ist, ist der *p*-Wert mit *0,237* höher als der kritische Wert von *0,05*, sodass die Nullhypothese nicht abgelehnt wird und dementsprechend von einer vorliegenden Normalverteilung der Residuen ausgegangen werden kann.

Tabelle 24: Normalverteilungstest Residuen

	Shapiro-Wilk		
	Statistik	*df*	*Signifikanz*
Standardized Residual	0,994	315	,237

Bezüglich der verschiedenen Gruppenvariablen zeigt sich bei Betrachtung der jeweiligen Histogramme (siehe Abbildung 42, Abbildung 43 und Abbildung 44 in Anhang 4.5) ebenfalls ein annähernd symmetrischer und glockenförmiger Verlauf. Die zusätzlich durchgeführten *Shapiro-Wilk-Tests* bestätigen, dass jeweils eine Normalverteilung der Residuen vorliegt (siehe Tabelle 43 in Anhang 4.5).

6.3 Ergebnisse der Datenauswertung

Zunächst erfolgt die deskriptive Beschreibung der Stichprobe und die Durchführung von Mittelwertvergleichen (6.3.1). Anschließend werden mittels multipler Regressionsanalysen die aufgestellten Zusammenhangs- (6.3.2), Moderations- (6.3.3) und Mediationshypothesen (6.3.4) überprüft.[445]

6.3.1 Deskriptive Beschreibung und Mittelwertvergleiche

Von den insgesamt 315 Befragungsteilnehmern sind 204 Personen **weiblich** (64,8 %) und 111 Personen **männlich** (35,2 %). Das Durchschnittsalter der Probanden liegt bei ca. 29 Jahren. Das Minimum beläuft sich auf 19 Jahre und das Maximum auf 67 Jahre. Die Gruppe der **jüngeren** Personen (19 bis 39 Jahre) weist eine Größe von *n* = 280 auf. Dies entspricht einem Anteil von 88,9 %. Die Gruppe der **älteren** Personen (40 bis 67 Jahre) besteht aus nur 35 Probanden (11,1 %).

---

[444] Vgl. Backhaus et al., 2018, S. 91.
[445] Vgl. Bortz & Schuster, 2010, S. 3; Cleff, 2015, S. 4.

Der Gruppe der **Chatbot-unerfahrenen** Personen gehören 134 Befragungsteilnehmer an (42,5 %). Die Eigenschaft **Chatbot-erfahren** trifft auf 181 Probanden zu. Dies entspricht einem Anteil von 57,5 %. Die Mehrheit der Teilnehmer der Befragung (67,3 %) schätzen ihre **Erfahrung mit Online-Reisebuchungen** als tendenziell hoch ein ($M = 3,8$; $SD = 1,165$). Nur 5,71 % schätzen sich als gar nicht erfahren ein.

Im Vergleich zu den vorgestellten Ergebnissen anderer Verbraucherbefragungen zum Thema Chatbots in Kapitel 2.4 zeigt sich ein interessanter Unterschied bezüglich der bisherigen Nutzung der Technologie. 181 der insgesamt 315 befragten Personen gaben an bereits mit einem Chatbot auf einer Internetseite kommuniziert zu haben. Dies entspricht einem Anteil von 57,5 %. Die Gruppe der Chatbot-unerfahrenen teilt sich in 100 Probanden auf, die wissentlich noch keinen Kontakt hatten (31,7 %) und in 34 Teilnehmer, die sich nicht sicher sind, ob sie schon einmal mit einem Chatbot kommuniziert haben (10,8 %).

Allerdings ist die Betrachtung von absoluten Häufigkeiten weniger aussägekräftig, da die Merkmale *Alter* und *Geschlecht* in der Stichprobe sehr ungleich verteilt sind, und dies zu Fehlinterpretationen der Ergebnisse führen kann. Aufgrund der Veröffentlichung der Umfrage über soziale Netzwerke überwiegt die Anzahl von jüngeren Probanden unter 40 Jahren mit $n = 280$ deutlich. Nur 35 der befragten Personen sind älter als 40 Jahre. Dies spiegelt sich auch im Median von 26 Jahren wider.

Eine **Kreuztabellenanalyse** hilft dabei Häufigkeiten zweier Merkmale ins Verhältnis zu setzen. Dadurch lässt sich die bisherige Chatbot-Nutzung differenzierter betrachten. Es zeigt sich, dass es mehr jüngere[446] (60,4 %) als ältere[447] Personen (34,3 %) sind, die bereits einen Chatbot genutzt haben (siehe Tabelle 25).

Tabelle 25: Kreuztabelle Alter/Chatbot-Erfahrung

	Chatbot-erfahren	Chatbot-unerfahren	*Gesamt*
Jüngere bis 39 Jahre	169	11	*280*
	60,4 %	39,6 %	*100 %*
Ältere ab 40 Jahren	12	23	*35*
	34,3 %	65,7 %	*100 %*
Gesamt	*181*	*134*	*315*
	57,5 %	*42,5 %*	*100 %*

---

[446] Altersgruppe: 19 bis 39 Jahre.
[447] Altersgruppe: 40 bis 67 Jahre.

Ebenso sind es im Verhältnis betrachtet mehr Männer als Frauen, die schon mal einen Chatbot genutzt haben (siehe Tabelle 26). Diese Erkenntnisse stimmen wiederum mit den Ergebnissen anderer Verbraucherbefragungen überein, bei welchen sich herausstellte, dass deutsche Chatbot-Nutzer tendenziell junge Männer sind.[448]

Tabelle 26: Kreuztabelle Geschlecht/Chatbot-Erfahrung

	Chatbot-erfahren	Chatbot-unerfahren	*Gesamt*
Frauen	111	93	*204*
	54,4 %	45,6 %	*100 %*
Männer	70	41	*111*
	63,1 %	36,9 %	*100 %*
Gesamt	*181*	*134*	*315*
	57,5 %	*42,5 %*	*100 %*

Alle Konstrukte wurden über eine **unipolare endpunktverbalisierte 5er-Skala** gemessen, sodass ein metrisches Skalenniveau vorliegt. Daher darf der Mittelwert (M) als Lageparameter und die Standardabweichung (SD) als Streuungsparameter zur weiteren deskriptiven Beschreibung der Stichprobe herangezogen werden.[449]

Allerdings ist eine Interpretation aller Werte an dieser Stelle zu umfangreich. Zudem liegt der Fokus dieser Arbeit nicht auf der deskriptiven, sondern auf der induktiven Statistik. Es sollen daher nur Mittelwerte und Standardabweichungen von Indikatoren und Faktoren aufgegriffen werden, die Auffälligkeiten aufweisen (siehe Tabelle 27).

Eine vollständige Auflistung aller Mittelwerte und Standardabweichungen ist in Tabelle 44 in Anhang 7 zu finden.

---

[448] Vgl. Fittkau & Maaß Consulting GmbH, 2017, S. 10.
[449] Vgl. Töpfer, 2012, S. 261 ff.

Tabelle 27: Übersicht auffällige Mittelwerte und Standardabweichungen[450]

Jeweils 5er-Skala: 1 = ‚stimme gar nicht zu' bis 5 = ‚stimme voll zu'		M	SD
Nutzungsabsicht		**2,9540**	**1,0265**
NA3	Wenn es darum geht eine Urlaubsreise im Internet zu planen, beabsichtige ich hierfür zukünftig einen Chatbot zu nutzen.	2,4254	1,1073
Leistungserwartung		**3,2059**	**1,0144**
LE2	Ich denke, dass sich die Reiseplanung per Chatbot für mich lohnen würde.	2,8794	1,0847
Wahrgenommenes Risiko		**3,3314**	**0,7478**
Funktionales Risiko		**3,4434**	**0,8926**
Funk1	Ich hätte Sorge, dass der Chatbot meine Fragen nicht richtig interpretieren und beantworten kann.	3,7587	1,0522
Funk3	Ich hätte Sorge, dass der Chatbot mitten im Gespräch keine Reaktion mehr zeigt/nicht mehr erreichbar ist.	2,4508	1,2208
Finanzielles Risiko		**3,4079**	**1,0572**
Fina4	Ich hätte Sorge, dass mir der Chatbot zusätzliche Reiseprodukte (z. B. Tickets für Sehenswürdigkeiten) verkaufen möchte, obwohl ich kein Interesse daran habe.	3,5016	1,2754
Zeitliches Risiko		**3,1129**	**1,0264**
Zeit2	Ich hätte Sorge, dass es lange dauert bis der Chatbot mir Reiseinformationen (z. B. Flugverbindungen, Hotelbilder etc.) im Chatfenster anzeigt.	2,2794	1,0639
Psychologisches Risiko		**2,5323**	**1,1049**
Psych4	Ich hätte Sorge, dass mich das Gespräch mit dem Chatbot frustrieren könnte, weil er keine menschlichen Eigenschaften besitzt, wie z. B. Empathie.	2,9332	1,2839
Jeweils 5er-Skala: 1 = ‚gar nicht vertrauenswürdig' bis 5 = ‚sehr vertrauenswürdig'		M	SD
Erwartete Vertrauenswürdigkeit		**4,0591**	**0,6000**
Kompetenz		**3,9467**	**0,7305**
Komp1	Wie vertrauenswürdig würden Sie einen Chatbot empfinden, wenn er Ihnen passende Reiseangebote vorschlagen könnte?	3,8254	0,8048
Wohlwollen		**4,0215**	**0,7106**
Wohl4	Wie vertrauenswürdig würden Sie einen Chatbot empfinden, wenn er sein Bestes versuchen würde, um Ihnen bei der Planung Ihres Jahresurlaubes zu helfen?	3,8667	0,9211
Integrität		**4,1833**	**0,7254**
Integ2	Wie vertrauenswürdig würden Sie einen Chatbot empfinden, wenn Sie sich auf die Richtigkeit und Gültigkeit der vorgeschlagenen Reiseangebote verlassen könnten?	4,3143	0,7898
Integ4	Wie vertrauenswürdig würden Sie einen Chatbot empfinden, wenn er Ihnen aktuelle und wahrheitsgetreue Reiseinformationen zur Verfügung stellen würde (z. B. Bauarbeiten im Hotel)?	4,3270	0,8086
Menschenähnlichkeit		**3,8190**	**0,8673**
Mensch2	Wie vertrauenswürdig würden Sie einen Chatbot empfinden, wenn er eine korrekte Rechtschreibung und Grammatik beherrschen würde?	3,9810	0,9237
Mensch3	Wie vertrauenswürdig würden Sie einen Chatbot empfinden, wenn er eine möglichst menschenähnliche Erscheinung (z. B. Name, Foto/Avatar) hätte?	2,9810	1,1114
Reputation		**4,0849**	**0,6867**
Repu3	Wie vertrauenswürdig würden Sie einen Chatbot empfinden, wenn Ihnen Freunde und/oder Familienmitglieder die Reisewebseite, auf welcher Sie den Chatbot nutzen würden, empfehlen würden?	4,2508	0,8162

---

[450] Bezeichnung der Indikatoren zur Platzeinsparung und für bessere Übersichtlichkeit verkürzt.

Bezüglich der **Nutzungsabsicht** zeigt sich, dass Item *NA3* mit $M = 2,4254$ den geringsten Mittelwert aufweist. Zurückzuführen ist dies auf die Art der Formulierung des Items. Die verwendete Begrifflichkeit *beabsichtigen* drückt eine sehr konkrete Absicht aus im Vergleich zu *ich könnte mir vorstellen* (*NA1*), welche mit $M = 3,3524$ wiederum den höchsten Mittelwert aufweist. Bei der **Leistungserwartung** ist zu erkennen, dass die Probanden einen Chatbot für die Reiseplanung tendenziell als nützlich und praktisch, aber eher weniger als lohnend ($M = 2,8794$) empfinden (*LE2*). Es könnte darauf geschlossen werden, dass zwar eine allgemeine Nützlichkeit der Technologie wahrgenommen wird, aber es für den Probanden nicht eindeutig ist, inwiefern es für ihn selbst einen klaren Vorteil darstellt einen Reiseberater-Chatbot zu nutzen.

Von den vier Risikodimensionen besitzt das funktionale Risiko den höchsten Mittelwert ($M = 3,4434$), das psychologische Risiko dagegen den geringsten Mittelwert ($M = 2,5323$). Bezüglich des **funktionalen Risikos** besteht die größte Sorge darin, dass der Chatbot die Fragen nicht richtig interpretieren und beantworten kann (*WRfunk1*). Dies stellt die Kernfunktionalität der Technologie dar. Weniger besorgt sind die Probanden, dass das Chatbot-System womöglich mitten im Gespräch abstürzt. Dieses Item *WRfunk3* wurde im Zuge der *KFA* entfernt. Indikator *WRfina4* wurde ebenfalls im Zuge der *KFA* entfernt. Jedoch weist es von den Indikatoren des **finanziellen Risikos** den höchsten Mittelwert mit $M = 3,5016$ auf, gleichzeitig aber auch die größte Streuung mit $SD = 1,2754$. Hier scheinen die Meinungen der Probanden stärker auseinanderzugehen. Für manche Personen kann es störend sein zusätzliche Reisevorschläge vom Chatbot zu erhalten, andere sehen es als sinnvolle Ergänzung bei der virtuellen Reiseberatung. Item *WRzeit2* zeigt ebenfalls einen deutlich niedrigeren Mittelwert ($M = 2,2794$) im Vergleich zu den anderen Items des **zeitlichen Risikos**. Befragungsteilnehmer gehen also eher nicht davon aus, dass es lange dauert bis ein Chatbot die gewünschten Informationen im Chatfenster angezeigt. Bezüglich des **psychologischen Risikos** stellen fehlende menschliche Eigenschaften des Chatbots, z. B. Empathie, (*WRpsych4*) die größte Sorge der Probanden dar. Allerdings weist das Item auch die größte Streuung mit $SD = 1,2839$ im Vergleich zu den anderen Items auf. *FOLSTAD/NORDHEIM/BJORKLI* (2018) haben hierzu in ihrer qualitativen Untersuchung ebenfalls gegensätzliche Aussagen der Interviewteilnehmer feststellen können. So ist es für eine Hälfte der Probanden wünschenswert, wenn der Chatbot möglichst menschenähnlich ist.

Andere wiederum finden dies unheimlich. Dadurch stellt diese Eigenschaft eher ein Akzeptanzhemmnis dar.[451]

Bezüglich der Dimensionen der Vertrauenswürdigkeit spielt für Probanden vor allem die **Integrität** (M = 4,1833) des Chatbots eine wichtige Rolle. Hierbei ist es ihnen wichtig, dass die vom Chatbot vorgeschlagenen Reiseangebote richtig und gültig sind (*EVinteg2*; M = 4,3143) und sie aktuelle und wahrheitsgetreue Reiseinformationen erhalten (*EVinteg4*; M = 4,3270). Bei der **Kompetenz** und dem **Wohlwollen** liegen die Mittelwerte aller Indikatoren sehr nah beieinander und weisen jeweils keine große Streuung auf. *EVkomp1* weist den geringsten Mittelwert mit M = 3,8254 auf, obwohl vermutet wurde, dass das Vorschlagen passender Reiseangebote die Kernkompetenz eines Reiseberaters darstellt. Bezüglich *EVwohl4* könnte es den Probanden schwerer gefallen sein, was unter ‚sein Bestes versuchen' zu verstehen ist, sodass dieses Verständnisproblem womöglich den im Vergleich zu den anderen Wohlwollen-Items mit M = 3,8667 geringsten Mittelwert aufweist. Die **Menschenähnlichkeit** mit einem Mittelwert von M = 3,8190 spielt im Vergleich zu den anderen vier Vertrauensdimensionen eine eher untergeordnete Rolle. Wobei sich innerhalb der dazugehörigen Indikatoren ein deutlicher Unterschied zwischen *EVmensch2* und *EVmensch3* zeigt. So legen Personen vor allem Wert darauf, dass der Chatbot eine korrekte Rechtschreibung und Grammatik beherrscht, um als vertrauenswürdig angesehen zu werden (M = 3,9810). Eine menschenähnliche Erscheinung, z. B. Name, Foto, Avatar etc., scheint weniger relevant für die Vertrauenswürdigkeit zu sein (M = 2,9810). Der Mittelwert von Item *EVrepu3* (M = 4,2508) zeigt, dass die Empfehlung von Freunden und/oder Familienmitgliedern bei der Dimension **Reputation** der Reisewebseite vorrangig ist.

Generell betrachtet, ist die **durchschnittliche Nutzungsabsicht** weder sehr gering noch sehr stark ausgeprägt. Dies repräsentiert der Mittelwert von M = 2,9540. Bei der Betrachtung der absoluten Häufigkeiten ist zu erkennen, dass die Skalenpunkte *3,25* und *3,50* überwiegen. Die Häufigkeitsverteilung im Histogramm und die kumulierten Prozentwerte zeigen, dass die Anteile zwischen Personen, die sich eine Nutzung vorstellen können, und Personen, die keine Nutzung in Erwägung ziehen, nahezu gleich verteilt sind.

Ergänzend werden **Gruppenmittelwertvergleiche** durchgeführt, um die Nutzungsabsicht tiefergehender zu analysieren. Da die Verteilung der indexierten

---

[451] Vgl. Folstad, Nordheim & Bjorkli, 2018, S. 8.

Variable *Nutzungsabsicht in den Gruppen* von der für einen *t-Test* benötigten Normalverteilung abweicht (siehe Ergebnis *Shapiro-Wilk-Test* in Tabelle 28), wird der rangsummenbasierte *Mann-Whitney-U-Test* zur Analyse verwendet.

Tabelle 28: Normalverteilungstest Nutzungsabsicht

	Shapiro-Wilk		
	Statistik	*df*	*Signifikanz*
Nutzungsabsicht	0,972	315	,000

Ist der *p*-Wert der *Mann-Whitney-U-Teststatistik* niedriger als der kritische Wert ($p < 0{,}05$), kann von einem signifikanten Unterschied der zentralen Tendenz zwischen zwei Gruppen ausgegangen werden.[452] Interessanterweise zeigt sich, dass die Nutzungsabsicht bei Frauen mit einem Mittelwert von $M = 3{,}0110$ höher ausgeprägt ist als bei Männern ($M = 2{,}8491$). Allerdings ist dieser Unterschied nach Überprüfung mittels *Mann-Whitney-U-Test* nicht signifikant. Ebenso ist zwischen Chatbot-erfahrenen und Chatbot-unerfahrenen Personen kein signifikanter Unterschied in der Nutzungsabsicht festzustellen. Bezüglich des Alters als möglicherweise diskriminierender Eigenschaft auf die Absicht einen Chatbot bei der Reiseplanung nutzen zu wollen, ist der Mittelwert bei älteren Personen ($M = 3{,}0571$) leicht höher als bei jüngeren Personen ($M = 2{,}9411$). Jedoch zeigt der *Mann-Whitney-U-Test* in Tabelle 29 auch hierbei, dass dieser Unterschied nicht signifikant ist. Generell liegt die durchschn. Nutzungsabsicht über alle Gruppen hinweg betrachtet mit einem Minimum von *2,8491* und einem Maximum von *3,0571* nah beieinander. Diese Erkenntnisse lassen darauf schließen, dass es keine spezifische soziodemografische Zielgruppe für die Nutzung eines Reiseberater-Chatbots gibt.

Tabelle 29: Übersicht Gruppenmittelwertvergleiche Mann-Whitney-U-Test

Nutzungs-absicht	n	Mittel-wert	Standard-abweichung	Mann-Whitney-U	Asymp. Signifi-kanz (2-seitig)
Weiblich	204	3,0110	0,98395	10303,000	0,186
Männlich	111	2,8491	1,09714		
Jüngere	280	2,9411	1,01627	4570,000	0,515
Ältere	35	3,0571	1,11488		
Erfahren	181	3,0069	1,02755	11359,500	0,335
Unerfahren	134	2,8825	1,02446		

---

[452] Vgl. Schwarz & Bruderer Enzler, 2019d.

6.3.2 Prüfung der Zusammenhangshypothesen

Einleitend ist anzumerken, dass der Fokus dieser Studie nicht darauf liegt eine höchstmögliche Varianzaufklärung (korrigiertes R-Quadrat = $korR^2$) zu erzielen, da bereits mehrfach getestete und etablierte Technologieakzeptanzmodelle vorliegen. Zudem gibt es keine allgemeingültige Aussage, ab welcher Grenze ein $korR^2$-Wert als ‚schlecht' oder ‚gut' bezeichnet werden kann, da dies immer vom Forschungskontext und der Problemstellung abhängt.[453] Diese Arbeit konzentriert sich auf die empirische Überprüfung der vorab aus der Theorie abgeleiteten vermuteten Zusammenhänge zwischen den unabhängigen Variablen und der abhängigen Variablen sowie auf die Ermittlung der Einflussstärke der jeweiligen *UV* auf die *AV*.[454]

Das Forschungsmodell leistet einen **höchst signifikanten** Beitrag zur Erklärung der Absicht einen Chatbot als virtuellen Reiseberater nutzen zu wollen (F-Wert = 136,666; Signifikanz-Niveau = 0,1 %).[455] Das korrigierte R-Quadrat erreicht einen Wert von $korR^2$ = 0,564*** (siehe Tabelle 30). Somit können 56,4 % der Varianz der Kriteriumsvariable *Nutzungsabsicht* durch die Varianz der Prädiktorvariablen *Leistungserwartung, wahrgenommenes Risiko* und *erwartete Vertrauenswürdigkeit* erklärt werden. Durch die Quadrierung der semi-partiellen Korrelationen kann der reine aufklärende Varianzanteil jeder *UV* ermittelt werden. Die Summe dieser Anteile bildet wiederum den eindeutig erklärten Varianzanteil aller drei *UVs*, welcher bei dieser Untersuchung bei 33,4 % liegt.

Tabelle 30: Ergebnisse multiple Regression

AV: Nutzungsabsicht $korR^2$=0,564*** | F=136,666	B	Beta (β)	Sig.	$korR^2$	Semi-Partiell	Reine Varianz-aufklärung
UV1: Leistungserwartung	0,615	0,607	,000***	0,722	0,534	28,57 %
UV2: Wahrgenommenes Risiko	-0,147	-0,107	,006**	-0,310	-0,102	1,04 %
UV3: Erwartete Vertrauenswürdigkeit	0,361	0,211	,000***	0,457	0,194	3,78 %

* = signifikant 5 %-Niveau | ** = hoch signifikant 1 %-Niveau | *** = höchst signifikant 0,1 %-Niveau
B = Nicht-standardisierter Regressionskoeffizient | Beta = Standardisierter Regressionskoeffizient
rot = schwacher Effekt | *gelb = mittlerer Effekt* | *grün = starker Effekt*

Zur Beurteilung der Effektstärke der einzelnen *UVs* auf die *AV* werden die **standardisierten Regressionskoeffizienten** betrachtet und mithilfe der Einteilung nach COHEN (1992) interpretiert *(|β| = 0,1: schwacher Effekt; |β| = 0,25: mittlerer Effekt;*

---

[453] Vgl. Backhaus et al., 2018, S. 104.
[454] Vgl. Cleff, 2015, S. 135 f.
[455] Vgl. Hartmann & Lois, 2015, S. 28 f.

|β| = 0,4: starker Effekt).[456] Tabelle 30 zeigt, dass die Leistungserwartung mit β = 0,607*** einen starken positiven Effekt auf die Nutzungsabsicht hat. Gleichzeitig hat LE damit auch im Vergleich zu den anderen UVs den größten Einfluss auf die AV. Danach folgt die erwartete Vertrauenswürdigkeit mit einem annähernd mittleren positiven Einfluss mit β = 0,211***. Das wahrgenommene Risiko hat einen schwachen negativen Einfluss mit β = - 0,107**. Alle Einflüsse sind hoch (WR) bzw. höchst signifikant (LE und EV), sodass die Hypothesen **H1-LE-NA, H2-WR-NA** und **H3-EV-NA bestätigt** werden können (siehe Tabelle 31).

Tabelle 31: Übersicht Hypothesenprüfung Teil 1

	Übersicht Hypothesenprüfung Teil 1	
H1-LE-NA	Die Leistungserwartung hat einen <u>direkten positiven</u> Einfluss auf die Nutzungsabsicht.	Bestätigt
H2-WR-NA	Das wahrgenommene Risiko hat einen <u>direkten negativen</u> Einfluss auf die Nutzungsabsicht.	Bestätigt
H3-EV-NA	Die erwartete Vertrauenswürdigkeit hat einen <u>direkten positiven</u> Einfluss auf die Nutzungsabsicht.	Bestätigt

6.3.3 Prüfung der Moderationshypothesen

Zur Überprüfung der aufgestellten Moderationshypothesen werden in diesem Abschnitt gruppenweise Regressionsanalysen durchgeführt.[457] Es wird nun der *nicht-standardisierte Regressionskoeffizient (B)* zur Interpretation herangezogen, da sich der zuvor verwendete *standardisierte Regressionskoeffizient (Beta)* nicht mehr für Gruppenvergleiche eignet. In die Berechnung von *Beta* fließt die Standardabweichung ein, welche wiederum je Gruppe unterschiedlich ist und dies würde somit zu einer Verzerrung der Beurteilung von Gruppenunterschieden führen.[458]

Tabelle 32 zeigt, dass der Einfluss der Leistungserwartung auf die Nutzungsabsicht bei Männern höchst signifikant und stärker ausgeprägt ist ($B = 0,652***$) als bei Frauen ($B = 0,621***$). Demnach kann **H4-LE-NA$_{(Mod-G)}$ bestätigt** werden. **H5-WR-NA$_{(Mod-G)}$** muss **falsifiziert** werden, da der Einfluss des wahrgenommenen Risikos auf NA bei Männern ($B = - 0,146^{n.s.}$) nicht schwächer, sondern stärker ausgeprägt ist als bei Frauen ($B = - 0,136*$). Allerdings ist der Einfluss von WR auf NA bei

---

[456] Vgl. Kuß, Wildner & Kreis, 2018, S. 289; Schwarz & Bruderer Enzler, 2019c.
[457] Vgl. Backhaus et al., 2018, S. 89.
[458] Vgl. Müller, 2009, S. 262.

Männern nicht signifikant. **H6-EV-NA**(Mod-G) kann dagegen wieder **bestätigt** werden. Der Einfluss der erwarteten Vertrauenswürdigkeit auf NA ist bei Männern hoch signifikant und – wenn auch nur leicht – schwächer (B = 0,349**) ausgeprägt als bei Frauen (B = 0,361***).

Tabelle 32: Ergebnisse gruppenweise multiple Regression – Geschlecht

AV: Nutzungsabsicht korR² = 0,519*** (w) | 0,630*** (m) F = 73,968 (w) | 63,437 (m)	Frauen n = 204			Männer n = 111		
	B	Beta (β)	Sig.	B	Beta (β)	Sig.
UV1: Leistungserwartung	0,621	0,581	,000***	0,652	0,658	,000***
UV2: Wahrgenommenes Risiko	-0,136	-0,104	,043*	-0,146	-0,100	,113 n.s.
UV3: Erwartete Vertrauenswürdigkeit	0,361	0,211	,000***	0,349	0,205	,000**

n.s. = nicht signifikant | * = signifikant 5 %-Niveau
** = hoch signifikant 1 %-Niveau | *** = höchst signifikant 0,1 %-Niveau
B = Nicht-standardisierter Regressionskoeffizient | Beta = Standardisierter Regressionskoeffizient

Die Argumentationen zur Aufstellung der Hypothesen H5 und H6 müssen in Anbetracht dieser Ergebnisse überdacht werden. Es wurde postuliert, dass Frauen ein höheres Risiko wahrnehmen. Da Risiko und Vertrauen in einer engen Wechselbeziehung zueinanderstehen, wurde vermutet, dass Frauen bei erhöhter empfundener Unsicherheit auch mehr Vertrauen benötigen, um den Chatbot nutzen zu wollen. Der Einfluss des wahrgenommenen Risikos ist bei Frauen allerdings entgegen der Vermutung schwächer ausgeprägt als bei Männern und dennoch scheint die Vertrauenswürdigkeit wiederum für weibliche Befragungsteilnehmer tendenziell eine wichtigere Rolle für die Nutzungsabsicht zu spielen als für männliche Befragungsteilnehmer. Es ist allerdings zu beachten, dass die Anzahl der Probanden je Gruppe mit n = 204 (weiblich) und n = 111 (männlich) eine große Differenz aufweist und dadurch die Interpretation der Ergebnisse verzerrt werden kann.

Als nächstes werden die Effekte der UVs auf die AV zwischen jüngeren (19 bis 39 Jahre) und älteren Personen (40 bis 67 Jahre) miteinander verglichen (siehe Tabelle 33). Anhand der Regressionskoeffizienten ist zu erkennen, dass für jüngere Personen (B = 0,629***) die Leistungserwartung als Einflussfaktor auf die Nutzungsabsicht eine wichtigere Rolle spielt als für ältere Personen (B = 0,563***). Damit kann **H7-LE-NA**(Mod-A) **bestätigt** werden. Es zeigt sich außerdem, dass der Einfluss des wahrgenommenen Risikos und der erwarteten Vertrauenswürdigkeit auf die Nutzungsabsicht bei älteren Personen stärker ausgeprägt ist als bei jüngeren Personen. Dennoch ist in Tabelle 33 ebenfalls zu erkennen, dass der Effekt von WR auf NA und gleichermaßen der Effekt von EV auf NA bei älteren Personen nicht signifikant ist. Somit müssen **H8-WR-NA$_{(Mod-A)}$** und **H9-EV-NA$_{(Mod-A)}$** schlussendlich **falsifiziert** werden.

Tabelle 33: Ergebnisse gruppenweise multiple Regression – Alter

	Jüngere n = 280			Ältere n = 35		
AV: Nutzungsabsicht korR² = 0,566*** (j) | 0,538*** (a) F = 122,477 (j) | 14,203 (a)	B	Beta (β)	Sig.	B	Beta (β)	Sig.
UV1: Leistungserwartung	0,629	0,615	,000***	0,563	0,592	,000***
UV2: Wahrgenommenes Risiko	- 0,127	- 0,092	,027*	- 0,170	- 0,114	,366 n.s.
UV3: Erwartete Vertrauenswürdigkeit	0,356	0,210	,000***	0,447	0,245	,065 n.s.

n.s. = nicht signifikant | * = signifikant 5 %-Niveau
** = hoch signifikant 1 %-Niveau | *** = höchst signifikant 0,1 %-Niveau
B = Nicht-standardisierter Regressionskoeffizient | Beta = Standardisierter Regressionskoeffizient

Zu beachten ist beim Vergleich der Altersgruppen, dass diese bezüglich der Fallzahlen sehr ungleich verteilt sind. Die Aussagekraft dieser Ergebnisse ist daher als fraglich anzusehen. Es wurde zusätzlich der Versuch unternommen einen Vergleich zwischen Extremgruppen (unter 24 J. vs. über 50 J.) durchzuführen, allerdings stellte sich die Interpretation der Ergebnisse als nicht zulässig heraus, da nicht alle erforderlichen Regressionsannahmen erfüllt wurden.

Tabelle 34: Ergebnisse gruppenweise multiple Regression – Chatbot-Erfahrung

	Erfahren n = 181			Unerfahren n = 134		
AV: Nutzungsabsicht korR² = 0,556*** (e) | 0,578*** (u) F = 76,276 (e) | 61,768 (u)	B	Beta (β)	Sig.	B	Beta (β)	Sig.
UV1: Leistungserwartung	0,658	0,643	,000***	0,569	0,573	,000***
UV2: Wahrgenommenes Risiko	-0,083	- 0,060	,257 n.s.	- 0,239	- 0,174	,003**
UV3: Erwartete Vertrauenswürdigkeit	0,326	0,184	,001**	0,380	0,231	,000***

n.s. = nicht signifikant | * = signifikant 5 %-Niveau
** = hoch signifikant 1 %-Niveau | *** = höchst signifikant 0,1 %-Niveau
B = Nicht-standardisierter Regressionskoeffizient | Beta = Standardisierter Regressionskoeffizient

Zuletzt wird geprüft, ob eine bereits erfolgte Kommunikation mit einem Chatbot einen moderierenden Effekt ausübt. Tabelle 34 zeigt, dass der Einfluss des wahrgenommenen Risikos auf die Nutzungsabsicht bei Chatbot-unerfahrenen Personen (B = - 0,239**) deutlich stärker ausgeprägt ist als bei Chatbot-erfahrenen Personen (B = - 0,083 [n.s.]). Gleichwohl muss die Hypothese **H10-WR-NA$_{(Mod-E)}$** falsifiziert werden, da der Einfluss von *WR* auf *NA* bei Chatbot-erfahrenen Personen nicht signifikant ist. ***H11-EV-NA(Mod-E)*** kann wiederum bestätigt werden. Die erwartete Vertrauenswürdigkeit ($B = 0,380^{***}$) hat bei Chatbot-unerfahrenen Personen einen stärkeren Einfluss auf die Nutzungsabsicht als bei Chatbot-erfahrenen Personen ($B = 0,326^{**}$).

Tabelle 35 fasst die Ergebnisse der Überprüfung der Moderationshypothesen zusammen.

Tabelle 35: Übersicht Hypothesenprüfung Teil 2

	Übersicht Hypothesenprüfung Teil 2	
H4-LE-NA$_{(Mod-G)}$	Der positive Einfluss der Leistungserwartung auf die Nutzungsabsicht ist bei Männern stärker ausgeprägt als bei Frauen.	Bestätigt
H5-WR-NA$_{(Mod-G)}$	Der negative Einfluss des wahrgenommenen Risikos auf die Nutzungsabsicht ist bei Männern schwächer ausgeprägt als bei Frauen.	Falsifiziert
H6-EV-NA$_{(Mod-G)}$	Der positive Einfluss der erwarteten Vertrauenswürdigkeit auf die Nutzungsabsicht ist bei Männern schwächer ausgeprägt als bei Frauen.	Bestätigt
H7-LE-NA$_{(Mod-A)}$	Der positive Einfluss der Leistungserwartung auf die Nutzungsabsicht ist bei älteren Personen schwächer ausgeprägt als bei jüngeren Personen.	Bestätigt
H8-WR-NA$_{(Mod-A)}$	Der negative Einfluss des wahrgenommenen Risikos auf die Nutzungsabsicht ist bei älteren Personen stärker ausgeprägt als bei jüngeren Personen.	Falsifiziert
H9-EV-NA$_{(Mod-A)}$	Der positive Einfluss der erwarteten Vertrauenswürdigkeit auf die Nutzungsabsicht ist bei älteren Personen stärker ausgeprägt als bei jüngeren Personen.	Falsifiziert
H10-WR-NA$_{(Mod-E)}$	Der negative Einfluss des wahrgenommenen Risikos auf die Nutzungsabsicht ist bei unerfahrenen Personen stärker ausgeprägt als bei erfahrenen Personen.	Falsifiziert
H11-EV-NA$_{(Mod-E)}$	Der positive Einfluss der erwarteten Vertrauenswürdigkeit auf die Nutzungsabsicht ist bei unerfahrenen Personen stärker ausgeprägt als bei erfahrenen Personen.	Bestätigt

In Abbildung 7 ist das Forschungsmodell mit den ermittelten standardisierten Regressionskoeffizienten und den Ergebnissen der Moderatoranalyse dargestellt.

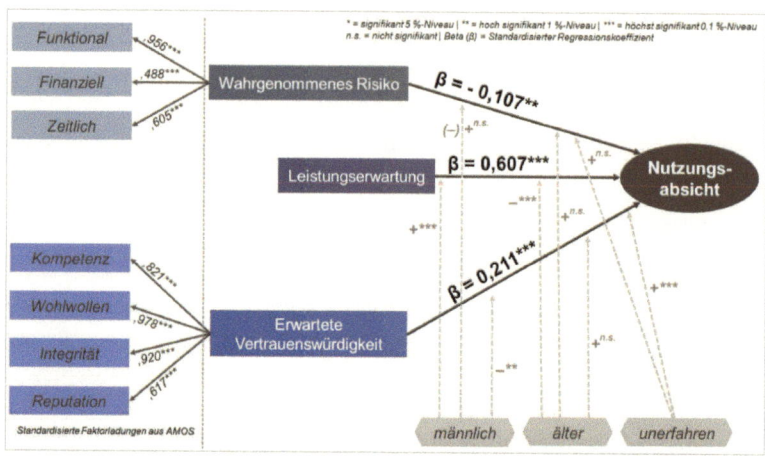

Abbildung 7: Forschungsmodell mit Ergebnissen Hypothesenprüfung Teil 1 & 2

6.3.4 Prüfung der Mediationshypothesen

Zur Untersuchung der postulierten Mediationseffekte werden mehrere Regressionen schrittweise durchgeführt.[459] Hierzu wird der **Causal-Steps-Ansatz** von BARON/KENNY (1986) genutzt. Zur Berechnung der direkten, indirekten und totalen Effekte werden die nicht-standardisierten Regressionskoeffizienten (B) herangezogen.

Im ersten Schritt wird die Signifikanz des Einflusses der UV auf die AV überprüft. Anschließend wird im zweiten Schritt geprüft, ob die UV einen signifikanten Effekt auf die Mediatorvariable (MV) besitzt. Im dritten Schritt werden die UV und MV gemeinsam in eine Regressionsanalyse aufgenommen. Hierbei muss der Effekt der MV auf die AV signifikant sein. Abschließend gilt es im letzten Schritt festzustellen, ob eine totale oder partielle Mediation vorliegt.

Eine totale Mediation liegt vor, wenn der Regressionskoeffizient B der UV sich zu 0 hin verändert hat oder der Effekt der UV auf die AV nun nicht mehr signifikant ist. Eine partielle Mediation liegt vor, wenn der Effekt der MV auf die AV signifikant ist

---

[459] Vgl. Kuß, Wildner & Kreis, 2018, S. 290.

und gleichzeitig der Regressionskoeffizient B der *UV* nun kleiner ist als bei der einfachen Regression im ersten Prüfschritt.[460]

Die in Tabelle 36 dargestellten Werte bestätigen, dass das wahrgenommene Risiko (*WR*) über die Leistungserwartung (*LE*) als Mediatorvariable einen indirekten negativen Einfluss auf die Nutzungsabsicht (*NA*) hat. Der direkte Effekt von *WR* auf *NA* beläuft sich auf $B = -0{,}136^*$. Der indirekte Effekt beträgt $B = -0{,}2891^{***}$ (-0,413*** x 0,700***). Damit ergibt sich ein totaler Effekt von *WR* auf *NA* über *LE* von $B = -0{,}4251^{***}$. Hypothese **H12-WR-LE$_{(Med)}$** kann demzufolge **bestätigt** werden.

Tabelle 36: Prüfung Mediator Leistungserwartung Teil 1

	B	Beta (β)	Sig.	korR²	F	Prüfung
Schritt 1: WR → NA	- 0,426	- 0,310	,000***	0,093	33,298	✓
Schritt 2: WR → LE	- 0,413	- 0,304	,000***	0,090	31,971	✓
Schritt 3: WR & LE → NA	- 0,136 (WR) 0,700 (LE)	- 0,099 (WR) 0,692 (LE)	,015* (WR) ,000*** (LE)	0,528	176,532	✓
Schritt 4: Effekt von Leistungserwartung auf Nutzungsabsicht höchst signifikant + Effektstärke des wahrgenommenen Risikos von -0,426 auf 0,136 gesunken = partielle Mediation						✓

n.s. = nicht signifikant | * = signifikant 5 %-Niveau
** = hoch signifikant 1 %-Niveau | *** = höchst signifikant 0,1 %-Niveau
B = Nicht standardisierter Regressionskoeffizient | Beta = Standardisierter Regressionskoeffizient

Tabelle 37 zeigt, dass die erwartete Vertrauenswürdigkeit (*EV*) über die Leistungserwartung (*LE*) als Mediatorvariable einen indirekten positiven Einfluss auf die Nutzungsabsicht (*NA*) hat. Der direkte Effekt von *EV* auf *NA* beläuft sich auf $B = 0{,}354^{***}$. Der indirekte Effekt beträgt $B = 0{,}428^{***}$ (0,659** x 0,649***). Damit ergibt sich ein totaler Effekt von *EV* auf *NA* über *LE* von $B = 0{,}782^{***}$. Somit kann auch Hypothese **H13-EV-LE$_{(Med)}$** **bestätigt** werden.

---

[460] Vgl. Müller, 2009, S. 267 f.

Tabelle 37: Prüfung Mediator Leistungserwartung Teil 2

	B	Beta (β)	Sig.	korR²	F	Prüfung
Schritt 1: EV → NA	0,782	0,457	,000***	0,206	82,625	✓
Schritt 2: EV → LE	0,659	0,390	,000***	0,149	56,018	✓
Schritt 3: EV & LE → NA	0,354 (EV) 0,649 (LE)	0,207 (EV) 0,642 (LE)	,000*** (EV) ,000*** (LE)	0,555	197,130	✓
Schritt 4: Effekt von Leistungserwartung auf Nutzungsabsicht höchst signifikant + Effektstärke der Vertrauenswürdigkeit von 0,782 auf 0,354 gesunken = partielle Mediation						✓

n.s. = nicht signifikant | * = signifikant 5 %-Niveau
** = hoch signifikant 1 %-Niveau | *** = höchst signifikant 0,1 %-Niveau
B = Nicht standardisierter Regressionskoeffizient | Beta = Standardisierter Regressionskoeffizient

Zuletzt soll noch geprüft werden, ob die erwartete Vertrauenswürdigkeit (EV) über das wahrgenommene Risiko (WR) als Mediatorvariable einen indirekten positiven Einfluss auf die Nutzungsabsicht (NA) besitzt. In Tabelle 38 ist zu sehen, dass im zweiten Prüfschritt kein signifikanter Einfluss der erwarteten Vertrauenswürdigkeit auf das wahrgenommene Risiko besteht. Dementsprechend kann mit dem dritten Prüfschritt nicht fortgefahren werden. Die Hypothese **H14-EV-WR$_{(Med)}$** wird daher **falsifiziert**.

Tabelle 38: Prüfung Mediator Wahrgenommenes Risiko

	B	Beta (β)	Sig.	korR²	F	Prüfung
Schritt 1: EV → NA	0,782	0,457	,000***	0,206	82,625	✓
Schritt 2: EV → WR	-0,106	-0,085	,133 n.s.	0,004	2,267	✗
Schritt 3: EV & WR → NA	Nicht durchführbar					✗

n.s. = nicht signifikant | * = signifikant 5 %-Niveau
** = hoch signifikant 1 %-Niveau | *** = höchst signifikant 0,1 %-Niveau
B = Nicht standardisierter Regressionskoeffizient | Beta = Standardisierter Regressionskoeffizient

Tabelle 39 fasst die Ergebnisse der Überprüfung der Mediationshypothesen zusammen. In Abbildung 8 wird zusätzlich das Forschungsmodell inklusive der direkten (B_d), indirekten (B_i) und totalen Mediationseffekte (B_t) dargestellt.

Tabelle 39: Übersicht Hypothesenprüfung Teil 3

	Übersicht Hypothesenprüfung Teil 3	
H12-WR-LE(Med)	Das wahrgenommene Risiko hat einen direkten negativen Einfluss auf die Leistungserwartung und damit gleichzeitig über LE als Mediatorvariable einen indirekten negativen Einfluss auf die Nutzungsabsicht.	Bestätigt
H13-EV-LE(Med)	Die erwartete Vertrauenswürdigkeit hat einen direkten positiven Einfluss auf die Leistungserwartung und damit gleichzeitig über LE als Mediatorvariable einen indirekten positiven Einfluss auf die Nutzungsabsicht.	Bestätigt
H14-EV-WR(Med)	Die erwartete Vertrauenswürdigkeit hat einen direkten negativen Einfluss auf das wahrgenommene Risiko und damit gleichzeitig über WR als Mediatorvariable einen indirekten positiven Einfluss auf die Nutzungsabsicht.	Falsifiziert

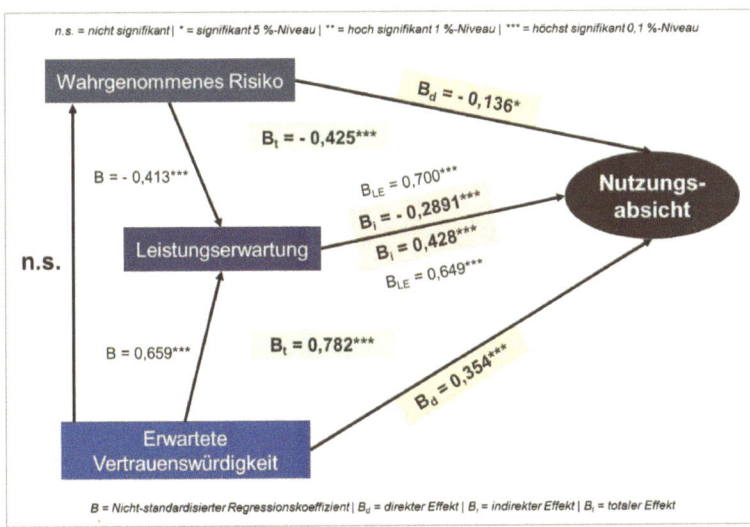

Abbildung 8: Forschungsmodell mit Ergebnissen Hypothesenprüfung Teil 3

7 Fazit

7.1 Kernergebnisse

Diese Arbeit hatte das Ziel die Akzeptanz von Chatbots im Tourismus empirisch zu erforschen und damit einen wichtigen Beitrag für die Schließung der bestehenden Forschungslücke in diesem Themengebiet zu leisten. Mit der Erarbeitung eines Forschungsmodells auf Basis einer fundierten Literaturrecherche und der deskriptiven sowie regressionsanalytischen Auswertung von Primärdaten, welche mit Hilfe eines standardisierten Online-Fragebogens erhoben wurden, konnten die zwei zu Beginn dieser Arbeit vorgestellten Forschungsfragen beantwortet und das genannte Ziel erfüllt werden.

1) Welchen Einfluss haben die Leistungserwartung, das wahrgenommene Risiko und die erwartete Vertrauenswürdigkeit auf die Absicht einer Person einen Chatbot bei der Reiseplanung im Internet nutzen zu wollen?

Es zeigte sich, dass das Forschungsmodell einen höchst signifikanten Beitrag zur Erklärung der **Nutzungsabsicht** leistet ($R^2 = 0{,}564$***; $F = 136{,}666$) und alle drei Prädiktorvariablen einen signifikanten Einfluss auf die Kriteriumsvariable ausüben. Somit konnten die drei aus der Theorie abgeleiteten Zusammenhangshypothesen bestätigt werden. Die bereits in anderen Forschungen festgestellte wichtige Bedeutung der **Leistungserwartung** für die Technologieakzeptanz hat sich auch in dieser Studie bestätigt. Mit $\beta = 0{,}607$*** hat die Leistungserwartung einen starken positiven Effekt auf die Nutzungsabsicht und damit den größten Effekt im Vergleich zu den anderen beiden unabhängigen Variablen. Die **erwartete Vertrauenswürdigkeit** weist mit $\beta = 0{,}211$*** einen schwachen bis mittleren positiven Effekt auf die Nutzungsabsicht auf. Das **wahrgenommene Risiko** spielt nur eine untergeordnete Rolle als Einflussfaktor auf die abhängige Variable Nutzungsabsicht und hat mit $\beta = -0{,}107$** einen schwachen negativen Effekt.

Zusätzlich konnte festgestellt werden, dass die Leistungserwartung nicht nur als unabhängige Variable, sondern auch als **Mediatorvariable** agiert. Demnach wird der Einfluss der Vertrauenswürdigkeit und des Risikos auf die Nutzungsabsicht jeweils durch die Leistungserwartung partiell mediiert. Wiederum konnte kein signifikanter Einfluss der erwarteten Vertrauenswürdigkeit auf das wahrgenommene Risiko festgestellt werden. Die vermutete Rolle des Risikos als partieller Mediator konnte somit nicht bestätigt werden.

Ergänzend ist zu erwähnen, dass die Dimensionen *funktionales Risiko* sowie *Integrität* und *Wohlwollen* ihre jeweiligen übergeordneten Konstrukte *wahrgenommenes Risiko* und *erwartete Vertrauenswürdigkeit* am stärksten reflektieren. Aufgrund der Nichterfüllung von Reliabilitäts-Grenzwerten im Rahmen der konfirmatorischen Faktorenanalyse konnten die Dimensionen *psychologisches Risiko* und *Menschenähnlichkeit* nicht mehr in der regressionsanalytischen Untersuchung der Wirkungszusammenhänge berücksichtigt werden.

> *2) Gibt es Unterschiede in der Einflussstärke der Leistungserwartung, des wahrgenommenen Risikos und der erwarteten Vertrauenswürdigkeit auf die Nutzungsabsicht je nach Alter, Geschlecht und Chatbot-Erfahrung?*

Mittels getrennter Koeffizientenschätzung der Moderatorvariablen wurden die ermittelten nicht-standardisierten Regressionskoeffizienten der jeweiligen Geschlechts-, Alters und Erfahrungsgruppe miteinander verglichen. Es zeigte sich, dass der Einfluss der Leistungserwartung auf die Nutzungsabsicht bei Männern und jüngeren Personen größer ist als bei Frauen und älteren Personen. Demzufolge ist die **Leistungserwartung** besonders für junge Männer ein entscheidender Einflussfaktor zukünftig einen Chatbot bei der Reiseplanung im Internet nutzen zu wollen. Der Einfluss des **wahrgenommenen Risikos** auf die Nutzungsabsicht ist bei Chatbot-unerfahrenen Personen deutlich stärker ausgeprägt als bei Chatbot-erfahrenen Personen. Dennoch musste die dazugehörige Hypothese falsifiziert werden, da sich der Einfluss von *WR* auf *NA* bei Chatbot-erfahrenen Personen als nicht signifikant herausstellte. Wiederum konnte bestätigt werden, dass der Einfluss der **erwarteten Vertrauenswürdigkeit** auf die Absicht einen Chatbot bei der Reiseplanung im Internet nutzen zu wollen bei Frauen und Chatbot-unerfahrenen Personen höher ist als bei Männern und Chatbot-erfahrenen Personen.

7.2 Implikationen

Wenn ein Reiseunternehmen im Bereich der virtuellen Reiseberatung den Mitbewerbern einen Schritt voraus sein und sich von diesen entscheidend differenzieren möchte, muss ein eingesetzter Chatbot dem Kunden einen klaren **Mehrwert** bei der Reiseplanung im Internet bieten. Dieser Mehrwert muss vom Kunden aktiv wahrgenommen und von einer gewissen Dauer sein.[461] Damit dies gelingt, müssen die Programmierung und Implementierung eines Reiseberater-Chatbots gezielter

---

[461] Vgl. Hebenstreit, 2017; Nimphius & Eckhold, 2018, S. 52.

an die **Bedürfnisse** der zukünftigen Nutzer angepasst werden. Hierzu können die Erkenntnisse dieser empirischen Forschung als wichtige Orientierungshilfe für Reiseunternehmen genutzt werden, die planen einen Chatbot auf ihrer Webseite als virtuellen Reiseberater anzubieten.

Die Ergebnisse dieser Studie verdeutlichen, dass funktionale Aspekte eines Chatbots und hierbei vor allem die **Interpretationsfähigkeit** des Systems für die Nutzungsbereitschaft einen ausschlaggebenden Einflussfaktor darstellen. Zwar können moderne Chatbots heutzutage größere Datenmengen schneller verarbeiten, doch die korrekte Interpretation natürlicher Sprache stellt weiterhin das größte Hindernis bei der Interkation mit Chatbots dar.[462] In Deutschland sind derzeit hauptsächlich regelbasierte Chatbots zu finden, wodurch sich die Technologie für Verbraucher eher als eine Art unterhaltsameres *FAQ*-System darstellt.[463] Auf Basis der Studienergebnisse sollten Unternehmen daher zukünftig bei der Entwicklung von Chatbots in den Einsatz von **künstlicher Intelligenz**, wie *Natural-Language-Processing* und *Machine Learning*, investieren, um die Leistungs- und Interpretationsfähigkeit der digitalen Assistenten zu optimieren. Somit können die Potenziale der Technologie besser ausgeschöpft sowie die Nutzungsbereitschaft und Akzeptanz der Kunden gegenüber Chatbots erhöht werden.[464]

Die Besonderheit im Tourismus ist es, dass eine Reise – aufgrund der erläuterten spezifischen Merkmale – ein **High-Involvement- und immaterielles Erfahrungsprodukt** ist und anstatt Waren sozusagen Emotionen verkauft werden.[465] Dadurch weist die Beratung für eine Urlaubsreise eine vergleichsweise höhere Intensität und Komplexität auf als z. B. die Verkaufsberatung für Bekleidung.[466] Dem Berater in einem Reisebüro kommt die wichtige Aufgabe zu, dem Kunden seine Zuverlässigkeit und Glaubwürdigkeit unter Beweis zu stellen, um diesen von der Buchung einer Urlaubsreise zu überzeugen.[467] Die Studienergebnisse haben gezeigt, dass von einem Chatbot – obwohl es sich um ein Computerprogramm handelt – ebenfalls Wohlwollen und Integrität gewünscht werden. Ein Reiseberater-Chatbot gilt

---

[462] Vgl. Braun, 2003, S. 8; Shawar & Atwell, 2007, S. 39; Storp, 2002, S. 18; Piyush, Choudhury & Kumar, 2016, S. 326.
[463] Vgl. Kühl, 2016; Dirksen & Schrills, 2018, S. 41; Tißler, 2018; Augsburger Allgemeine, 2019; Weck, 2018.
[464] Vgl. Litzel, 2018; Jänisch, 2019; Goasduff, 2019; Grand View Research, Inc., 2017.
[465] Vgl. Foscht & Swoboda, 2007, S. 22; Trommsdorff, 2002, S. 127; Freyer, 2011, S. 135.
[466] Vgl. Niemetz, 2016.
[467] Vgl. Freyer, 2011, S. 344.

für einen Nutzer vor allem dann als vertrauenswürdig, wenn er sich auf die Richtigkeit, Gültigkeit und Aktualität der Reiseinformationen und Reiseangebote verlassen kann, die er vom Chatbot im Chatfenster zur Verfügung gestellt bekommt. Auch in einem Reisekatalog oder auf einer Reisewebseite sind diese Aspekte wichtig, damit der Nutzer keine fehlerhafte Buchung tätigt. Daher sollten Reiseunternehmen die erwartete **Vertrauenswürdigkeit** als Einflussfaktor auf die Nutzungsabsicht – insbesondere in einer vergleichsweise risikobehafteten Branche wie dem Tourismus – nicht unterschätzen[468] und die Informationen in den internen Datenbanken, auf welche der Chatbot zugreift, einer stetigen Qualitätskontrolle unterziehen.

Eine weitere Handlungsempfehlung ist die klare und verständliche Kommunikation der Funktionen und Vorteile eines Chatbots auf der Reisewebseite. Besonders bei bisher **Chatbot-unerfahrenen Personen,** zu welchen überwiegend ältere Personen und Frauen zählen, kann dies dabei helfen, dass das wahrgenommene Risiko bezüglich einer Chatbot-Nutzung zur Reiseplanung im Internet minimiert werden kann.

Im Allgemeinen zeigen sich nach der Durchführung von Gruppenmittelwertvergleichen **keine signifikanten Unterschiede** in der durchschnittlichen Nutzungsabsicht zwischen Männern und Frauen, jüngeren und älteren sowie Chatbot-erfahrenen und Chatbot-unerfahrenen Personen. Unternehmen sollten daher keine der untersuchten Personengruppen als mögliche Zielgruppe für die Nutzung eines Reiseberater-Chatbots bevorzugen oder ausschließen.

Abschließend ist hervorzuheben, dass es nicht ratsam ist einen menschlichen Kundenservice-Mitarbeiter vollständig durch einen Chatbot ersetzen zu wollen. Vielmehr sollte ein Unternehmen auf ein **nützliches Zusammenspiel** aus virtuellem und realem Berater setzen, um Synergien zu erzielen und die Beratungsqualität insgesamt zu steigern.[469] Dementsprechend ist ein **hybrider Ansatz** für den Einsatz eines Chatbots zu empfehlen. Dies bedeutet, dass der initiale Kontakt zwischen Unternehmen und Kunden zunächst per textbasiertem Chatbot stattfindet und einfache Anfragen bereits automatisiert durch den digitalen Assistenten abgearbeitet werden können, um den Kundenservice zu entlasten. Wenn die Anfragen des Kunden für den Chatbot zu komplex werden, sollte das Gespräch an einen mensch-

---

[468] Vgl. Büttner & Göritz, 2008, S. 47.
[469] Vgl. Hebenstreit, 2017; Klar, 2018; Heins, 2017; Gentsch, 2018, S. 10 f.; Herfurth, 2019.

lichen Servicemitarbeiter übergeben werden (***Human Fallback***).[470] In diesem Zusammenhang kann Künstliche Intelligenz eines Chatbots auch derart verstanden werden, dass er in der Lage sein sollte anhand der Eingaben des Nutzers selbstständig zu erkennen, wann ein Eingriff durch einen menschlichen Servicemitarbeiter nötig ist, bevor der Kunde frustriert und verärgert das Chatfenster schließt.[471]

7.3 Limitationen und Forschungsausblick

In dieser Studie wurde die Chatbot-Akzeptanz im Tourismus zu einem festgelegten Zeitpunkt (Sommer 2019) untersucht. Da sich die Dauer einer Beziehung und das Entwicklungsstadium einer Technologie beeinflussend auf das Risiko- und Vertrauenskonstrukt und deren Effekte auf die Nutzungsabsicht auswirken kann[472], sollte diese **zeitliche Komponente** nicht vernachlässigt werden. Zukünftig sollten mehrere Untersuchungen zu unterschiedlichen Zeitpunkten durchgeführt und die Erkenntnisse von Studien aus der Früh- mit denen aus der Reifephase der Chatbot-Technologie verglichen werden.

Auch wenn die Aktivierung von *Cookies* in der Umfragesoftware *EFS Survey* und das Vergeben einer eindeutigen *Session ID* je Teilnehmer erfolgte, konnte das Auftreten von **Mehrfachteilnahmen** nicht vollständig verhindert werden. Wenn eine Person den Umfragelink erneut mit einem anderen Endgerät öffnete oder die Cookies im Browserverlauf löschte, war eine erneute Teilnahme möglich.[473] Bei der Durchführung von zukünftigen Online-Umfragen könnte dieser Problematik durch die Generierung eines individuellen Zugangscode aus Bestandteilen persönlicher Informationen je Proband entgegengewirkt werden.[474]

Da keine signifikanten Unterschiede der durchschnittlichen Nutzungsabsicht zwischen den untersuchten Alters-, Geschlechts- und Erfahrungsgruppen festgestellt werden konnten, sollten andere Forscher den Versuch unternehmen alternative **soziodemografische und personenbezogene Eigenschaften** zu ermitteln, die sich möglicherweise diskriminierend auf die Bereitschaft auswirken einen Chatbot nutzen zu wollen. Im Zuge dessen sollten geschlechter- und altersspezifische

---

[470] Vgl. Niemetz, 2016; Onlim GmbH, 2018, S. 7; Tuzovic & Paluch, 2018, S. 17.
[471] Vgl. Tißler, 2018.
[472] Vgl. Büttner & Göritz, 2008, S. 45; Schoorman, Mayer & Davis, 2007, S. 346; Yang et al., 2015, S. 14.
[473] Vgl. Ryte GmbH, 2019a; Ryte GmbH, 2019b.
[474] Vgl. SoSci Survey GmbH, 2019.

Stereotypen beachtet und kritisch hinterfragt werden. Das Thema Gleichberechtigung wird auch in Bezug auf die Digitalisierung verstärkt debattiert. Zwar gibt es noch einen Unterschied in der digitalen Kompetenz zwischen Männern und Frauen, doch dieser wird stetig geringer.[475] Die *Generation Y* der *Millennials/Digital Natives*[476] ist zwar mit verschiedenen Internet- und Computertechnologien aufgewachsen[477], doch dies bedeutet nicht zwangsläufig, dass sie hierzu ein tiefergehendes Fachwissen erlangt haben.[478] Studien ergaben beispielweise, dass sie aufgrund mangelnder Kenntnisse bezüglich des Datenschutzes und riskanterer Verhaltenswiesen anfälliger für Online-Betrug sind als Senioren.[479]

Nach der Durchführung der konfirmatorischen Faktorenanalyse durften die Konstrukte erster Ordnung *psychologisches Risiko* und *Menschenähnlichkeit* aufgrund der Nichterfüllung der erforderlichen **Reliabilitätsgrenzwerte** nicht zu ihren jeweiligen übergeordneten Konstrukten zweiter Ordnung indexiert werden. Für die Operationalisierung des psychologischen Risikos im Chatbot-Kontext konnte sich nur in geringem Maße an bereits etablierten Indikatoren aus anderen Studien, wie z. B. von *FEATHERMAN/PAVLOU* (2003), orientiert werden. Dieser Aspekt scheint die mangelnde Güte des psychologischen Risikos zu bedingen. Ähnlich ist dies bei der Menschenähnlichkeit. Hierbei zeigte sich zusätzlich die Problematik, dass nicht alle vier Items auf einen gemeinsamen Faktor laden. Die **Querladungen** deuteten darauf hin, dass sich die Menschenähnlichkeit aus zwei Dimensionen zusammensetzt. Zum einen aus einer menschenähnlichen Kommunikation und zum anderen aus einer menschenähnlichen Erscheinung. Erschwerend kommt bei dem Konstrukt hinzu, dass es bisher noch nicht als eine Dimension der Vertrauenswürdigkeit untersucht wurde.

Diese Forschungseinschränkungen bieten wiederum wertvolle Anknüpfungspunkte für nachfolgende Forschungen zur Chatbot-Akzeptanz. Es sollte zunächst eine **explorative Faktorenanalyse** durchgeführt werden, um geeignete Items für die Messung der Menschenähnlichkeit und des psychologischen Risikos im Chatbot-Kontext zu ermitteln. In diesem Zusammenhang sollte zudem den aufge-

---

[475] Vgl. Schwarze, 2017, S. 89; Initiative D21 e.V., 2019, S. 40 f.
[476] Generation, die im Zeitraum der frühen 1980er bis zu den späten 1990er Jahren geboren wurde.
[477] Vgl. Solomon, 2013, S. 493.
[478] Vgl. it-daily.net, 2018.
[479] Vgl. NortonLifeLock Inc., 2019; it-daily.net, 2018.

tretenen Querladungen bei der Menschen-ähnlichkeit nachgegangen werden. Des Weiteren sollte die Menschenähnlichkeit dahingehend betrachtet werden, dass sie womöglich keine Dimension, sondern eine Determinante der Vertrauenswürdigkeit darstellt.

Interessanterweise zeigte sich nur ein schwacher Einfluss des **wahrgenommenen Risikos** auf die Nutzungsabsicht. Diese Erkenntnis eröffnet die spannende Diskussion, inwiefern die Berücksichtigung dieses Konstruktes zur Erforschung der Akzeptanz von Internettechnologien im Jahr 2019 noch zeitgemäß ist. Verbraucher sind mittlerweile im Alltag von vielen internetbasierten Services umgeben und werden im Umgang mit diesen immer vertrauter, sodass sie möglicherweise negativ auftretende Folgen besser einschätzen können.[480] Es könnte vermutet werden, dass Verbrauchern durchaus bewusst ist, dass bei der Nutzung von neuen Technologien Risiken vorhanden sind (z. B. Datenmissbrauch), aber solange ihnen die Technologie einen Mehrwert bietet, nehmen sie dies in Kauf. Eher scheint es Verbrauchern wichtig zu sein, dass sie dem Unternehmen vertrauen können, dass dieses nicht zu ihrem Nachteil agiert und z. B. gespeicherte Daten nicht an unbefugte Dritte gelangen. Womöglich spielt das Vertrauenskonstrukt zur Untersuchung der Akzeptanz von internetbasierten Services eine zunehmend wichtigere Rolle.[481]

An dieser Stelle ist überdies zu erwähnen, dass kein signifikanter Einfluss der erwarteten Vertrauenswürdigkeit auf das wahrgenommene Risiko festgestellt werden konnte. Die Argumentation für die Entscheidung dem Risiko, anstatt dem Vertrauen die Mediatorrolle zuzuschreiben, sollte erneut geprüft werden. Zukünftige Forschungen sollten vermehrt das **Vertrauenskonstrukt** in Technologieakzeptanzmodelle integrieren und dessen Einfluss auf die Nutzungsabsicht untersuchen und den Versuch unternehmen die Beziehung zwischen den Konstrukten *Risiko* und *Vertrauen* im Chatbot-Kontext tiefergehender zu beleuchten.

Auch wenn der Fokus dieser Arbeit nicht darauf lag die Varianz der abhängigen Variable *Nutzungsabsicht* bestmöglich durch die Varianz der unabhängigen Variablen *Leistungserwartung*, *wahrgenommenes Risiko* und *erwartete Vertrauenswürdigkeit* zu erklären, so ist der ermittelte $korR^2$-Wert mit 0,564*** dennoch verbesserungswürdig. Interessant wäre gewesen, ob das Einbeziehen der Dimensionen *Menschenähnlichkeit* und *psychologisches Risiko* den $korR^2$-Wert verbessert hätten.

---

[480] Vgl. Goasduff, 2019; Initiative D21 e.V., 2019, S. 26 f.
[481] Vgl. Schulz, Büttner & Silberer, 2009, S. 15.

Forscher sollten in zukünftigen Untersuchungen zur Chatbot-Akzeptanz **weitere relevante Einflussfaktoren** auf die Nutzungsabsicht ermitteln und ein alternatives Modell entwickeln, welches die Varianz der abhängigen Variable besser vorhersagen kann. Zu beachten ist außerdem, dass sich diese empirische Untersuchung explizit auf die Tourismusbranche fokussiert hat. Weitere Forschungen zur Chatbot-Akzeptanz für **andere Branchen oder branchenunabhängig** sind als Ergänzung bzw. Erweiterung zu dieser Studie entsprechend angebracht.

Eine letzte Forschungseinschränkung ergibt sich durch die Art der Verbreitung des Umfragelinks. Diese ist nicht in Zusammenarbeit mit einem Panel-Anbieter, sondern eigens über verschiedene Plattformen bzw. Communities erfolgt, in welchen insbesondere Studierende aktiv sind. Zum einen konnten dadurch die Quotenklassen nicht entsprechend der Vorgabe befüllt werden und zum anderen wurde eine starke **Ungleichverteilung** der Merkmale Geschlecht und Alter verursacht. Diese beiden Aspekte bewirken, dass die Ergebnisse als **nicht-repräsentativ** für die festgelegte Grundgesamtheit angesehen werden können und die Aussagekraft der festgestellten Moderationseffekte eingeschränkt ist. Dies bedeutet allerdings nicht, dass die Ergebnisse dieser empirischen Analyse keine hohe Relevanz aufweisen. Sie dienen als wichtige Orientierungshilfe für Reiseunternehmen, die planen einen Reiseberater-Chatbot auf ihrer Webseite anzubieten und schaffen eine entscheidende Basis für die Erforschung der Chatbot-Akzeptanz im Tourismus. Eine erneute Untersuchung in diesem Forschungskontext sollte dennoch in Kooperation mit einem **Panel-Anbieter** erfolgen, um eine angestrebte Repräsentativität der Ergebnisse für die festgelegte Grundgesamtheit zu ermöglichen.

Schlussendlich ist festzustellen, dass im Bereich der Chatbot-Akzeptanz insgesamt noch ein **großer Forschungsbedarf** besteht. Das neu aufgekommene Interesse an Chatbots mehr als 50 Jahre nach der Veröffentlichung des ersten Chatbots *ELIZA* von *Joseph Weizenbaum* hat eine neue spannende und interessante Phase der digitalen Transformation eröffnet.[482] Damit sich Chatbots tatsächlich – wie von Online- und IT-Experten sowie Marktforschungs-unternehmen prognostiziert – zu einer neuen Generation von Informations- und Kommunikationssystemen entwickeln und in der Lage sind den digitalen Kundenservice zu optimieren, müssen Unter-

---

[482] Vgl. Gentsch, 2018, S. 10 f.; USU Software AG, 2017.

nehmen stärker in die Technologie investieren und sich die Verbreitung von KI-basierten Chatbots deutlich erhöhen.[483]

Mit dieser Arbeit wurden **wichtige Grundlagen** zur Erforschung der Akzeptanz von Chatbots im Tourismus geschaffen, indem mittels eines Kausalmodells die postulierten Einflüsse der Leistungswartung, des wahrgenommenen Risikos und der erwarteten Vertrauenswürdigkeit auf die Absicht einer Person einen Chatbot bei der Reiseplanung im Internet zu nutzen, nachgewiesen werden konnten. Damit wurde ein **bedeutender Beitrag** zur Schließung der eingangs aufgezeigten Forschungslücke geleistet. Auf den Erkenntnissen dieser Studie können nachfolgende empirische Untersuchungen aufbauen, um die Bereitschaft von Personen zukünftig einen (Reiseberater-)Chatbot nutzen zu wollen, tiefergehender zu analysieren.

---

[483] Vgl. Försch, 2018; Zumstein & Hundertmark, 2018, S. 108; Gögele, 2018; Herfurth, 2019; Tenios GmbH, 2019.

Literaturverzeichnis

Ahlert, D., Evanschitzky, H. & Hesse, J. (2004). Konsumentenverhalten im Internet: Die E-Zufriedenheit. In K.-P. Wiedmann, H. Buxel, T. Frenzel & G. Walsh, *Konsumentenverhalten im Internet: Konzepte - Erfahrungen - Methoden* (S. 121-139). Wiesbaden: Betriebswirtschaftlicher Verlag Dr. Th. Gabler/GWV Fachverlage GmbH.

Albers, S. & Götz, O. (2006). Messmodelle mit Konstrukten zweiter Ordnung in der betriebswirtschaftlichen Forschung. *Die Betriebswirtschaft*, Vol. 66, No. 6, S. 669-677.

Alwahaishi, S. & Snasel, V. (2013). Modeling the Determinants Affecting Consumers' Acceptance and Use of Information and Communications Technology. *International Journal of E-Adoption*, Vol. 5, No. 2, S. 25-39.

Anderson, J. F., Hair Jr., W. C., Black, B. J. & Babin, R. E. (2014). Multivariate Data Analysis (7. Ausg.). Essex: Pearson Education Limited.

Appfigures. (2019). Anzahl der verfügbaren Apps in den Top App-Stores im 2. Quartal 2019. (Statista) Abgerufen am 17. September 2019 von *https://de.statista.com/statistik/daten/studie/208599/umfrage/anzahl-der-apps-in-den-top-app-stores/*

ARD/ZDF-Forschungskommission. (2019a). Key Facts der ARD/ZDF-Onlinestudie 2019. Abgerufen am 19. Juni 2019 von *http://www.ard-zdf-onlinestudie.de/ardzdf-onlinestudie-2019/infografik/*

ARD/ZDF-Forschungskommission. (2019b). Onlinenutzung Internetnutzer* in Deutschland 2015 bis 2019. Abgerufen am 19. Juni 2019 von *http://www.ard-zdf-onlinestudie.de/onlinenutzung/internetnutzer/in-mio/*

Augsburger Allgemeine. (2019). Urlaubsplanung der Zukunft. (Presse-Druck- und Verlags-GmbH) Abgerufen am 14. Mai 2019 von *https://www.augsburger-allgemeine.de/themenwelten/reise-urlaub/Beratung-vom-Chatbot-Ich-habe-5291-Flugangebote-fuer-Sie-id40823416.html*

Backhaus, K., Erichson, B. & Weiber, R. (2015). Fortgeschrittene Multivariate Analysemethoden: Eine anwendungsorientierte Einführung. Berlin: Springer-Verlag.

Backhaus, K., Erichson, B., Plinke, W. & Weiber, R. (2018). Multivariate Analysemethoden: Eine anwendungsorientierte Einführung (15. Ausg.). Berlin: Springer-Verlag.

Bauer, H. H. & Sauer, N. E. (2004). Internetnutzungs- und Online-Kaufverhalten in Deutschland und den USA. In K.-P. Wiedmann, H. Buxel, T. Frenzel & G. Walsh, *Konsumentenverhalten im Internet: Konzepte - Erfahrungen - Methoden* (S. 37-53). Wiesbaden: Betriebswirtschaftlicher Verlag Dr. Th. Gabler/GWV Fachverlage GmbH.

Bauer, P. C. & Freitag, M. (2017). Measuring Trust. The Oxford Handbook of Social and Political Trust, S. 1-30.

Becerra, M. & Gupta, A. (2002). Perceived Trustworthiness Within the Organization: The Moderating Impact of Communication Frequency on Trustor and Trustee Effects. *IE Working Paper.*

Bitkom e.V. (2017). Jeder Vierte will Chatbots nutzen. Abgerufen am 14. Mai 2019 von *https://www.bitkom.org/Presse/Presseinformation/Jeder-Vierte-will-Chatbots-nutzen.html*

Boden, C., Fischer, J., Herbig, K., Liebe, J. & Sinning, H. (2006). Chatbots als Instrument der Planungskommunikation – Chancen, Anforderungen und Perspektiven. *Conference Paper.* Fachhochschule Erfurt.

Bortz, J. & Schuster, C. (2010). Statistik für Human- und Sozialwissenschaftlicher (7. Ausg.). Berlin: Springer-Verlag.

Botsify. (2019). Human Handover and Takeover. Abgerufen am 19. Juni 2019 von *https://botsify.com/human-takeover*

Brandtzaeg, P. B. & Folstad, A. (2017). Why people use chatbots? *Proceedings of the 4th International Conference on Internet Science*, S. 1-18.

Braun, A. (2003). Chatbots in der Kundenkommunikation. Berlin: Springer-Verlag.

Brückmann, M. (2017). ChatBots aus der Hölle: Hype oder sind Conversational Interfaces wirklich die Zukunft? (konversionsKRAFT | Web Arts AG) Abgerufen am 20. September 2019 von *https://www.konversionskraft.de/trends/sind-conversational-interfaces-wirklich-die-zukunft.html*

Brunotte, N. (2017). Chatbots: Was ist bei der Revolution im Kundenservice zu beachten? (ComputerWeekly.de) Abgerufen am 15. September 2019 von *https://www.computerweekly.com/de/meinung/Chatbots-Was-ist-bei-der-Revolution-im-Kundenservice-zu-beachten*

Buckstegen, N. (2017). Kommunikation per Chatbot: Für jeden Zweiten vorstellbar. (YouGov Deutschland GmbH) Abgerufen am 14. Mai 2019 von *https://yougov.de/news/2017/09/04/kommunikation-chatbot-fur-jeden-zweiten-vorstellba/*

Büttner, O. B. & Göritz, A. S. (2008). Perceived trustworthiness of online shops. *Journal of Consumer Behaviour*, Vol. 7, S. 35-50.

Büttner, O. B., Schulz, S. & Silberer, G. (2006). Vertrauen, Risiko und Usability bei der Nutzung von Internetapotheken. In H. Bauer, M. M. Neumann & A. Schüle, *Konsumentenverhalten. Konzepte und Anwendungen für ein nachhaltiges Kundenbindungsmanagement* (S. 355-366). München: Verlag Vahlen.

Casalo, L. V., Flavian, C. & Guinaliu, M. (2007). The Influence of Satisfaction, Perceived Reputation and Trust on a Consumer's Commitment to a Website. *Journal of Marketing Communications*, Vol. 13, No. 1, S. 1-17.

ChannelAdvisor. (2018). Wie Händler es einfach schaffen, Kunden an die eigene App zu binden. Abgerufen am 17. September 2019 von *https://www.channeladvisor.de/blog/industry-trends/wie-haendler-es-einfach-schaffen-kunden-an-die-eigene-app-zu-binden/*

Choi, J., Lee, A. & Ok, C. (2013). The Effects of Consumers' Perceived Risk and Benefit on Attitude and Behavioral Intention - A Study of Street Food. *Journal of Travel & Tourism Marketing*, Vol. 30, No. 3, S. 222-237.

Cleff, T. (2015). Deskriptive Statistik und Explorative Datenanalyse: Eine computergestützte Einführung mit Excel, SPSS und STATA (3. Ausg.). Wiesbaden: Springer Fachmedien GmbH.

Crawford, J. (2017). How airlines are using chatbots to take their service to a higher altitude. (Chatbots Magazine by OCTANE AI) Abgerufen am 19. Juni 2019 von *https://chatbotsmagazine.com/how-airlines-are-using-chatbots-to-take-their-service-to-a-higher-altitude-57d31e7ddd6b*

Cui, L., Huang, S., Wei, F., Tan, C., Duan, C. & Zhou, M. (2017). Super Agent: A Customer Service Chatbot for E-commerce Websites. *Proceedings of the 55th Annual Meeting of the Association for Computational Linguistics-System Demonstrations*, S. 97-102.

Davis, F. D. (1989). Perceived Usefulness, Perceived Ease of Use, and User Acceptance of Information Technology. *MIS Quarterly*, Vol. 13, No. 3, S. 319-340.

Davis, F. D., Bagozzi, R. P. & Warshaw, P. R. (1989). User Acceptance of Computer Technology: A Comparison of Two Theoretical Models. *Management Science*, Vol. 35, No. 8, S. 982-1003.

Deutscher Reiseverband. (2019). Der deutsche Reisemarkt - Zahlen und Fakten 2018. Berlin. Abgerufen am 17. Juli 2019 von *https://www.drv.de/public/FuZ/19-09-04_DRV_ZahlenFakten_2018_FINAL_190816.pdf*

DIM Deutsches Institut für Marketing GmbH. (2019). Chatbots – Die Zukunft der Kundenkommunikation?! Abgerufen am 15. Mai 2019 von *https://www.marketinginstitut.biz/blog/chatbots/*

Dirksen, J. K. & Schrills, J. N. (2018). Die Bedeutung von Chatbots im Kundenservice - Einsatzmöglichkeiten, Akzeptanz und Erfolgsfaktoren. Aachen: Shaker Verlag.

Dowling, G. R. & Stealin, R. (1994). A Model of Perceived Risk and Intended Risk-Handling Activity. *Journal of Consumer Research*, Vol. 21, No. 1, S. 119-134.

Dresler, F. (2017). Warum Chatbots Apps ablösen werden. (1000°DIGITAL GmbH) Abgerufen am 28. Mai 2019 von *https://home.1000grad.de/blog/news/warum-chatbots-apps-abloesen-werden/*

Dresler, F. (2018). Chatbots – nur aufgewärmte Technologie aus den 60er Jahren? (1000°DIGITAL GmbH) Abgerufen am 27. Mai 2019 von *https://home.1000grad.de/blog/bot/chatbots-nur-aufgewaermte-technologie-aus-den-60er-jahren/*

Featherman, M. S. & Pavlou, P. A. (2003). Predicting e-services adoption - a perceived risk facets perspective. *International Journal Human-Computer Studies*, Vol. 59, S. 451-474.

Fittkau & Maaß Consulting GmbH. (2017). Chatbots und Social Bots - Report für Developer Week. 44. WWW-Benutzer-Analyse W3B. Neue Mediengesellschaft Ulm mbH.

Flavian, C. & Guinaliu, M. (2006). Consumer trust, perceived security and privacy policy - Three basic elements of loyalty to a web site. *Industrial Management & Data Systems*, Vol. 106, No. 5, S. 601-620.

Folarin, T. O. & Ogundare, E. A. (2016). Influence of Customers' Perceived Risk on Online-Shopping Intention in Malaysia's Apparel Industry. *International Journal of Information System and Engineering*, Vol. 4, No. 2, S. 69-81.

Folstad, A., Nordheim, C. B. & Bjorkli, C. A. (2018). What Makes Users Trust a Chatbot for Customer Service - An Exploratory Interview Study. *Proceedings of the Fifth International Confer-ence on Internet Science*, S. 1-15.

Försch, M. (2018). Chatbots und Künstliche Intelligenz: Was ist heute schon möglich und was ist dran, am Hype um Chatbots? (Alexander Thamm GmbH) Abgerufen am 4. Juni 2019 von https://www.alexanderthamm.com/de/artikel/chatbots-und-kuenstliche-intelligenz-hype-um-chatbots/

Fortes, N., Rita, P. & Pagani, M. (2017). The effects of privacy concerns, perceived risk and trust on online purchasing behaviour. *International Journal of Internet Marketing and Advertising*, Vol. 11, No. 4, S. 307-329.

Foscht, T. & Swoboda, B. (2007). Käuferverhalten: Grundlagen - Perspektiven - Anwendungen (3. Ausg.). Wiesbaden: Gabler | GWV Fachverlage GmbH.

Freyer, W. (2011). Tourismus: Einführung in die Fremdenverkehrsökonomie (10. Ausg.). München: Oldenbourg Verlag.

Froy, A. (2019). Why The World Needs Trustworthy Chatbots. (Towards Data Science) Abgerufen am 17. Juni 2019 von https://towardsdatascience.com/why-the-world-needs-trustworthy-chatbots-aab5db94dbf8

Gabler Wirtschaftslexikon. (2018). Definition Künstliche Intelligenz. (Springer Fachmedien Wiesbaden GmbH) Abgerufen am 20. Dezember 2019 von https://wirtschaftslexikon.gabler.de/definition/kuenstliche-intelligenz-ki-40285

Galert, A. (2018). Chatbot Report 2018: Global Trends and Analysis. (Chatbots Magazine by OCTANE AI) Abgerufen am 15. Mai 2019 von https://chatbotsmagazine.com/chatbot-report-2018-global-trends-and-analysis-4d8bbe4d924b

Gefen, D., Srinivasan Rao, V. & Tractinsky, N. (2003). The Conceptualization of Trust, Risk and Their Relationship in Electronic Commerce: The Need for Clarifications. *Proceedings of the 36th Hawaii International Conference on System Sciences*, S. 1-10.

Gelbrich, K., Wünschmann, S. & Müller, S. (2008). Erfolgsfaktoren des Marketing. München: Verlag Franz Vahlen GmbH.

Gentsch, P. (2018). (Chat)bots meet AI – wie Conversational Customer Service die Kommunikation und Interaktion verändert. In Marketing Resultant GmbH, Chatbots & AI im Customer Service (S. 1-11). Mainz. Abgerufen am 20. Juni 2019 von *https://marketing-resultant.de/wp-content/uploads/ebook_Chatbots_FEB2018-1.pdf*

Goasduff, L. (2019). Chatbots Will Appeal to Modern Workers. (Gartner, Inc.) Abgerufen am 24. Oktober 2019 von *https://www.gartner.com/smarterwithgartner/chatbots-will-appeal-to-modern-workers/*

Gögele, A. (2018). Chatbots - Chancen und Anwendungsbereiche im Tourismus. (ADDITIVE d. Ebner Matthias & Leiter Joachim OHG) Abgerufen am 10. Mai 2019 von *https://www.additive.eu/beitraege/chatbots-chancen-und-anwendungsbereiche-im-tourismus.html*

Grand View Research, Inc. (2017). Chatbot Market Size To Reach $1.25 Billion By 2025 | CAGR: 24.3%. Abgerufen am 17. Juni 2019 von *https://www.grandviewresearch.com/press-release/global-chatbot-market*

Green, S. (1991). How Many Subjects Does it Take to Do a Regression Analysis? *Multivariate Behavioral Research*, Vol. 26 ; No. 3, 499-510.

Gruner+Jahr GmbH. (2019). G+J MOBILE 360° STUDIE: ERGEBNISSE DER PANELBEFRAGUNG 2019. Abgerufen am 18. September 2019 von *https://www.gujmedia.de/fileadmin/Media-Research/Mobile-Studien/mobile_studie_360_grad_2019.pdf*

Haas, M. (2018). Smartphone-Markt: Konjunktur und Trends. (Bitkom e.V.) Abgerufen am 17. September 2019 von *https://www.bitkom.org/sites/default/files/file/import/Bitkom-Pressekonferenz-Smartphone-Markt-22-02-2018-Praesentation-final.pdf*

Hartmann, F. G. & Lois, D. (2015). Hypothesen Testen: Eine Einführung für Bachelorstudierende sozialwissenschaftlicher Fächer. Wiesbaden: Springer Fachmedien GmbH.

Hebenstreit, K. (2017). Chatbots – Einsatz im Unternehmen (Analyse). Abgerufen am 6. Juni 2019 von *https://www.manymize.com/chatbots-analyse*

Heinemann, E. (2017). EFFEKTIVER EINSATZ VON CHATBOTS FÜR HOTELS. (mittelstand digital) Abgerufen am 22. Juli 2019 von *https://migital.de/effektiver-einsatz-von-chatbots-fuer-hotels/*

Heinemann, G. (2017). Der neue Online-Handel: Geschäftsmodell und Kanalexzellenz im Digital Commerce (8. Ausg.). Wiesbaden: Springer Fachmedien GmbH.

Heinemann, G. (2018). Die Neuausrichtung des App- und Smartphone-Shopping: Mobile Commerce, Mobile Payment, LBS, Social Apps und Chatbots im Handel. Wiesbaden: Springer Fachmedien GmbH.

Heins, B. (2017). Tipps für die Chatbots-Akzeptanz. (IT-Matchmaker | Trovarit AG) Abgerufen am 5. Mai 2019 von *https://www.it-matchmaker.com/news/tipps-fuer-die-chatbots-akzeptanz/*

Henn, H. (2018). Chatbots/AI und Customer Service: Just married. In Marketing Resultant GmbH, Chatbots & AI im Customer Service (S. 12-15). Mainz. Abgerufen am 20. Juni 2019 von *https://marketing-resultant.de/wp-content/uploads/eBook_Chatbots_FEB2018-1.pdf*

Herfurth, D. (2019). Wie Chatbots dank Künstlicher Intelligenz den Kundendialog verbessern. (Management Circle AG) Abgerufen am 4. Juni 2019 von *https://www.management-circle.de/blog/wie-chatbots-dank-kuenstlicher-intelligenz-den-kundendialog-verbessern/*

Herrera, S. (2016). Vom Tourismus zum E-Tourismus – Wie die digitale Transformation das Reisen verändert [5 Lesetipps]. (handelskraft.de) Abgerufen am 22. Juli 2019 von *https://www.handelskraft.de/2016/07/vom-tourismus-zum-e-tourismus-wie-die-digitale-transformation-das-reisen-veraendert-5-lesetipps/*

idealo internet GmbH. (2019). E-COMMERCE-TRENDS 2019: Wünsche und Ängste von Online-Shoppern. Abgerufen am 20. Juni 2019 von *https://www.idealo.de/unternehmen/wp-content/uploads/sites/33/2019/01/2019-01-29_Whitepaper_E-Commerce-Trends-2019.pdf*

Initiative D21 e.V. (2019). D21 Digital Index 2018/2019: Jährliches Lagebild zur Digitalen Gesellschaft. Abgerufen am 18. September 2019 von *https://initiatived21.de/app/uploads/2019/01/d21_index2018_2019.pdf*

interface medien GmbH. (2017). Akzeptanz von Chatbots im E-Commerce. (econda GmbH) Abgerufen am 16. Mai 2019 von *https://www.econda.de/2017/05/gastbeitrag-akzeptanz-von-chatbots-im-e-commerce/*

it-daily.net. (2018). Online-Betrug: Millennials anfälliger als Senioren. (IT Verlag für Informationstechnik GmbH) Abgerufen am 23. Oktober 2019 von *https://www.it-daily.net/shortnews/18107-online-betrug-millennials-anfaelliger-als-senioren*

Jänisch, R. (2018). Warum Chatbots im Tourismus smarte Dienste leisten. (IOX GmbH) Abgerufen am 14. Mai 2019 von *https://www.iox.bot/chatbots-im-tourismus/*

Jänisch, R. (2019). Chatbots und KI in 2019 – Das erwartet uns! (IOX GmbH) Abgerufen am 14. Mai 2019 von *https://www.iox.bot/chatbots-und-ki-in-2019-das-erwartet-uns/*

Juchum, K. (2018). Chatbots im Tourismus. (zadego GmbH) Abgerufen am 17. Mai 2019 von *https://blog.easybooking.at/chatbots-im-tourismus/*

Jung, J. & Niemeyer, S. (2017). Künstliche Intelligenz im Tourismus. Bremen: neusta eTourism GmbH. Abgerufen am 20. Juni 2019 von *https://www.neugiermarketing.de/ebook/ebook-chatbots-neusta.pdf*

KAYAK.com. (2016). NEU: KAYAK-Reisesuche über Facebook Messenger. Abgerufen am 12. September 2019 von *https://www.kayak.de/news/kayak-facebook-messenger/*

KAYAK.com. (2017). Was Chatbots wirklich können müssen. Abgerufen am 12. September 2019 von https://www.kayak.de/news/was-chatbots-wirklich-koennen-muessen/

Kemper, F. (2018). WhatsApp öffnet Schnittstelle für CRM-Systeme. (INTERNET WORLD Business | Ebner Media Group GmbH & Co. KG) Abgerufen am 18. September 2019 von *https://www.internetworld.de/technik/whatsapp/whatsapp-oeffnet-schnittstelle-crm-systeme-1568689.html*

Kern, A. (2018). Chatbots im Tourismus. (PR-Fundsachen) Abgerufen am 15. Mai 2019 von *https://www.pr-fundsachen.de/chatbots-tourismus/*

Kern, E. (2017). IT-Anwalt: Das müssen Unternehmen über Chatbots wissen. (t3n digital pioneers | yeebase media GmbH) Abgerufen am 10. Juli 2019 von https://t3n.de/news/it-anwalt-tipp-chatbots-892114/

Kim, K. & Prabhakar, B. (2000). Initial Trust, Perceived Risk, and the Adoption of Internet Banking. *International Conference on Information Systems Proceedings 2000*, Vol. 55, S. 537-543.

Kim, M.-J., Chung, N. & Lee, C.-K. (2011). The effect of perceived trust on electronic commerce - Shopping online for tourism products and services in South Korea. *Tourism Management*, Vol. 32, S. 256-265.

Klar, T. (2018). KI-gestütze Chatbots: Kundenservice der Zukunft. (IDG Business Media GmbH) Abgerufen am 6. Juni 2019 von *https://www.computerwoche.de/a/kundenservice-der-zukunft,3545038*

Klotz, M. (2015). Das App-Ökosystem steht vor einem Kollaps. (mobilbranche.de | Treiß Media UG) Abgerufen am 17. September 2019 von *https://mobilbranche.de/2015/10/das-app-oekosystem*

Knebel, C. (2018). Chatbots: Digitale Helfer für Behörden. (KOMMUNAL Zimper Media GmbH) Abgerufen am 4. Juni 2019 von *https://kommunal.de/chatbots-gastbeitrag*

Koelwel, D. (2019). "Uncanny Valley": Wenn Chatbots unheimlich sind. (INTERNET WORLD Business | Ebner Media Group GmbH & Co. KG) Abgerufen am 15. September 2019 von *https://www.internetworld.de/e-commerce/bots/uncanny-valley-chatbots-unheimlich-1728409.html*

Kollmann, T. (2011). E-Business: Grundlagen elektronischer Geschäftsprozesse in der Net Economy (4. Ausg.). Wiesbaden: Gabler Verlag | Springer Fachmedien GmbH.

Kosfeld, R., Eckey, H. F. & Türck, M. (2016). Deskriptive Statistik: Grundlagen - Methoden - Beispiele - Aufgaben (6. Ausg.). Wiesbaden: Springer Fachmedien GmbH.

Kroeber-Riel, W. & Gröppel-Klein, W. (2013). Konsumentenverhalten. München: Verlag Franz Vahlen GmbH.

Kroeber-Riel, W., Weinberg, P. & Gröppel-Klein, A. (2009). Konsumentenverhalten (9. Ausg.). München: Verlag Franz Vahlen GmbH.

Kroker, M. (2019). Die Mobil-Revolution seit 2007: Die Evolution von Smartphones in der vergangenen Dekade. (Wirtschaftswoche | Handelsblatt GmbH) Abgerufen am 16. September 2019 von *https://blog.wiwo.de/look-at-it/2018/09/06/die-mobil-revolution-seit-2007-die-evolution-von-smartphones-in-der-vergangenen-dekade/*

Kühl, E. (2016). Künstliche Intelligenz: Oh mein Bot! (ZEIT ONLINE GmbH) Abgerufen am 4. Juni 2019 von *https://www.zeit.de/digital/internet/2016-09/kuenstliche-intelligenz-chatbots-dialogsysteme-kommunikation*

Kuß, A., Wildner, R. & Kreis, H. (2018). Marktforschung: Datenerhebung und Datenanalyse (6. Ausg.). Wiesbaden: Springer Fachmedien GmbH.

Lamprecht, S. (2018). Braucht der Handel wirklich Chatbots? (Deutscher Fachverlag GmbH) Abgerufen am 6. Juni 2019 von *https://etailment.de/news/stories/Chatbots-Handel-21187*

Lauer, T. W. & Deng, X. (2007). Building online trust through privacy practices. *International Journal of Information Security*, S. 323-331.

Lei, S., Kirillova, K. & Wang, D. (2018). Factors Influencing Customers' Intention to Use Instant Messaging to Communicate with Hotels. *Information and Communication Technologies in Tourism*, S. 296-307.

Litzel, N. (2018). Hype oder Chance? Ein Blick in die Zukunft der Chatbots. (BigData Insider | Vogel IT-Medien GmbH) Abgerufen am 4. Juni 2019 von *https://www.bigdata-insider.de/ein-blick-in-die-zukunft-der-chatbots-a-678009/*

Luber, S. (2018). Was ist ein Chatbot? (Vogel IT-Medien GmbH) Abgerufen am 6. Juni 2019 von *https://www.bigdata-insider.de/was-ist-ein-chatbot-a-690591/*

Martins, C., Oliveira, T. & Popovic, A. (2014). Understanding the Internet banking adoption - A unified theory of acceptance and use of technology and perceived risk application. *International Journal of Information Management*, Vol. 34, S. 1-13.

Mayer, R. C., Davis, J. H. & Schoorman, F. D. (1995). An Integrative Model of Organizational Trust. *The Academy of Management Review*, Vol. 20, No. 3, S. 709-734.

Mayr, T. & Zins, A. H. (2009). Acceptance of Online vs. Traditional Travel Agencies. Anatolia: *An International Journal of Tourism and Hospitality Research*, Vol. 20, No. 1, S. 165-177.

McKnight, D. H., Choudhury, V. & Kacmar, C. (2002). Developing and Validating Trust Measures for e-Commerce: An Integrative Typology. *Information Systems Research*, Vol. 13, No. 3, S. 334-359.

McKnight, D. H., Cummings, L. L. & Chervany, N. L. (1998). Initial trust formation in new organizational relationships. Academy of Management. *The Academy of Management Review*, Vol. 23, No. 3, S. 473-490.

Menold, N. & Bogner, K. (2015). SDM Survey Guidelines: Gestaltung von Ratingskalen in Fragebögen. (GESIS – Leibniz-Institut für Sozialwissenschaften) Abgerufen am 28. Mai 2019 von *https://www.gesis.org/fileadmin/upload/SDMwiki/Archiv/Ratingskalen_MenoldBogner_012015_1.0.pdf*

Mitchell, V.-W. (1992). Understanding Consumers' Behaviour: Can Perceived Risk Theory Help? *Management Decision*, Vol. 30, No. 3, S. 26-31.

Monard, F. & Uebersax, H.-P. (2018). Whitepaper Chatbots: Künstliche Intelligenz im Kundenservice. Hype oder Helfer der Zukunft? (PIDAS AG) Abgerufen am 20. Juni 2019 von *https://page.pidas.com/whitepaper-chatbots-hype-oder-helfer*

Moon, J.-W. & Kim, Y.-G. (2001). Extending the TAM for a World-Wide-Web context. *Information & Management*, Vol. 38, S. 217-230.

Moorman, C., Deshpandé, R. & Zaltman, G. (1993). Factors Affecting Trust in Market Research Relationships. *Journal of Marketing*, Vol. 57, S. 81-101.

Mukherjee, A. & Nath, P. (2007). Role of electronic trust in online retailing - A re-examination of the commitment-trust theory. *European Journal of Marketing*, Vol. 41, No. 9, S. 1173-1202.

Müller, D. (2009). Moderatoren und Mediatoren in Regressionen. In S. Albers, D. Klapper, U. Konradt, A. Walter & J. Wolf, *Methodik der empirischen Forschung* (S. 237-252). Wiesbaden: Gabler Verlag.

Neumaier, M. (2010). Vertrauen im Entscheidungsprozess - Der Einfluss unbewusster Prozesse im Konsumentenverhalten. Wiesbaden: Gabler Verlag | Springer Fachmedien GmbH.

Niemetz, S. (2016). Chatbots auf Tourismus-Seiten - Mit dem Bot nach Bali. (Süddeutscher Verlag München) Abgerufen am 10. Mai 2019 von *https://www.sueddeutsche.de/reise/chatbots-mit-dem-bot-nach-bali-1.3238533*

Nimphius, F. & Eckhold, T. (2018). Chatbots im Omnichannel Customer Service. In M. R. GmbH, Chatbots & AI im Customer Service (S. 51-54). Mainz. Abgerufen am 20. Juni 2019 von *https://marketing-resultant.de/wp-content/uploads/eBook_Chatbots_FEB2018-1.pdf*

NortonLifeLock Inc. (2019). Warum Millennials empfänglicher für Internetbetrug sind. Abgerufen am 26. November 2019 von *https://de.norton.com/internetsecurity-online-scams-warum-millennials-empfanglicher-fur-Internetbetrug-sind.html*

Onlim GmbH. (2017). 7 große Marken die bereits Chatbots einsetzen. Abgerufen am 4. Juni 2019 von *https://onlim.com/7-grosse-marken-die-bereits-chatbots-einsetzen/*

Onlim GmbH. (2018). The Ultimate Guide To Chatbots For Businesses. Abgerufen am 20. Juni 2019 von *https://onlim.com/en/chatbot-ebook/*

Onlim GmbH. (2019). Basieren alle Chatbots auf künstlicher Intelligenz? Abgerufen am 4. Juni 2019 von *https://onlim.com/unterschied-zwischen-regelbasierten-und-ki-basierten-chatbots/*

Papadopoulou, P. & Martakos, D. (2008). Trust in E-Commerce - Conceptualization and Operationalization Issues. *IADIS International Conference e-Commerce*, S. 315-319.

Park, E., Kim, S., Kim, Y. & Kwon, S. J. (2018). Smart home services as the next mainstream of the ICT industry: determinants of the adoption of smart home services. *Univ Access Inf So*, Vol. 17, S. 175-190.

Pavlou, P. A. (2001). Integrating Trust in Electronic Commerce with the Technology Acceptance Model - Model Development and Validation. *Americas Conference on Information Systems Proceedings 2001*, Vol. 159, S. 816-822.

Pavlou, P. A. (2003). Consumer Acceptance of Electronic Commerce: Integrating Trust and Risk with the Technology Acceptance Model. *International Journal of Electronic Commerce*, Vol. 7, No. 3, S. 69-103.

Pennanen, K., Kaapu, T. & Paakki, M.-K. (2006). Trust, Risk, Privacy, and Security in e-Commerce. *Frontiers of E-Business Research*, S. 1-10.

Piyush, N., Choudhury, T. & Kumar, P. (2016). Conversational Commerce a New Era of E-Business. *Proceedings of the 5th International Conference on System Modeling & Advancement in Research Trends*, S. 322-327.

Raab, G., Unger, A. & Unger, F. (2018). Methoden der Marketing-Forschung: Grundlagen und Praxisbeispiele (3. Ausg.). Wiesbaden: Springer Fachmedien GmbH.

Radovic, M. (2015). Mobile Apps als wichtiger Treiber der Digitalisierung. (Medium) Abgerufen am 24. September 2019 von *https://medium.com/milosradovic/mobile-apps-als-wichtiger-treiber-der-digitalisierung-ba2aaeb55b3*

Rempel, J. K., Holmes, J. G. & Zanna, M. P. (1985). Trust in Close Relationships. *Journal of Personality and Social Pychology*, Vol. 49, No. 1, S. 95-112.

Richad, R., Vivensiuis, V., Sfenrianto, S. & Kaburuan, E. R. (2019). Analysis of Factors Influencing Millennial's Technology Acceptance of Chatbot in the Banking Industry in Indoensia. *International Journal of Civil Engineering and Technology (IJCIET)*, Vol. 10, No. 4, S. 1270-1281.

Riikkinen, M., Saarijärvi, H., Sarlin, P. & Lähteenmäki, I. (2018). Using artificial intelligence to create value in insurance. *International Journal of Bank Marketing*, Vol. 36, No. 6, S. 1145-1168.

Rode, J. (2017). Chatbots – neuer Trend oder überbewerteter Hype für Marketer? (StartupValley.news | StartupValley Media & Publishing UG) Abgerufen am 6. Juni 2019 von *https://www.startupvalley.news/de/chatbots-neuer-trend/*

Rohleder, D. (2016). Von der Pauschalreise zum E-Tourismus: Wie die Digitalisierung die Touristikbranche verändert. (Bitkom Research) Abgerufen am 17. Juli 2019 von *https://www.bitkom.org/sites/default/files/pdf/Presse/Anhaenge-an-PIs/2016/Maerz/Bitkom-Pressekonferenz-Digitalisierung-im-Tourismus.pdf*

Rohleder, D. (2018). Die Zukunft des Reisens ist digital. (Bitkom Research) Abgerufen am 17. Juli 2019 von https://www.bitkom.org/sites/default/files/2019-06/bitkom-pressekonferenz-die_zukunft_des_reisens_ist_digital-070318-praesentation.pdf

Rondinella, G. (2018). Die Technologie ist noch längst nicht beim Verbraucher angekommen. (Horizont) Abgerufen am 26. Juni 2019 von https://www.horizont.net/tech/nachrichten/Chatbots-Die-Technologie-ist-noch-laengst-nicht-beim-Verbraucher-angekommen-164994

Rotchanakitumnuai, S. & Speece, M. (2003). Barriers to Internet banking adoption: a qualitative study among corporate customers in Thailand. *International Journal of Bank Marketing*, S. 312-323.

Rousseau, D. M., Sitkin, S. B., Burt, R. S. & Camerer, C. (1998). Not So Different After All: A Crossdiscipline View of Trust. *Academy of Management Review*, Vol. 23, No. 3, S. 393-404.

Ryte GmbH. (2019a). Cookie. Abgerufen am 10. September 2019 von https://de.ryte.com/wiki/Cookie

Ryte GmbH. (2019b). Unique Visitors. Abgerufen am 10. September 2019 von https://de.ryte.com/wiki/Unique_Visitors

Salam, A. F., Rao, H. R. & Pegels, C. C. (2003). Consumer-Perceived Risk in E-Commerce Transactions. *Communications of the ACM*, Vol. 46, No. 12, S. 325-331.

Schlicht, M. (2016). The Complete Beginner's Guide To Chatbots. (Chatbots Magazine by OCTANE AI) Abgerufen am 6. Juni 2019 von https://chatbotsmagazine.com/the-complete-beginner-s-guide-to-chatbots-8280b7b906ca

Schonschek, O. & Haas, J. (2018). Was Unternehmen über Chatbots wissen müssen. (IDG Business Media GmbH) Abgerufen am 6. Juni 2019 von *https://www.computerwoche.de/a/was-unternehmen-ueber-chatbots-wissen-muessen,3329735*

Schoorman, F. D., Mayer, R. C. & Davis, J. H. (2007). An Integrative Model of Organizational Trust - Past, Present, and Future. *Academy of Management Review*, Vol. 32, No. 2, S. 344-354.

Schröder, P. (2017). KI-Chatbots im Kundenservice: Diese Anbieter gibt es und das können sie. (t3n – digital pioneers) Abgerufen am 6. Juni 2019 von *https://t3n.de/news/ki-chatbots-kundenservice-diese-868928/*

Schulz, S., Büttner, O. B. & Silberer, G. (2009). Vertrauen und Vertrauenswürdigkeit im Internet am Beispiel von Internetapotheken. In A. Gröppel-Klein & C. C. Germelmann, *Medien im Marketing - Optionen der Unternehmenskommunikation* (S. 473-492). Wiesbaden: Gabler Verlag | GWV Fachverlage GmbH.

Schürmann, K. (2018). Whatsapp Business: Ist der kommerzielle Einsatz jetzt endlich erlaubt? (t3n digital pioneers | yeebase media GmbH) Abgerufen am 6. Juni 2019 von *https://t3n.de/news/whatsapp-business-legale-nutzung-1076221/*

Schwarz, J. & Bruderer Enzler, H. (2019a). Methodenberatung: Faktorenanalyse. (Universität Zürich) Abgerufen am 1. Oktober 2019 von *https://www.methodenberatung.uzh.ch/de/datenanalyse_spss/interdependenz/reduktion/faktor.html*

Schwarz, J. & Bruderer Enzler, H. (2019b). Methodenberatung: Pearson Chi-Quadrat-Test. (Universität Zürich) Abgerufen am 1. Oktober 2019 von *https://www.methodenberatung.uzh.ch/de/datenanalyse_spss/unterschiede/proportionen/pearsonuntersch.html*

Schwarz, J. & Bruderer Enzler, H. (2019c). Methodenberatung: Multiple Regressionsanalyse. (Universität Zürich) Abgerufen am 1. Oktober 2019 von https://www.methodenberatung.uzh.ch/de/datenanalyse_spss/zusammenhaenge/mreg.html

Schwarz, J. & Bruderer Enzler, H. (2019d). Methodenberatung: Mann-Whitney-U-Test. (Universität Zürich) Abgerufen am 1. Oktober 2019 von https://www.methodenberatung.uzh.ch/de/datenanalyse_spss/unterschiede/zentral/mann.html

Schwarze, B. (2017). Digitalisierung der Arbeitswelt: Neue Anforderungen an Studium, Lehre und Forschung. In U. Kempf & B. Wrede, Gender-Effekte. *Wie Frauen die Technik von morgen gestalten* (Bd. 19, S. 87-108). Bielefeld: Interdisziplinäres Zentrum für Geschlechterforschung (IZG).

SH Telekommunikation Deutschland GmbH. (2019). 2G, 3G, 4G & 5G: Die Mobilfunkstandard Generationen. (sparhandy.de) Abgerufen am 16. September 2019 von *https://www.sparhandy.de/mobiles-internet/info/mobilfunkstandards/*

Sharma, J. K. & Kurien, D. (2017). Perceived Risk in E-Commerce: A Demographic Perspective. *NMIMS Management Review*, Vol. 34, No. 1, S. 30-57.

Shawar, B. A. & Atwell, E. (2007). Chatbots: Are they Really Useful? *LDV-Forum 2007*, Vol. 22, No. 1, S. 29-49.

Shin, J., Park, Y. & Lee, D. (2018). Who will be smart home users? An analysis of adoption and diffusion of smart homes. *Technological Forecasting & Social Change*, Vol. 134, S. 246-253.

Slade, E., Williams, M. & Dwivdei, Y. (2013). Extending UTAUT2 To Explore Consumer Adoption Of Mobile Payments. *UK Academy for Information Systems Conference Proceedings 2013*, Vol. 36, S. 1-22.

Solomon, M. R. (2013). Konsumentenverhalten. München: Pearson Deutschland GmbH.

SoSci Survey GmbH. (18. November 2019). Abfrage eines persönliches Codes. Abgerufen am 20. Dezember 2019 von *https://www.soscisurvey.de/help/doku.php/de:create:personal-code*

Sponholz, K. (2018). Die App ist tot ... lang lebe der Bot – genauer: clevere Chatbots ersetzen künftig Apps. (IT Finanzmagazin) Abgerufen am 16. September 2019 von *https://www.it-finanzmagazin.de/app-tot-lebe-bot-chatbots-82149/*

Sprout Social, Inc. (2019). The Complete Guide to Chatbots for Marketing. Abgerufen am 12. September 2019 von *https://sproutsocial.com/insights/topics/complete-guide-to-chatbots/*

Spryker Systems GmbH. (2018). Oh mein Bot! Wird Conversational Commerce Ihr bester Kundenservice- und Sales-Mitarbeiter zugleich? Berlin. Abgerufen am 20. Juni 2019 von *https://now.spryker.com/de/white-paper-downloads*

Stoetzer, M.-W. (2017). Regressionsanalyse in der empirischen Wirtschafts- und Sozialforschung Band 1: Eine nichtmathematische Einführung mit SPSS und Stata. Berlin: Springer-Verlag GmbH.

Storp, M. (2002). Chatbots. Möglichkeiten und Grenzen der maschinellen Verarbeitung natürlicher Sprache. Networx Nr. 25.

SurveyCircle. (2019). Studienteilnehmer finden undForschungsprojekte unterstützen. In der größten Community für Online-Forschung. Abgerufen am 29. September 2019 von *https://www.surveycircle.com/de/*

Tantau, B. (2017). Die Macht der Chatbots: Chancen und Risiken. (Website Boosting Magazin | Hotspot Verlag GmbH) Abgerufen am 28. Juni 2019 von *https://www.websiteboosting.com/magazin/43/die-macht-der-chatbots-chancen-und-risiken.html*

Tenios GmbH. (2019). Chatbots und Co. 2025 „Business as usual"? - Prognosen zur Zukunft der Service-Bots. Abgerufen am 23. September 2019 von *https://blog.tenios.de/die-zukunft-der-service-bots*

Thesius. (2019a). Über uns. (persona service AG & Co. KG) Abgerufen am 29. September 2019 von *https://thesius.de/aboutus*

Thesius. (2019b). Umfragen. (persona service AG & Co. KG) Abgerufen am 29. September 2019 von *https://thesius.de/umfragen*

Tißler, J. (2018). Chatbots nach dem Hype: Die wichtigsten Erkenntnisse auf einen Blick. (UPLOAD Magazin) Abgerufen am 4. Juni 2019 von *https://upload-magazin.de/blog/30287-chatbots-nach-dem-hype/*

Töpfer, A. (2012). Erfolgreich forschen: Ein Leitfaden für Bachelor-, Master-Studierende und Doktoranden (3. Ausg.). Wiesbaden: Springer Fachmedien GmbH.

Tourismusdesign GmbH & Co. KG. (2016). Chatbots - relevant für die Tourismus-Industrie? Abgerufen am 10. Mai 2019 von *http://www.tourismusdesign.com/2016/07/chatbots-relevant-fur-die-tourismus-industrie/*

Trommsdorff, V. (2002). Konsumentenverhalten (4. Ausg.). (R. Köhler & H. Meffert, Hrsg.) Stuttgart: W. Kohlhammer GmbH.

Turing, A. M. (1950). Computing Machinery and Intelligence. *Mind*, Vol. 49, S. 433-460.

Tuzovic, S. & Paluch, S. (2018). Conversational Commerce – A New Era for Service Business Development? In M. Bruhn & K. Hadwich, *Service Business Development* (S. 3-20). Wiesbaden: Springer Fachmedien GmbH.

USU Software AG. (2017). Neue USU-Studie: Chatbots – (R)Evolution im Service? Abgerufen am 11. September 2019 von *https://www.usu.de/de/news/neue-usu-studie-chatbots-revolution-im-service/*

Venkatesh, V., Aloysius, J. A., Hoehle, H. & Burton, S. (2017). Design and Evaluation of Auti-ID Enabled Shopping Assistance Artifacts in Customers' Mobile Phones: Two Retail Store Laboratory Experiments. *MIS Quarterly*, Vol. 41, No. 1, S. 83-113.

Venkatesh, V., Morris, M. G., Davis, G. B. & Davis, F. D. (2003). User Acceptance of Information Technology: Toward a Unified View. *MIS Quarterly*, Vol. 27, No. 3, S. 425-478.

Venkatesh, V., Thong, J. & Xu, X. (2012). Consumer Acceptance and Use of Information Technology: Extending the Unified Theory of Acceptance and Use of Technology. *MIS Quarterly*, Vol. 36, No. 1, S. 157-178.

Verband Internet Reisevertrieb e.V. (2019). Daten & Fakten zum Online-Reisemarkt 2019. Abgerufen am 17. Juli 2019 von *https://v-i-r.de/wp-content/uploads/2019/03/webversion_vir_df2019.pdf*

Wang, H.-Y. & Wang, S.-H. (2010). User Acceptance of Mobile Internet Based on THE UNIFIED THEORY OF ACCEPTANCE AND USE OF TECHNOLOGY: Investigating the Determinants and Gender Differences. *Social Behavior and Personality*, Vol. 38, No. 3, S. 415-426.

Weck, A. (2018). Chatbots nach dem Hype: Wie smart sind die kleinen Programme wirklich? (t3n digital pioneers | yeebase media GmbH) Abgerufen am 6. Juni 2019 von *https://t3n.de/magazin/chatbots-hype-smart-kleinen-programme-wirklich-chatbots-243315/*

Weddehage, J. (2016). 10 Gründe, warum Conversational User Interfaces die Zukunft gehört. (entwickler.de) Abgerufen am 16. September 2019 von *https://entwickler.de/online/ux/conversational-user-interfaces-10-gruende-250714.html*

Weiber, R. & Mühlhaus, D. (2014). Strukturgleichungsmodellierung: Eine anwendungsorientierte Einführung in die Kausalanalyse mit Hilfe von AMOS, SmartPLS und SPSS (2. Ausg.). Berlin: Springer-Verlag.

Wiedmann, K.-P. & Frenzel, T. (2004). Akzeptanz im E-Commerce - Begriff, Modell, Implikationen. In K.-P. Wiedmann, H. Buxel, T. Frenzel & G. Walsh, *Konsumentenverhalten im Internet: Konzepte - Erfahrungen - Methoden* (S. 101-114). Wiesbaden: Betriebswirtschaftlicher Verlag Dr. Th. Gabler | GWV Fachverlage GmbH.

Wild, C. (2017). Chatbots – Fluch oder Segen? (loci GmbH Deutschland) Abgerufen am 6. Juni 2019 von *https://100socialmediatipps.de/chatbots-fluch-oder-segen/*

Wittpahl, V. (2019). Künstliche Intelligenz: Technologie, Anwendung, Gesellschaft. (V. Wittpahl, Hrsg.) Berlin: SpringerVieweg; Institut für Innovation und Technik (iit) Themenband.

Wu, J.-H. & Wang, S.-C. (2005). What drives mobile commerce? An empirical evaluation of the revised technology acceptance model. *Information & Management*, Vol. 42, S. 719-729.

Yang, Q., Pang, C., Liu, L., Yen, D. C. & Tarn, J. M. (2015). Exploring consumer perceived risk and trust for online payments - An empirical study in China's younger generation. *Computers in Human Behavior*, Vol. 50, S. 9-24.

Zinnbauer, M. & Eberl, M. (2004). Die Überprüfung von Spezifikation und Güte von Strukturgleichungsmodellen: Verfahren und Anwendung. *Schriften zur Empirischen Forschung und Quantitativen Unternehmensplanung* (EFOplan; Ludwig-Maximilians-Universität München), Heft 21, S. 1-27.

Zumstein, D. & Hundertmark, S. (2018). Chatbots - An Interactive Technology for Personalized Communication, Transactions and Services. *IADIS International Journal on WWW/Internet*, Vol. 15, No. 1, S. 96-109.

Anhang

Anhang 1: Publikationsübersicht Chatbots **147**

Anhang 2: Finaler Fragebogen **150**

Anhang 2.1: Begrüßung 150

Anhang 2.2: Bearbeitungshinweis 151

Anhang 2.3: Leistungserwartung 151

Anhang 2.4: Zwischenabschnitt 1 152

Anhang 2.5: Wahrgenommenes Risiko 152

Anhang 2.6: Zwischenabschnitt 2 154

Anhang 2.7: Erwartete Vertrauenswürdigkeit 155

Anhang 2.8: Zwischenabschnitt 3 157

Anhang 2.9: Nutzungsabsicht 158

Anhang 2.10: Moderatoren 159

Anhang 2.11: Verabschiedung 159

Anhang 3: Chi-Quadrat-Anpassungstests **160**

Anhang 3.1: Alter 160

Anhang 3.2: Geschlecht 161

Anhang 3.3: Chatbot-Erfahrung 161

Anhang 4: Prüfung Regressionsprämissen Moderatoren **162**

Anhang 4.1: Linearität 162

Anhang 4.2: Erwartungswert und Homoskedastizität 171

Anhang 4.3: Autokorrelation 174

Anhang 4.4: Multikollinearität 174

Anhang 4.5: Normalverteilung 175

Anhang 5: Partielle Regressionsdiagramme **178**

Anhang 5.1: Leistungserwartung 178

Anhang 5.2: Wahrgenommenes Risiko 179

Anhang 5.3: Erwartete Vertrauenswürdigkeit 179

Anhang 6: Auszug Durbin-Watson-Tabelle **180**

Anhang 7: Mittelwerte und Standardabweichungen **181**

Anhang 1: Publikationsübersicht Chatbots

Tabelle 40: Publikationsübersicht Chatbots

Jahr	Titel	Autor(en)	Art der Publikation
k. D.	Why would I talk to you? Investigating user perceptions of conversational agents	Saarem, A. C.	Research paper, Norwegian University of Science and Technology
2002	Chatbots: Möglichkeiten und Grenzen der maschinellen Verarbeitung	Storp, M.	Arbeitsbericht, Networx Online-Publikationen zum Thema Sprache und Kommunikation im Internet, Nr. 25
2003	Chatbots in der Kundenkommunikation	Braun, A.	Buchreihe Xpert.press, Springer-Verlag Berlin
2006	Chatbots als Instrument der Planungskommunikation – Chancen, Anforderungen und Perspektiven	Boden, C.; Fischer, J.; Herbig, K.; Liebe, J.; Sinning, H.	Conference Paper, Fachhochschule Erfurt
2007	Chatbots: Are They Really Useful	Shawar, B. A.; Atwell, E.	Conference Paper, LDV-Forum 2007, Vol. 22, No. 1, 29-49
2016	Conversational Commerce a New Era of E-Business	Piyush, N.; Choudhury, T.; Kumar, P.	Conference Paper, Proceedings of the 5th International Conference on System Modeling & Advancement in Research Trends, 322-327
2017	Mobile conversational commerce: messenger chatbots as the next interface between businesses and consumers	Van Euwen, M.	Masterthesis, University of Twente
2017	W3B Exklusivstudie: Chatbots und Social Bots	Fittkau & Maaß Consulting GmbH	Report für Developer Week, Neue Mediengesellschaft Ulm mbH; 44. WWW-Benutzer-Analyse W3B
2017	Why People Use Chatbots	Brandtzaeg, P. B.; Folstad, A.	Conference Paper, Proceedings of the 4th International Conference on Internet Science
2017	SuperAgent: A Customer Service Chatbot for E-commerce Websites	Cui, L.; Huang, S.; Wei, F.; Tan, C.; Duan, C.; Zhou, M.	Conference Paper, Proceedings of the 55th Annual Meeting of the Association for Computational Linguistics-System Demonstrations, 97-102

Anhang

Jahr	Titel	Autor(en)	Art der Publikation
2017	Artificial Intelligence - Akzeptanz und Wahrnehmung von Chatbots im Kundendienst	Los, C.	Bachelorthesis, Zürcher Hochschule für Angewandte Wissenschaften
2017	Künstliche Intelligenz im Tourismus	Jung, J.; Niemeyer, S.	E-Book kostenlos und ohne Anmeldung abrufbar unter https://www.neugiermarketing.de/ebook/ebook-chatbots-neusta.pdf; neusta e-Tourism GmbH, Bremen
2018	Chatbots & AI im Customer Service	Marketing Resultant GmbH, Henn, H. (Hrsg.)	E-Book kostenlos und ohne Anmeldung abrufbar unter https://marketing-resultant.de/wp-content/uploads/eBook_Chatbots_FEB2018-1.pdf, Mainz
2018	Using Artificial Intelligence to Create Value in Insurance	Riikkinen, M; Saarijärvi, H.; Sarlin, P.; Lähteenmäki, I.	Artikel, International Journal of Bank Marketing, Vol. 36, No. 6
2018	Conversational Commerce - A New Era for Service Business Development?	Tuzovic, S.; Paluch, S.	Bruhn, M.; Hadwich, K. (Hrsg.), Service Business Developmen; Springer Fachmedien GmbH, Wiesbaden
2018	Chatbots im Kundenservice: Ein Verfahren zur Kosten-Nutzen-Analyse	Schacker, M.; Fuchs, A.	Artikel, Wirtschaftsinformatik & Management, Vol. 10, No. 6
2018	Die Bedeutung von Chatbots im Kundenservice - Einsatzmöglichkeiten, Akzeptanz und Erfolgsfaktoren	Dirksen, J. K.; Schrills, J. N	Shaker Verlag, Aachen
2018	Chatbots as an approach for a faster enquiry handling process in the service industry: A comparative study at the ÖAMTC	Weißensteiner, A.	Bachelorthesis, Modul University Vienna
2018	Chatbots - An Interactive Technology for Personalized Communication, Transactions and Services	Zumstein, D.; Hundertmark, S.	Artikel, IADIS International Journal on WWW/Internet, Vol. 15, No. 1, 96-109

Jahr	Titel	Autor(en)	Art der Publikation
2018	Factors Influencing Customers' Intention to Use Instant Messaging to Communicate with Hotels	Lei, S.; Kirilova, K.; Wang, D.	Artikel, Information and Communication Technologies in Tourism; Stangel, B.; Pesonen, J. (Hrsg.), Springer International Publishing AG, 296-307
2018	Technologie-Akzeptanz von Chatbots; Eine Anwendung des UTAUT-Modells	Schwendener, S.	Bachelorthesis, Zürcher Hochschule für Angewandte Wissenschaft
2018	Customer Service Chatbots - Anthropomorphism, Adoption and Word of Mouth	Sheehan, B. T.	Masterthesis, Queensland University of Technology
2018	Personalized Personality Virtual Agents - Assessing the impacts of virtual agent's personality match on user's trust, personal attachment, perceived risk and purchase intention in e-commerce	Harianto, S.	Masterthesis, Delft University of Technology
2018	Exploration und Bewertung der Einsatzmöglichkeiten von Artificial Intelligence und Machine Learning- Systemen für die Arbeit der DZT	Braun-Scheeff, A.-S.	Bachelorthesis, Hochschule Heilbronn
2018	Chatbots Conversational Interfaces in the Context of the Stereotype Content Model (SCM)	Schär, A.	Bachelorthesis, Zurich University of Applied Sciences School of Management and Law
2018	Consumers' perception and attitude towards chatbots' adoption. A focus on the Italian market.	Candela, E.	Masterthesis, Aalborg University
2018	Die Neuausrichtung des App- und Smartphone-Shopping: Mobile Commerce, Mobile Payment, LBS, Social Apps und Chatbots im Handel	Heinemann, G.	Springer Fachmedien GmbH, Wiesbaden
2018	What Makes Users Trust a Chatbot for Customer Service - An Exploratory Interview Study	Folstad, A.; Nordheim, C. B.; Bjorkli, C. A.	Conference Paper, Proceedings of the Fifth International Conference on Internet Science

Anhang

Jahr	Titel	Autor(en)	Art der Publikation
2019	Analysis of Factors Influencing Millennial's Technology Accpetance of Chatbot in the Banking Industry in Indonesia	Richad, R.; Vivensiuis, V.; Sfenrianto, S.; Kaburuan, E. R.	Artikel, International Journal of Civil Engineering and Technology (IJCIET), Vol. 10, No. 4, 1270-1281

Anhang 2: Finaler Fragebogen

Anhang 2.1: Begrüßung

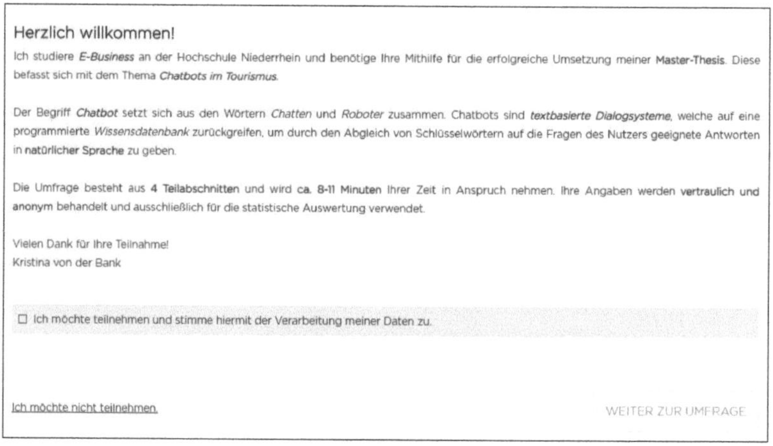

Herzlich willkommen!

Ich studiere *E-Business* an der Hochschule Niederrhein und benötige Ihre Mithilfe für die erfolgreiche Umsetzung meiner Master-Thesis. Diese befasst sich mit dem Thema *Chatbots im Tourismus*.

Der Begriff *Chatbot* setzt sich aus den Wörtern *Chatten* und *Roboter* zusammen. Chatbots sind *textbasierte Dialogsysteme*, welche auf eine programmierte *Wissensdatenbank* zurückgreifen, um durch den Abgleich von Schlüsselwörtern auf die Fragen des Nutzers geeignete Antworten in natürlicher Sprache zu geben.

Die Umfrage besteht aus 4 Teilabschnitten und wird ca. 8-11 Minuten Ihrer Zeit in Anspruch nehmen. Ihre Angaben werden vertraulich und anonym behandelt und ausschließlich für die statistische Auswertung verwendet.

Vielen Dank für Ihre Teilnahme!
Kristina von der Bank

☐ Ich möchte teilnehmen und stimme hiermit der Verarbeitung meiner Daten zu.

Ich möchte nicht teilnehmen.   WEITER ZUR UMFRAGE

Abbildung 9: Fragebogen – Begrüßung

Anhang

Anhang 2.2: Bearbeitungshinweis

Wichtige Hinweise

Stellen Sie sich bitte für die Bearbeitung dieser Umfrage vor, dass Sie für die Planung Ihres Jahresurlaubes die Unterstützung eines Chatbots auf einer beliebigen Reisewebseite in Anspruch nehmen.

Der Chatbot agiert als *virtueller Reiseberater*, welcher Ihnen bei der Informations- und Angebotssuche helfen kann. Er ist unter anderem in der Lage Ihnen Hotel- oder Flugpreise aufzulisten, Sehenswürdigkeiten eines Urlaubsortes anzuzeigen oder Wetterdaten für einen bestimmten Reisezeitraum zur Verfügung zu stellen.

Bitte beachten Sie, dass die zu bewertenden Aussagen/zu beantwortenden Fragen bewusst ähnlich formuliert sind, inhaltlich weisen diese jedoch Unterschiede auf. Daher ist es wichtig, dass Sie sich die nachfolgenden Aussagen/Fragen aufmerksam durchlesen. Es gibt keine richtigen oder falschen Antworten. Ich bin an Ihrer *persönlichen wahrheitsgetreuen Einschätzung* interessiert.

Vielen Dank!

6%   WEITER

Abbildung 10: Fragebogen – Bearbeitungshinweis

Anhang 2.3: Leistungserwartung

Wie bewerten Sie die folgenden Aussagen?

Auf einer Skala von *1 = stimme gar nicht zu* bis *5 = stimme voll zu*.

	1 (stimme gar nicht zu)	2	3	4	5 (stimme voll zu)
Ich denke, dass ein Chatbot für meine Reiseplanung im Internet nützlich wäre.	O	O	O	O	O
Ich denke, dass sich die Reiseplanung per Chatbot für mich lohnen würde.	O	O	O	O	O
Ich denke, dass ein Chatbot für meine Reiseplanung im Internet praktisch wäre.	O	O	O	O	O
Ich denke, dass ein Chatbot mir dabei helfen könnte meine Reiseplanung im Internet schneller durchzuführen.	O	O	O	O	O
Ich denke, dass meine Reiseplanung mit der Unterstützung eines Chatbots effizienter wäre.	O	O	O	O	O

ZURÜCK   12%   WEITER

Abbildung 11: Fragebogen – Leistungserwartung

Anhang 2.4: Zwischenabschnitt 1

Super, Sie haben nun den ersten Abschnitt der Befragung geschafft!

ZURÜCK 18% WEITER

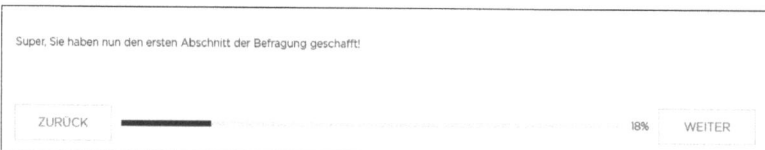

Abbildung 12: Fragebogen – Zwischenabschnitt 1

Anhang 2.5: Wahrgenommenes Risiko

Wie bewerten Sie die folgenden Aussagen?

Auf einer Skala von *1 = stimme gar nicht zu* bis *5 = stimme voll zu.*

	1 *(stimme gar nicht zu)*	2	3	4	5 *(stimme voll zu)*
Ich hätte Sorge, dass der Chatbot meine **Fragen nicht richtig interpretieren** und beantworten kann.	○	○	○	○	○
Ich hätte Sorge, dass mir der Chatbot **keine geeigneten Reiseangebote** vorschlagen kann.	○	○	○	○	○
Ich hätte Sorge, dass der Chatbot mitten im Gespräch **keine Reaktion mehr zeigt**/nicht mehr erreichbar ist.	○	○	○	○	○
Ich hätte Sorge, dass mir der Chatbot **falsche Reiseinformationen** nennt, weil er mein Anliegen nicht richtig verstanden hat.	○	○	○	○	○

ZURÜCK 24% WEITER

Abbildung 13: Frgebogen – Funktionales Risiko

Anhang

Abbildung 14: Fragebogen – Finanzielles Risiko

Abbildung 15: Fragebogen – Zeitliches Risiko

153

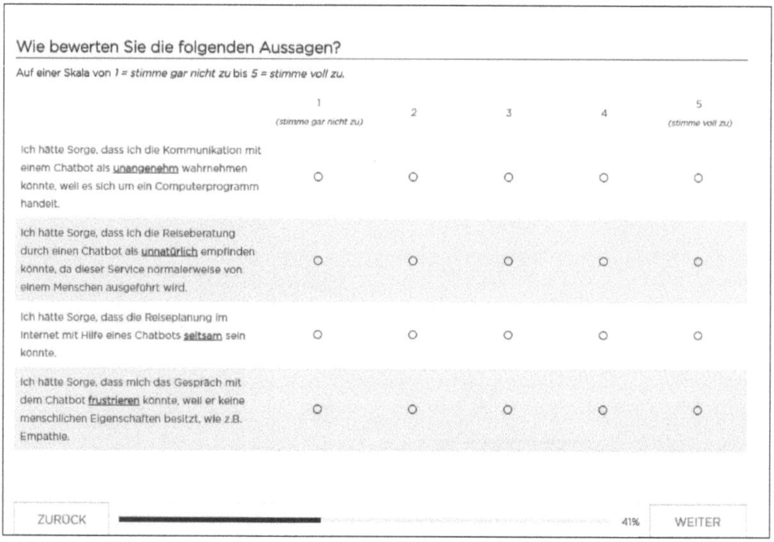

Wie bewerten Sie die folgenden Aussagen?

Auf einer Skala von *1 = stimme gar nicht zu* bis *5 = stimme voll zu.*

	1 (stimme gar nicht zu)	2	3	4	5 (stimme voll zu)
Ich hätte Sorge, dass ich die Kommunikation mit einem Chatbot als unangenehm wahrnehmen könnte, weil es sich um ein Computerprogramm handelt.	○	○	○	○	○
Ich hätte Sorge, dass ich die Reiseberatung durch einen Chatbot als unnatürlich empfinden könnte, da dieser Service normalerweise von einem Menschen ausgeführt wird.	○	○	○	○	○
Ich hätte Sorge, dass die Reiseplanung im Internet mit Hilfe eines Chatbots seltsam sein könnte.	○	○	○	○	○
Ich hätte Sorge, dass mich das Gespräch mit dem Chatbot frustrieren könnte, weil er keine menschlichen Eigenschaften besitzt, wie z.B. Empathie.	○	○	○	○	○

ZURÜCK 41% WEITER

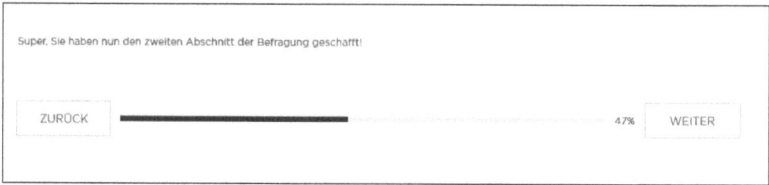

Abbildung 16: Fragebogen – Psychologisches Risiko

Anhang 2.6: Zwischenabschnitt 2

Super, Sie haben nun den zweiten Abschnitt der Befragung geschafft!

ZURÜCK 47% WEITER

Abbildung 17: Fragebogen – Zwischenabschnitt 2

Anhang

Anhang 2.7: Erwartete Vertrauenswürdigkeit

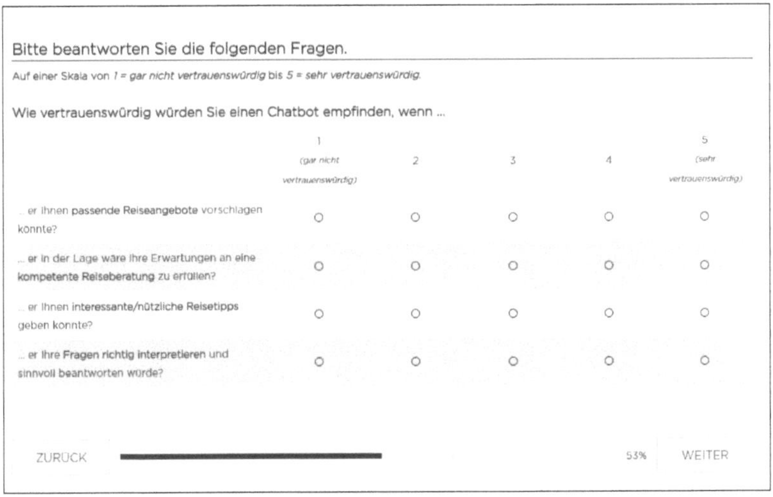

Bitte beantworten Sie die folgenden Fragen.
Auf einer Skala von 1 = gar nicht vertrauenswürdig bis 5 = sehr vertrauenswürdig.

Wie vertrauenswürdig würden Sie einen Chatbot empfinden, wenn ...

	1 (gar nicht vertrauenswürdig)	2	3	4	5 (sehr vertrauenswürdig)
... er Ihnen passende Reiseangebote vorschlagen könnte?	O	O	O	O	O
... er in der Lage wäre Ihre Erwartungen an eine kompetente Reiseberatung zu erfüllen?	O	O	O	O	O
... er Ihnen interessante/nützliche Reisetipps geben könnte?	O	O	O	O	O
... er Ihre Fragen richtig interpretieren und sinnvoll beantworten würde?	O	O	O	O	O

ZURÜCK 53% WEITER

Abbildung 18: Fragebogen – Kompetenz

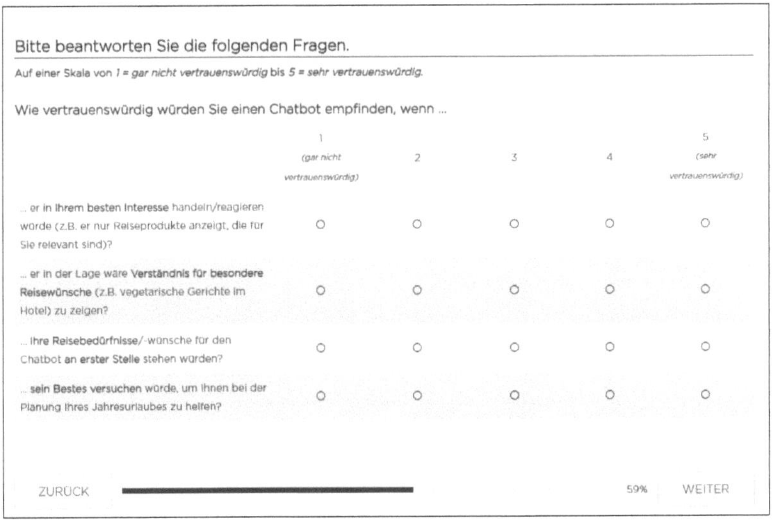

Bitte beantworten Sie die folgenden Fragen.
Auf einer Skala von 1 = gar nicht vertrauenswürdig bis 5 = sehr vertrauenswürdig.

Wie vertrauenswürdig würden Sie einen Chatbot empfinden, wenn ...

	1 (gar nicht vertrauenswürdig)	2	3	4	5 (sehr vertrauenswürdig)
... er in Ihrem besten Interesse handeln/reagieren würde (z.B. er nur Reiseprodukte anzeigt, die für Sie relevant sind)?	O	O	O	O	O
... er in der Lage wäre Verständnis für besondere Reisewünsche (z.B. vegetarische Gerichte im Hotel) zu zeigen?	O	O	O	O	O
... Ihre Reisebedürfnisse/-wünsche für den Chatbot an erster Stelle stehen würden?	O	O	O	O	O
... sein Bestes versuchen würde, um Ihnen bei der Planung Ihres Jahresurlaubes zu helfen?	O	O	O	O	O

ZURÜCK 59% WEITER

Abbildung 19: Fragebogen – Wohlwollen

155

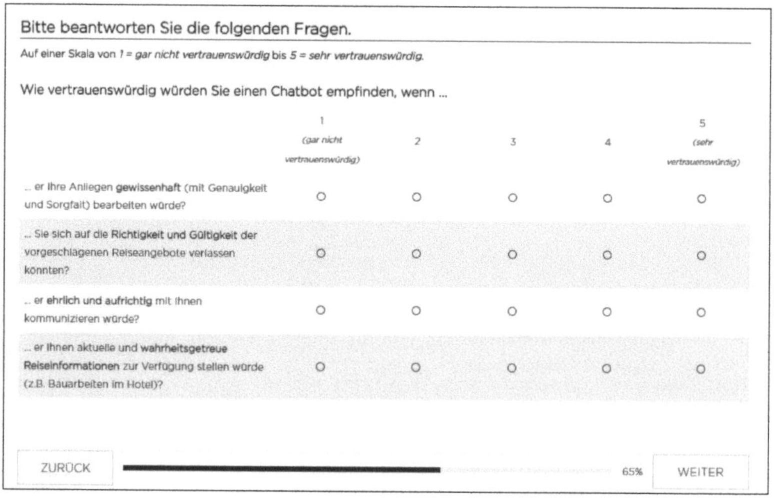

Anhang

Bitte beantworten Sie die folgenden Fragen.					
Auf einer Skala von 1 = gar nicht vertrauenswürdig bis 5 = sehr vertrauenswürdig.					
Wie vertrauenswürdig würden Sie einen Chatbot empfinden, wenn ...					
	1 (gar nicht vertrauenswürdig)	2	3	4	5 (sehr vertrauenswürdig)
... er Ihre Anliegen gewissenhaft (mit Genauigkeit und Sorgfalt) bearbeiten würde?	O	O	O	O	O
... Sie sich auf die Richtigkeit und Gültigkeit der vorgeschlagenen Reiseangebote verlassen könnten?	O	O	O	O	O
... er ehrlich und aufrichtig mit Ihnen kommunizieren würde?	O	O	O	O	O
... er Ihnen aktuelle und wahrheitsgetreue Reiseinformationen zur Verfügung stellen würde (z.B. Bauarbeiten im Hotel)?	O	O	O	O	O

ZURÜCK — 65% — WEITER

Abbildung 20: Fragebogen – Integrität

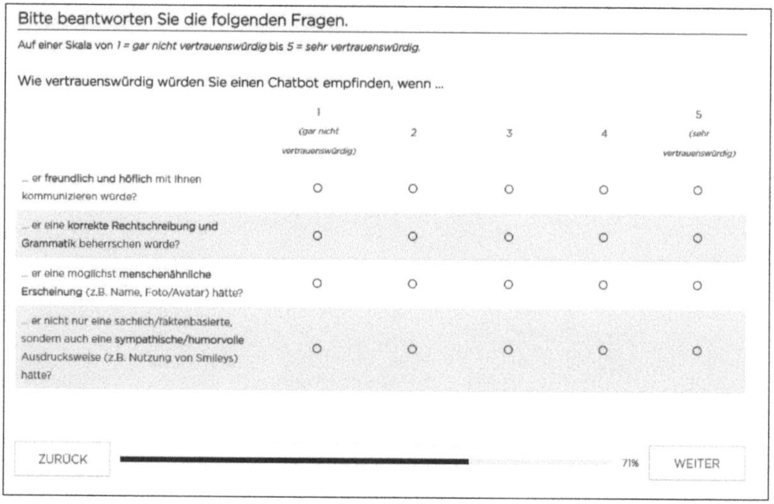

Bitte beantworten Sie die folgenden Fragen.					
Auf einer Skala von 1 = gar nicht vertrauenswürdig bis 5 = sehr vertrauenswürdig.					
Wie vertrauenswürdig würden Sie einen Chatbot empfinden, wenn ...					
	1 (gar nicht vertrauenswürdig)	2	3	4	5 (sehr vertrauenswürdig)
... er freundlich und höflich mit Ihnen kommunizieren würde?	O	O	O	O	O
... er eine korrekte Rechtschreibung und Grammatik beherrschen würde?	O	O	O	O	O
... er eine möglichst menschenähnliche Erscheinung (z.B. Name, Foto/Avatar) hätte?	O	O	O	O	O
... er nicht nur eine sachlich/faktenbasierte, sondern auch eine sympathische/humorvolle Ausdrucksweise (z.B. Nutzung von Smileys) hätte?	O	O	O	O	O

ZURÜCK — 71% — WEITER

Abbildung 21: Fragebogen – Menschenähnlichkeit

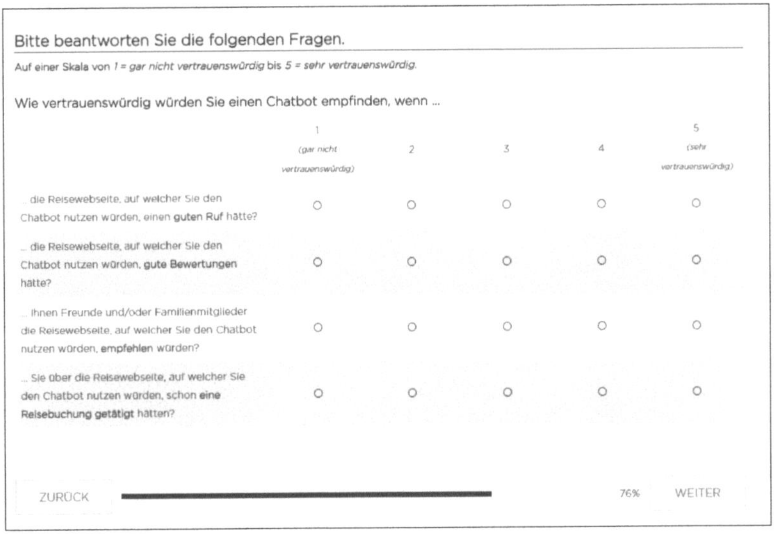

Anhang

Abbildung 22: Fragebogen – Reputation

Anhang 2.8: Zwischenabschnitt 3

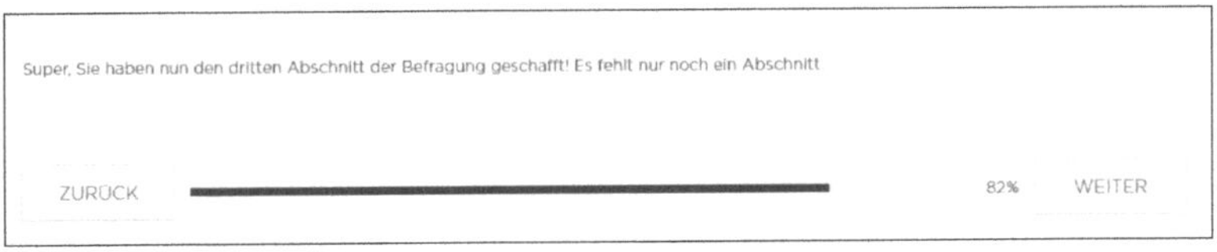

Abbildung 23: Fragebogen – Zwischenabschnitt 3

Anhang 2.9: Nutzungsabsicht

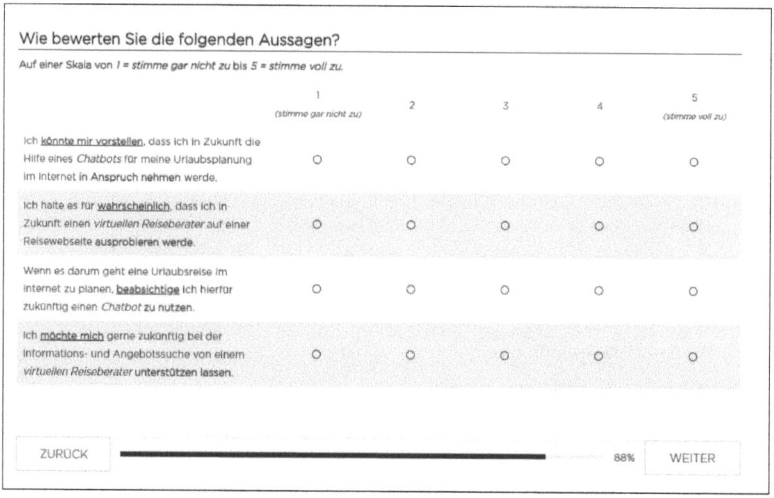

Wie bewerten Sie die folgenden Aussagen?					
Auf einer Skala von *1 = stimme gar nicht zu* bis *5 = stimme voll zu*.					
	1 (stimme gar nicht zu)	2	3	4	5 (stimme voll zu)
Ich könnte mir vorstellen, dass ich in Zukunft die Hilfe eines *Chatbots* für meine Urlaubsplanung im Internet in Anspruch nehmen werde.	○	○	○	○	○
Ich halte es für wahrscheinlich, dass ich in Zukunft einen *virtuellen Reiseberater* auf einer Reisewebseite ausprobieren werde.	○	○	○	○	○
Wenn es darum geht eine Urlaubsreise im Internet zu planen, beabsichtige ich hierfür zukünftig einen *Chatbot* zu nutzen.	○	○	○	○	○
Ich möchte mich gerne zukünftig bei der Informations- und Angebotssuche von einem *virtuellen Reiseberater* unterstützen lassen.	○	○	○	○	○

[ZURÜCK] 88% [WEITER]

Abbildung 24: Fragebogen – Nutzungsabsicht

Anhang

Anhang 2.10: Moderatoren

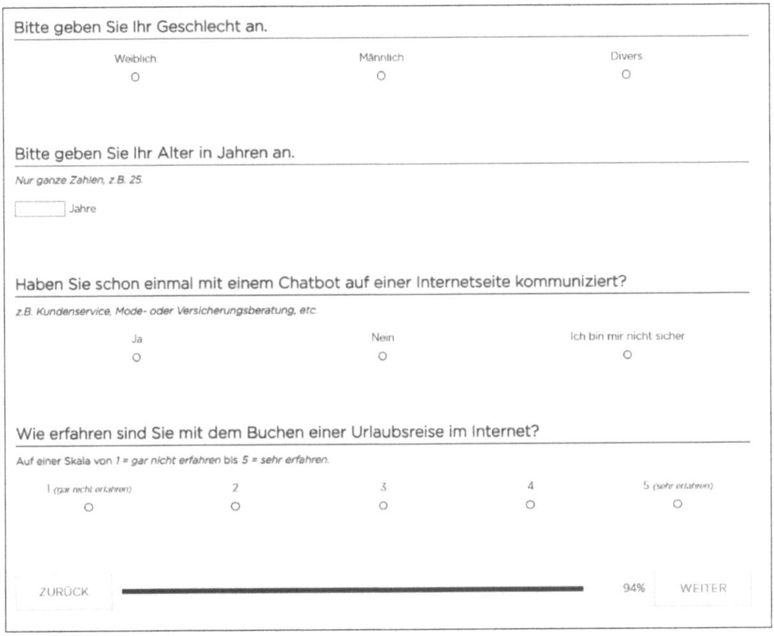

> Bitte geben Sie Ihr Geschlecht an.
>
> | Weiblich | Männlich | Divers |
> |:---:|:---:|:---:|
> | O | O | O |
>
> Bitte geben Sie Ihr Alter in Jahren an.
> *Nur ganze Zahlen, z.B. 25.*
>
> [____] Jahre
>
> Haben Sie schon einmal mit einem Chatbot auf einer Internetseite kommuniziert?
> *z.B. Kundenservice, Mode- oder Versicherungsberatung, etc.*
>
> | Ja | Nein | Ich bin mir nicht sicher |
> |:---:|:---:|:---:|
> | O | O | O |
>
> Wie erfahren sind Sie mit dem Buchen einer Urlaubsreise im Internet?
> *Auf einer Skala von 1 = gar nicht erfahren bis 5 = sehr erfahren.*
>
> | 1 (gar nicht erfahren) | 2 | 3 | 4 | 5 (sehr erfahren) |
> |:---:|:---:|:---:|:---:|:---:|
> | O | O | O | O | O |
>
> ZURÜCK ———————————————— 94% WEITER

Abbildung 25: Fragebogen – Moderatoren

Anhang 2.11: Verabschiedung

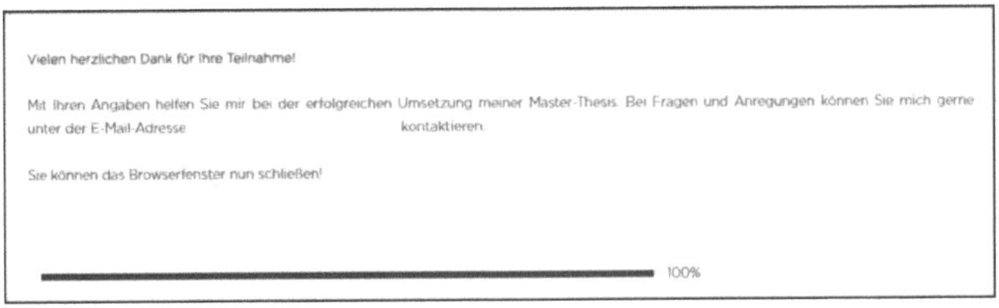

> Vielen herzlichen Dank für Ihre Teilnahme!
>
> Mit Ihren Angaben helfen Sie mir bei der erfolgreichen Umsetzung meiner Master-Thesis. Bei Fragen und Anregungen können Sie mich gerne unter der E-Mail-Adresse _____ kontaktieren.
>
> Sie können das Browserfenster nun schließen!
>
> ———————————————— 100%

Abbildung 26: Fragebogen – Verabschiedung

Anhang 3: Chi-Quadrat-Anpassungstests

Anhang 3.1: Alter

Mod_Alter

	Beobachtetes N	Erwartete Anzahl	Residuum
jung (bis 39)	280	144,3	135,7
alt (ab 40)	35	170,7	-135,7
Gesamt	315		

Statistik für Test

	Mod_Alter
Chi-Quadrat	235,666[a]
df	1
Asymptotische Signifikanz	,000

a. Bei 0 Zellen (0,0%) werden weniger als 5 Häufigkeiten erwartet. Die kleinste erwartete Zellenhäufigkeit ist 144,3.

Abbildung 27: SPSS Output Chi-Quadrat-Anpassungstest Alter

Anhang

Anhang 3.2: Geschlecht

Geschlecht	Beobachtetes N	Erwartete Anzahl	Residuum
weiblich	204	160,4	43,6
männlich	111	154,6	-43,6
Gesamt	315		

Statistik für Test	Geschlecht
Chi-Quadrat	24,099[a]
df	1
Asymptotische Signifikanz	,000

a. Bei 0 Zellen (0,0%) werden weniger als 5 Häufigkeiten erwartet. Die kleinste erwartete Zellenhäufigkeit ist 154,6.

Abbildung 28: SPSS Output Chi-Quadrat-Anpassungstest Geschlecht

Anhang 3.3: Chatbot-Erfahrung

Mod_Erfahrung	Beobachtetes N	Erwartete Anzahl	Residuum
erfahren	181	157,5	23,5
unerfahren	134	157,5	-23,5
Gesamt	315		

Statistik für Test	Mod_Erfahrung
Chi-Quadrat	7,013[a]
df	1
Asymptotische Signifikanz	,008

a. Bei 0 Zellen (0,0%) werden weniger als 5 Häufigkeiten erwartet. Die kleinste erwartete Zellenhäufigkeit ist 157,5.

Abbildung 29: SPSS Output Chi-Quadrat-Anpassungstest Chatbot-Erfahrung

Anhang 4: Prüfung Regressionsprämissen Moderatoren

Anhang 4.1: Linearität

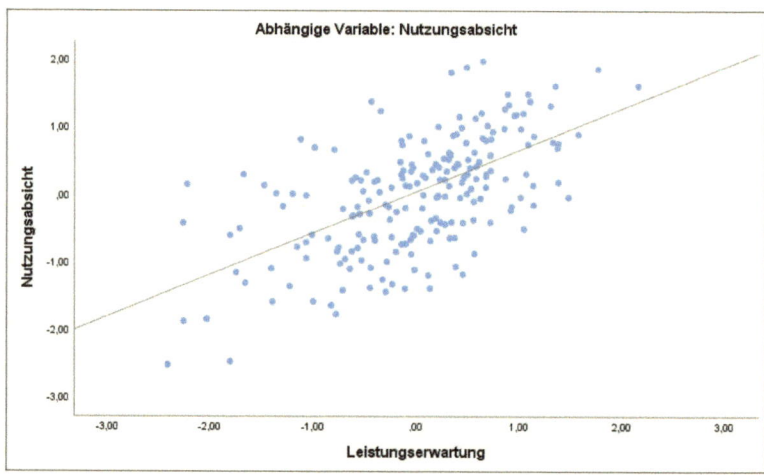

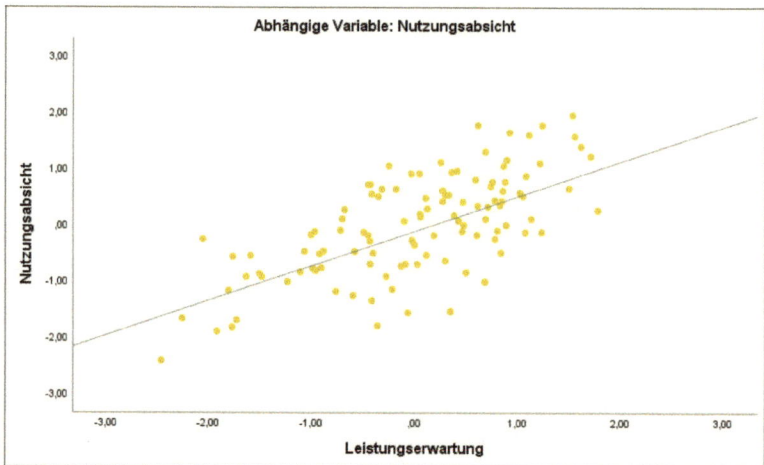

Abbildung 30: Partielle Regressionsdiagramme LE Geschlecht[484]

---

[484] Oben: weiblich, unten: männlich.

Anhang

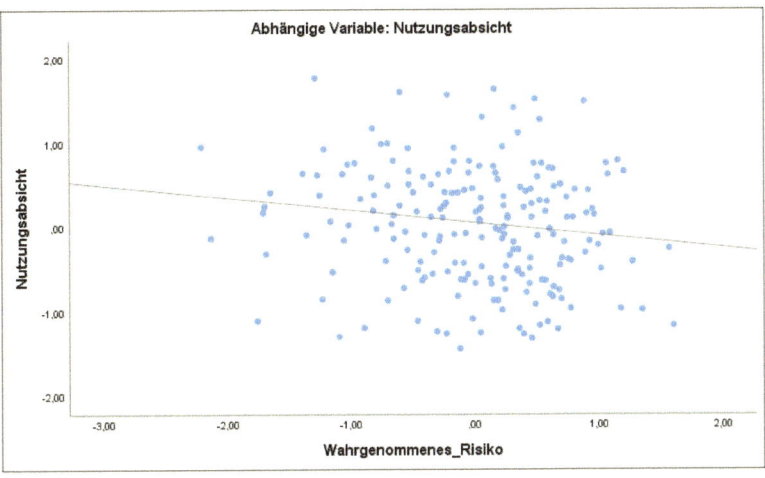

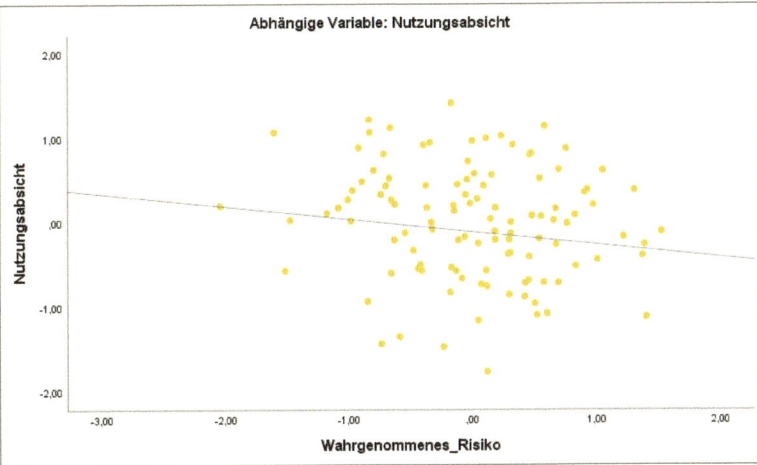

Abbildung 31: Partielle Regressionsdiagramme WR Geschlecht[485]

---

[485] Oben: weiblich, unten: männlich.

Anhang

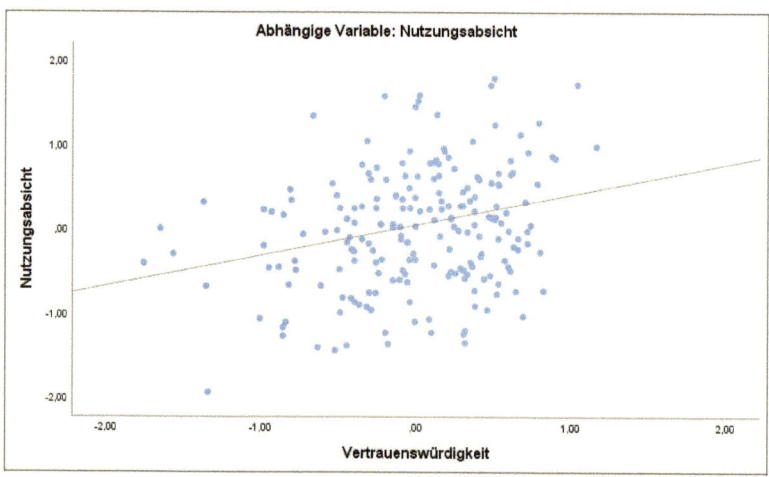

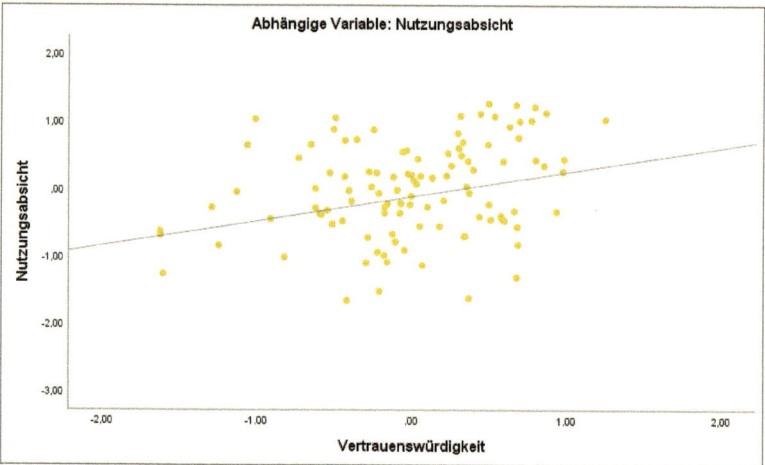

Abbildung 32: Partielle Regressionsdiagramme EV Geschlecht[486]

---

[486] Oben: weiblich, unten: männlich.

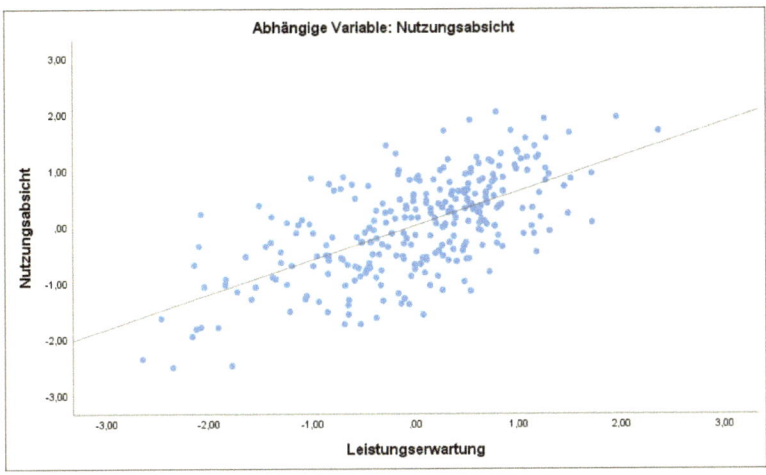

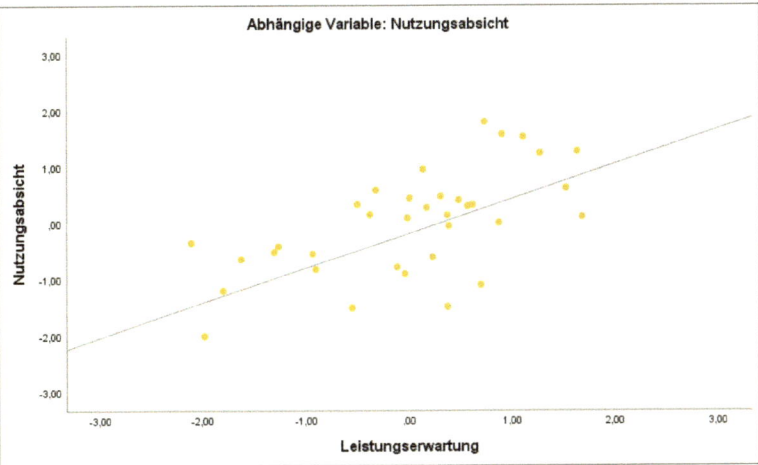

Abbildung 33: Partielle Regressionsdiagramme LE Alter[487]

---

[487] Oben: jung, unten: alt.

Anhang

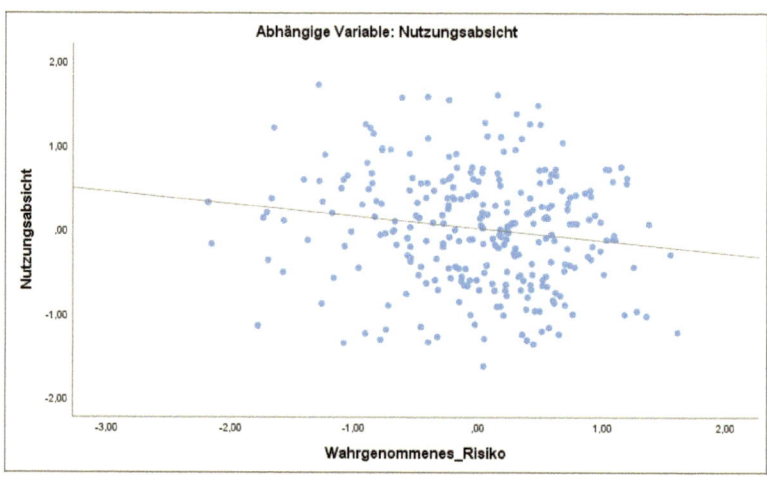

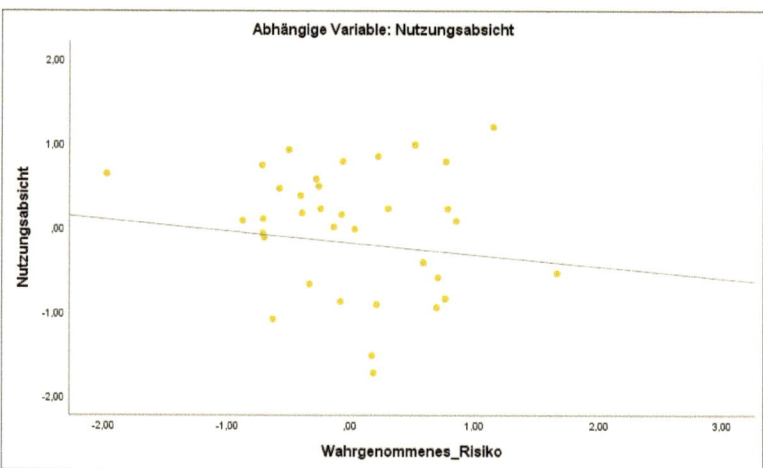

Abbildung 34: Partielle Regressionsdiagramme WR Alter[488]

---

[488] Oben: jung, unten: alt.

Anhang

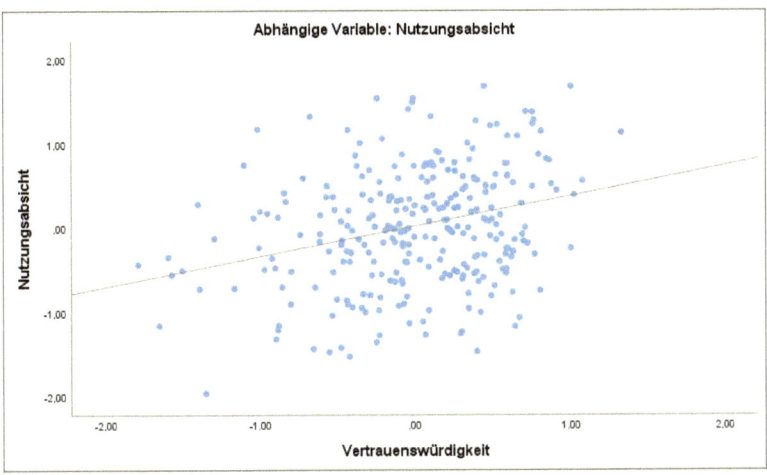

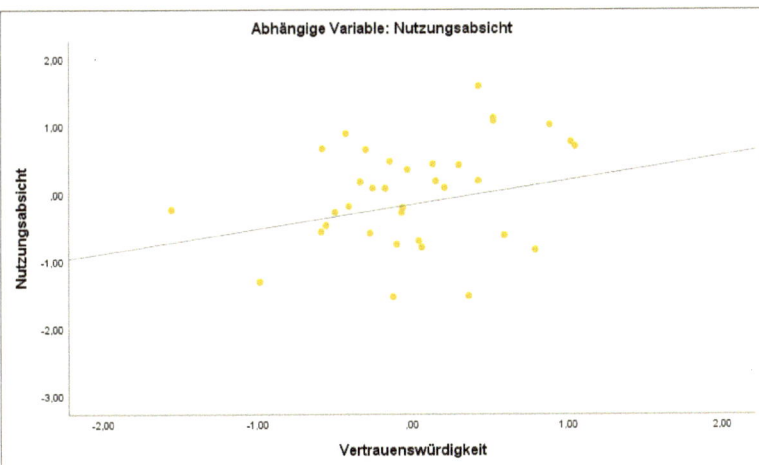

Abbildung 35: Partielle Regressionsdiagramme EV Alter[489]

---

[489] Oben: jung, unten: alt.

Anhang

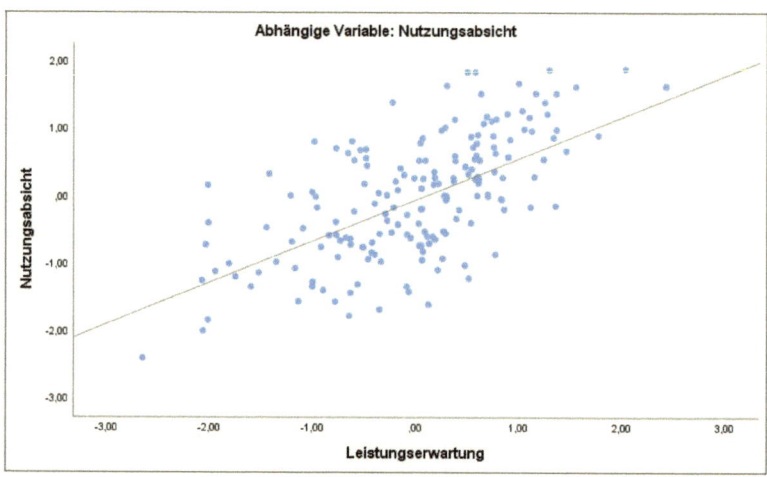

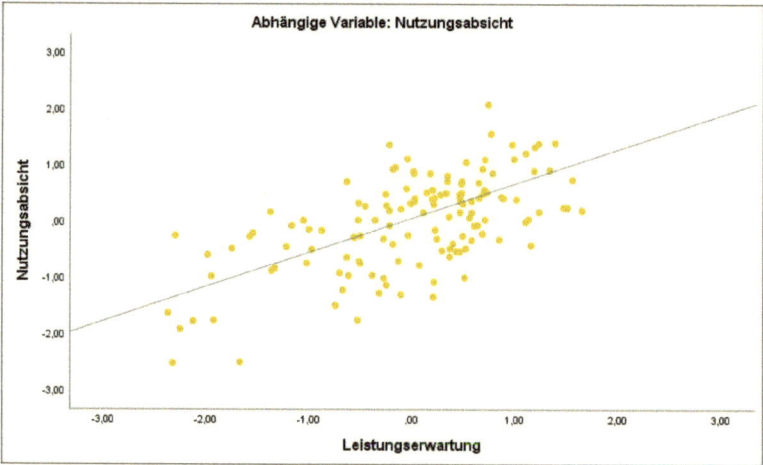

Abbildung 36: Partielle Regressionsdiagramme LE Chatbot-Erfahrung[490]

---

[490] Oben: erfahren, unten: unerfahren.

Anhang

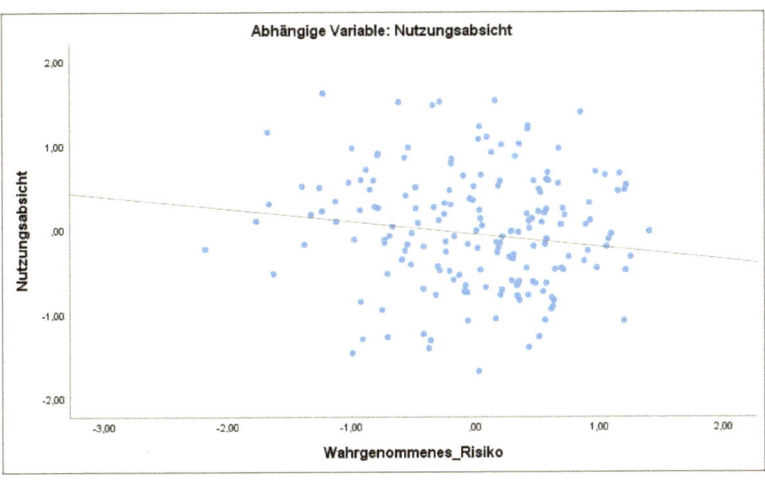

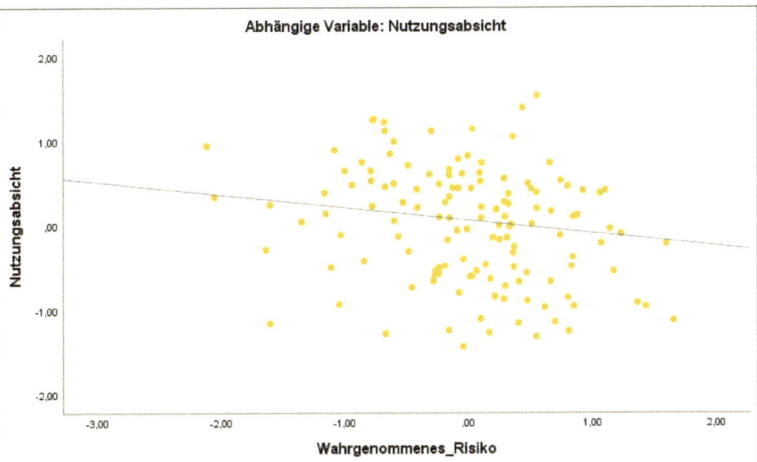

Abbildung 37: Partielle Regressionsdiagramme WR Chatbot-Erfahrung[491]

---

[491] Oben: erfahren, unten: unerfahren.

Anhang

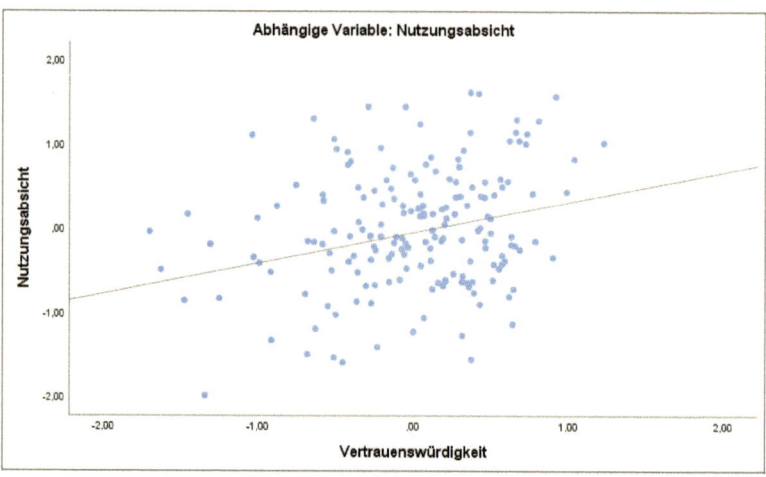

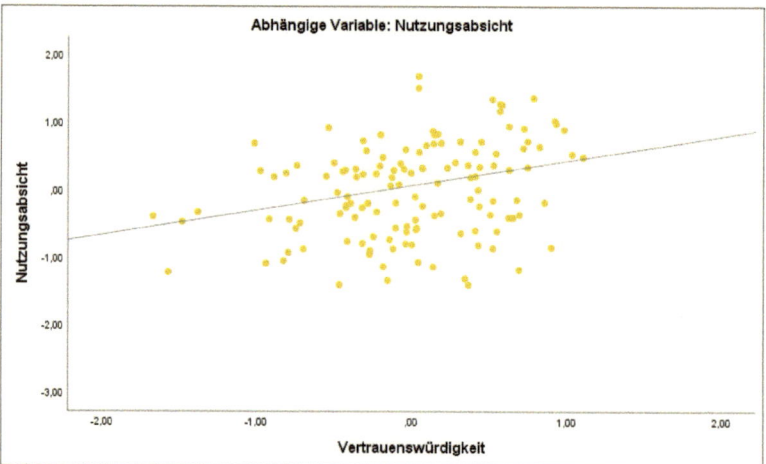

Abbildung 38: Partielle Regressionsdiagramme EV Chatbot-Erfahrung[492]

---

[492] Oben: erfahren, unten: unerfahren.

Anhang 4.2: Erwartungswert und Homoskedastizität

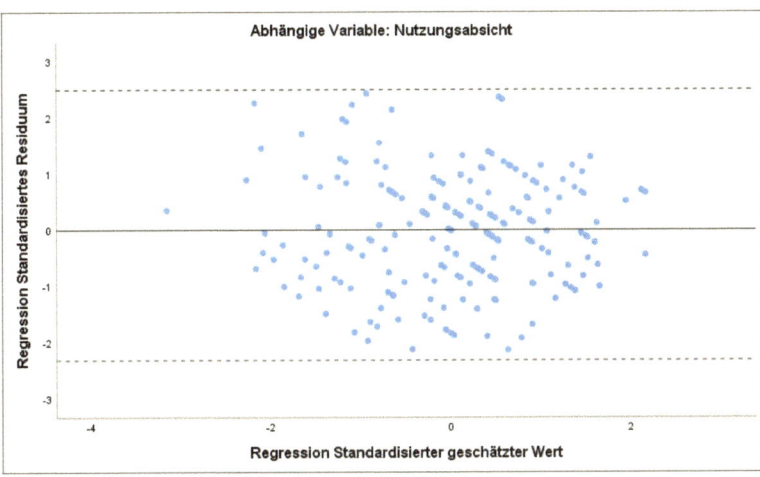

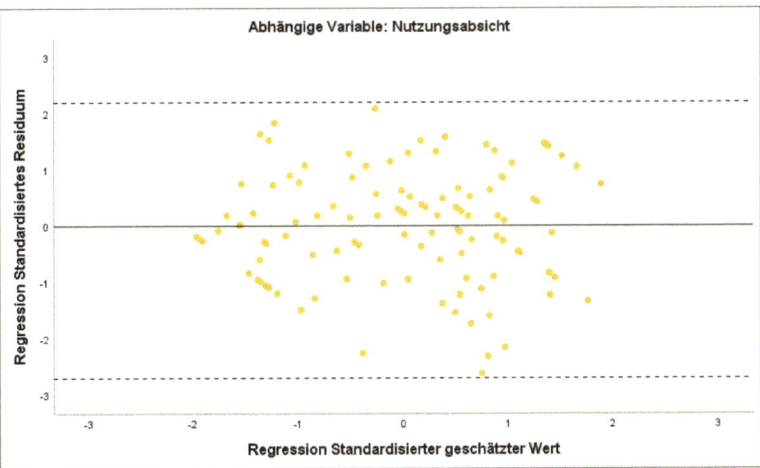

Abbildung 39: Streudiagramme Residuen Geschlecht[493]

---

[493] Oben: weiblich, unten: männlich.

Anhang

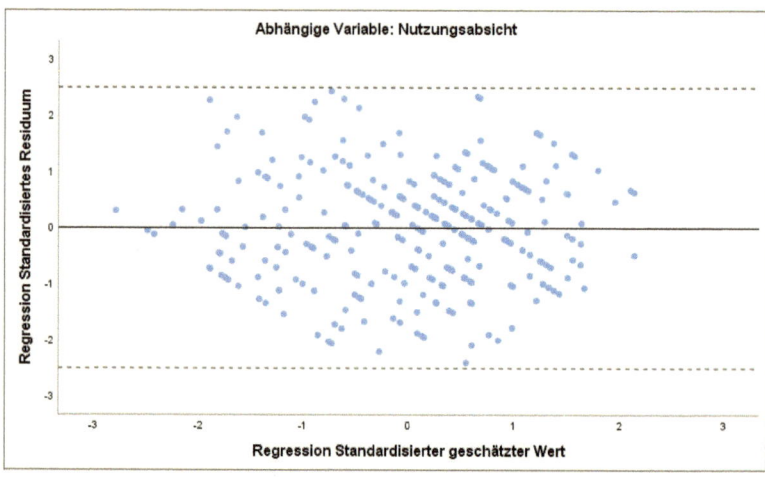

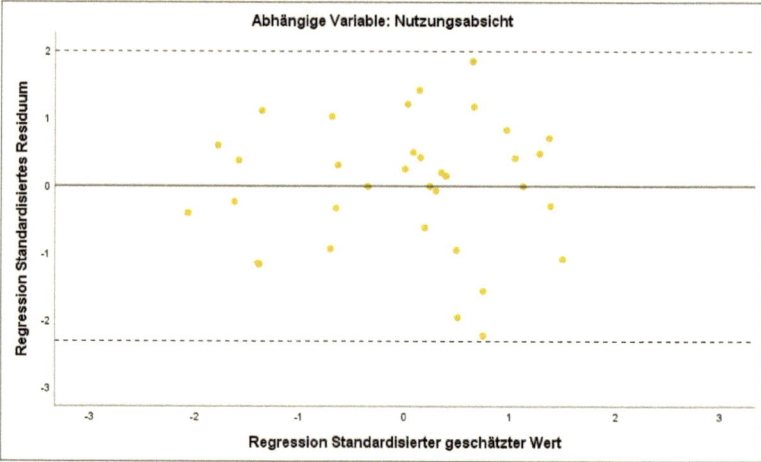

Abbildung 40: Streudiagramme Residuen Alter[494]

---

[494] Oben: jung, unten: alt.

Anhang

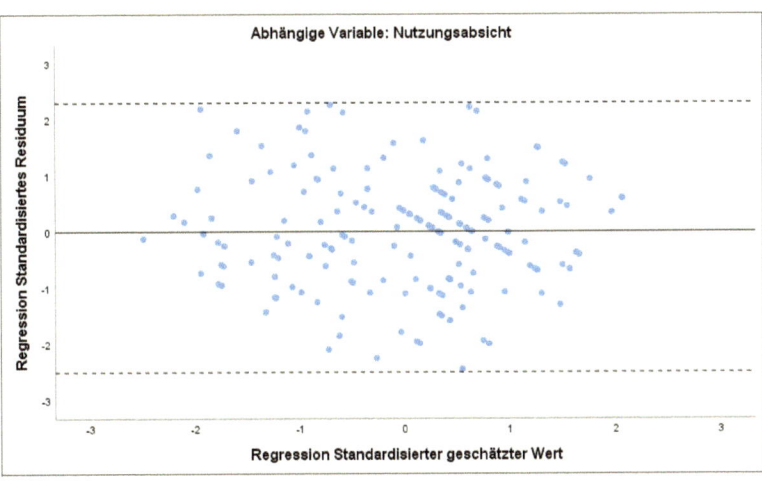

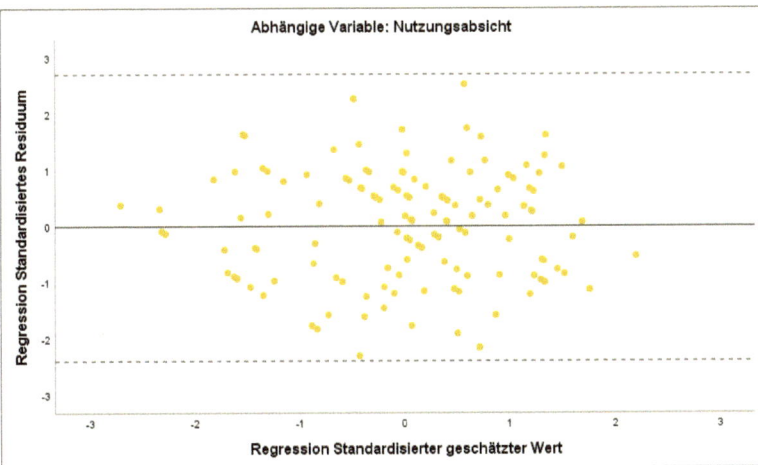

Abbildung 41: Streudiagramme Residuen Chatbot-Erfahrung[495]

---

[495] Oben: erfahren, unten: unerfahren.

Anhang 4.3: Autokorrelation

Tabelle 41: Durbin-Watson-Tests Moderatoren

weiblich			männlich		
d_u für n=200 und k=3 (1 %-Niveau)			d_u für n=100 und k=3 (1 %-Niveau)		
d_u ≤	d ≤	4-d_u	d_u ≤	d ≤	4-d_u
1,704	2,172	2,296	1,704	2,092	2,296
jung			alt		
d_u für n=200 und k=3 (1 %-Niveau)			d_u für n=35 und k=3 (1 %-Niveau)		
d_u ≤	d ≤	4-d_u	d_u ≤	d ≤	4-d_u
1,704	2,124	2,296	1,439	2,124	2,561
erfahren			unerfahren		
d_u für n=150 und k=3 (1 %-Niveau)			d_u für n=100 und k=3 (1 %-Niveau)		
d_u ≤	d ≤	4-d_u	d_u ≤	d ≤	4-d_u
1,665	1,813	2,335	1,704	2,184	2,296

Anhang 4.4: Multikollinearität

Tabelle 42: VIF-Werte Moderatoren

1 < VIF ≤ 5 = akzeptabel	weiblich	männlich	jung	alt	erfahren	unerfahren
Leistungserwartung	1,260	1,368	1,293	1,343	1,294	1,301
Wahrgenommenes Risiko	1,091	1,153	1,112	1,136	1,132	1,074
Vertrauenswürdigkeit	1,169	1,204	1,177	1,212	1,153	1,229

Anhang

Anhang 4.5: Normalverteilung

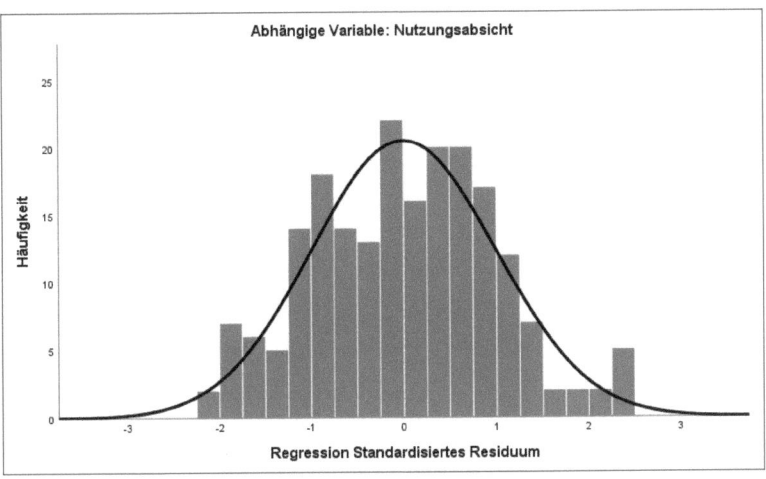

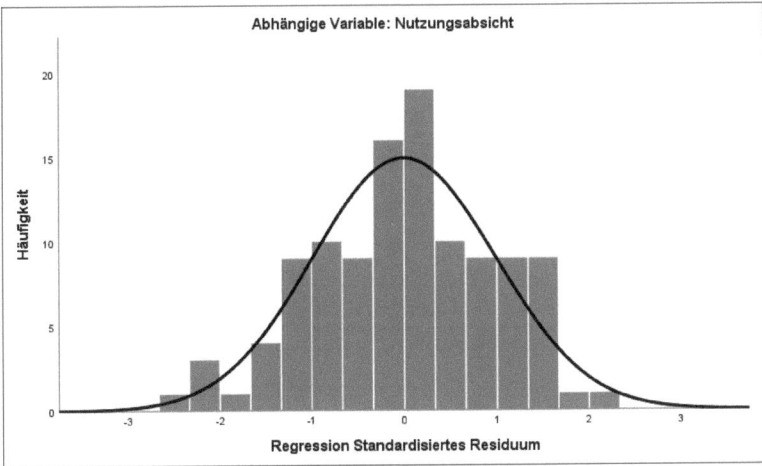

Abbildung 42: Histogramme Residuen Geschlecht[496]

---

[496] Oben: weiblich, unten: männlich.

Anhang

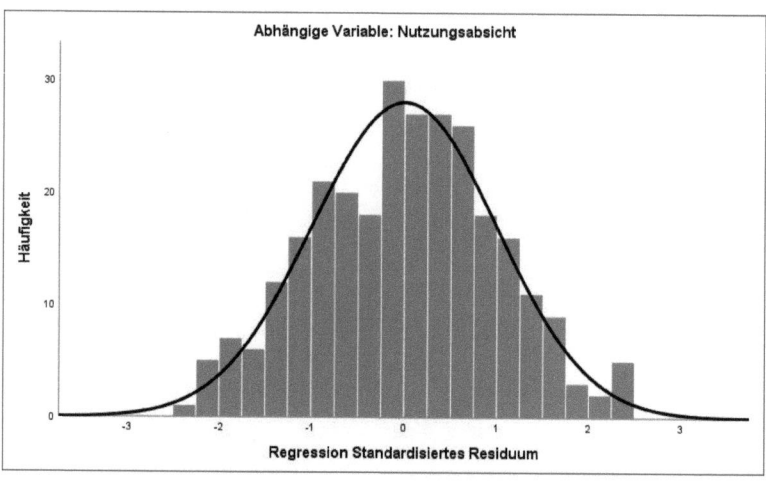

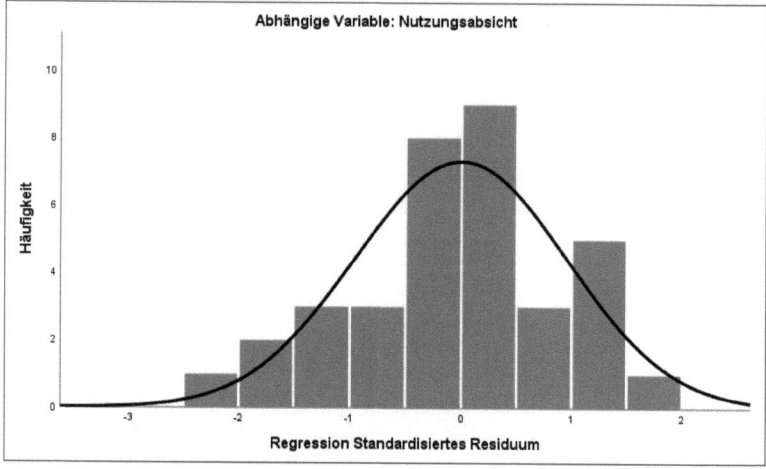

Abbildung 43: Histogramme Residuen Alter[497]

---

[497] Oben: jung, unten: alt.

Anhang

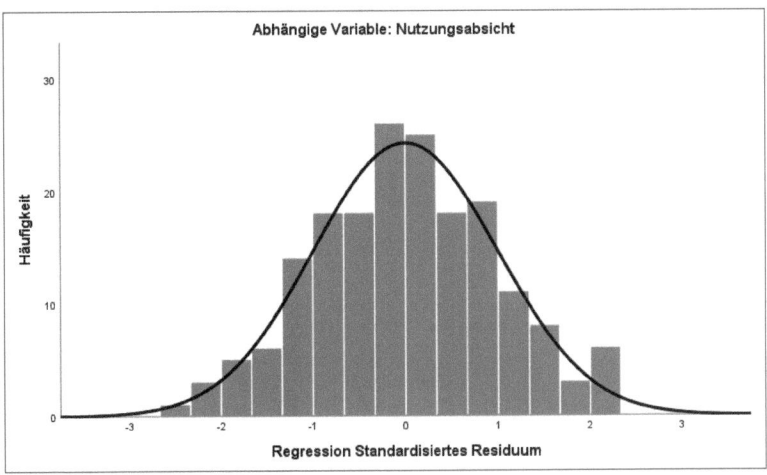

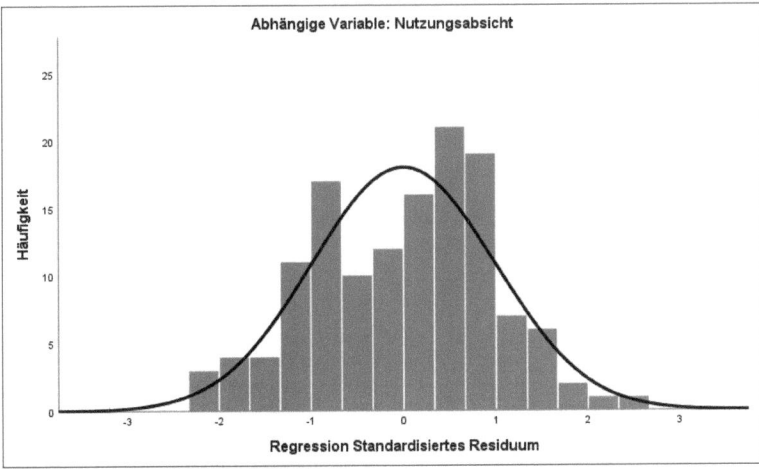

Abbildung 44: Histogramme Residuen Chatbot-Erfahrung[498]

---

[498] Oben: erfahren, unten: unerfahren.

Tabelle 43: Normalverteilungstests Residuen Moderatoren

	Shapiro-Wilk					
	weiblich			männlich		
	Statistik	df	Signifikanz	Statistik	df	Signifikanz
Standardized Residual	0,990	204	,161	0,987	111	,371
	jung			alt		
	Statistik	df	Signifikanz	Statistik	df	Signifikanz
Standardized Residual	0,994	280	,365	0,978	35	,684
	erfahren			unerfahren		
	Statistik	df	Signifikanz	Statistik	df	Signifikanz
Standardized Residual	0,994	181	,650	0,987	134	,222

Anhang 5: Partielle Regressionsdiagramme

Anhang 5.1: Leistungserwartung

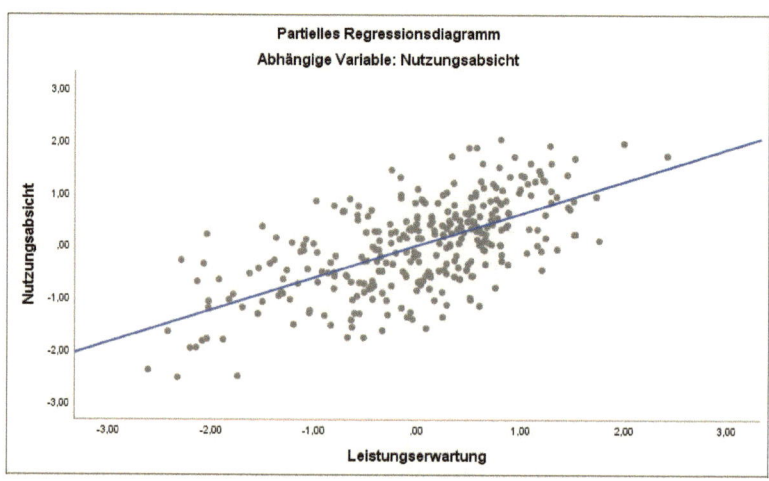

Abbildung 45: Partielles Regressionsdiagramm – Leistungserwartung

Anhang

Anhang 5.2: Wahrgenommenes Risiko

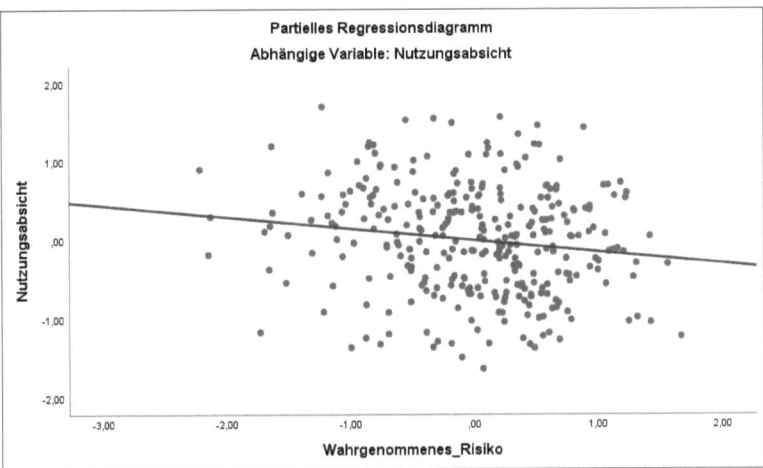

Abbildung 46: Partielles Regressionsdiagramm – Wahrgenommenes Risiko

Anhang 5.3: Erwartete Vertrauenswürdigkeit

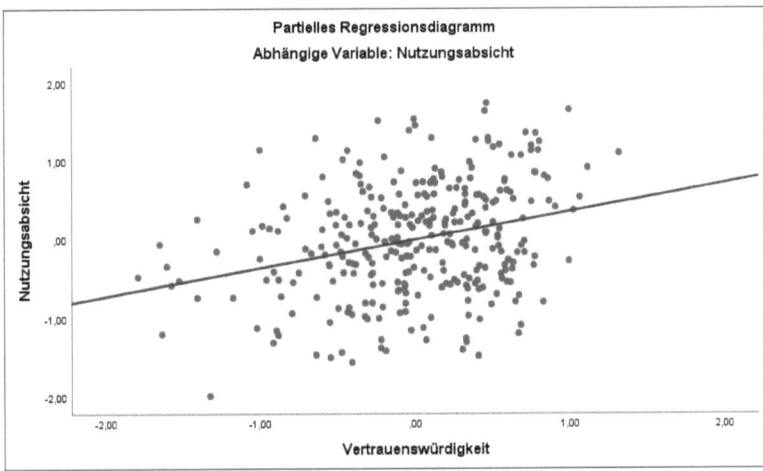

Abbildung 47: Partielles Regressionsdiagramm – Vertrauenswürdigkeit

Anhang

Anhang 6: Auszug Durbin-Watson-Tabelle

4

Appendix A

Table A-1
Models with an intercept (from Savin and White)

Durbin-Watson Statistic: 1 Per Cent Significance Points of dL und dU

n	k'=1		k'=2		k'=3		k'=4		k'=5		k'=6		k'=7		k'=8		k'=9		k'=10	
	dL	dU	dL	dU	dL	dU	dL	dU	dL	dU	dL	dU	dL	dU	dL	dU	dL	dU	dL	dU
6	0.390	1.142																		
7	0.435	1.036	0.294	1.676																
8	0.497	1.003	0.345	1.489	0.229	2.102														
9	0.554	0.998	0.408	1.389	0.279	1.875	0.183	2.433												
10	0.604	1.001	0.466	1.333	0.340	1.733	0.230	2.193	0.150	2.690										
11	0.653	1.010	0.519	1.297	0.396	1.640	0.286	2.030	0.193	2.453	0.124	2.892								
12	0.697	1.023	0.569	1.274	0.449	1.575	0.339	1.913	0.244	2.280	0.164	2.665	0.105	3.053						
13	0.738	1.038	0.616	1.261	0.499	1.526	0.391	1.826	0.294	2.150	0.211	2.490	0.140	2.838	0.090	3.182				
14	0.776	1.054	0.660	1.254	0.547	1.490	0.441	1.757	0.343	2.049	0.257	2.354	0.183	2.667	0.122	2.981	0.078	3.287		
15	0.811	1.070	0.700	1.252	0.591	1.465	0.487	1.705	0.390	1.967	0.303	2.244	0.226	2.530	0.161	2.817	0.107	3.101	0.068	3.374
16	0.844	1.086	0.738	1.253	0.633	1.447	0.532	1.664	0.437	1.901	0.349	2.153	0.269	2.416	0.200	2.681	0.142	2.944	0.094	3.201
17	0.873	1.102	0.773	1.255	0.672	1.432	0.574	1.631	0.481	1.847	0.393	2.078	0.313	2.319	0.241	2.566	0.179	2.811	0.127	3.053
18	0.902	1.118	0.805	1.259	0.708	1.422	0.614	1.604	0.522	1.803	0.435	2.015	0.355	2.238	0.282	2.467	0.216	2.697	0.160	2.925
19	0.928	1.133	0.835	1.264	0.742	1.416	0.650	1.583	0.561	1.767	0.476	1.963	0.396	2.169	0.322	2.381	0.255	2.597	0.196	2.813
20	0.952	1.147	0.862	1.270	0.774	1.410	0.684	1.567	0.598	1.736	0.515	1.918	0.436	2.110	0.362	2.308	0.294	2.510	0.232	2.174
21	0.975	1.161	0.889	1.276	0.803	1.408	0.718	1.554	0.634	1.712	0.552	1.881	0.474	2.059	0.400	2.244	0.331	2.434	0.268	2.625
22	0.997	1.174	0.915	1.284	0.832	1.407	0.748	1.543	0.666	1.691	0.587	1.849	0.510	2.015	0.437	2.188	0.368	2.367	0.304	2.548
23	1.017	1.186	0.938	1.290	0.858	1.407	0.777	1.535	0.699	1.674	0.620	1.821	0.545	1.977	0.473	2.140	0.404	2.308	0.340	2.479
24	1.037	1.199	0.959	1.298	0.881	1.407	0.805	1.527	0.728	1.659	0.652	1.797	0.578	1.944	0.507	2.097	0.439	2.255	0.375	2.417
25	1.055	1.210	0.981	1.305	0.906	1.408	0.832	1.521	0.756	1.645	0.682	1.776	0.610	1.915	0.540	2.059	0.473	2.209	0.409	2.362
26	1.072	1.222	1.000	1.311	0.928	1.410	0.855	1.517	0.782	1.635	0.711	1.759	0.640	1.889	0.572	2.026	0.505	2.168	0.441	2.313
27	1.088	1.232	1.019	1.318	0.948	1.413	0.878	1.514	0.808	1.625	0.738	1.743	0.669	1.867	0.602	1.997	0.536	2.131	0.473	2.269
28	1.104	1.244	1.036	1.325	0.969	1.414	0.901	1.512	0.832	1.618	0.764	1.729	0.696	1.847	0.630	1.970	0.566	2.098	0.504	2.229
29	1.119	1.254	1.053	1.332	0.988	1.418	0.921	1.511	0.855	1.611	0.788	1.718	0.723	1.830	0.658	1.947	0.595	2.068	0.533	2.193
30	1.134	1.264	1.070	1.339	1.006	1.421	0.941	1.510	0.877	1.606	0.812	1.707	0.748	1.814	0.684	1.925	0.622	2.041	0.562	2.160
31	1.147	1.274	1.085	1.345	1.022	1.425	0.960	1.509	0.897	1.601	0.834	1.698	0.772	1.800	0.710	1.906	0.649	2.017	0.589	2.131
32	1.160	1.283	1.100	1.351	1.039	1.428	0.978	1.509	0.917	1.597	0.856	1.690	0.794	1.788	0.734	1.889	0.674	1.995	0.615	2.104
33	1.171	1.291	1.114	1.358	1.055	1.432	0.995	1.510	0.935	1.594	0.876	1.683	0.816	1.776	0.757	1.874	0.698	1.975	0.641	2.080
34	1.184	1.298	1.128	1.364	1.070	1.436	1.012	1.511	0.954	1.591	0.896	1.677	0.837	1.766	0.779	1.860	0.722	1.957	0.665	2.057
35	1.195	1.307	1.141	1.370	1.085	1.439	1.028	1.512	0.971	1.589	0.914	1.671	0.857	1.757	0.800	1.847	0.744	1.940	0.689	2.037
36	1.205	1.315	1.153	1.376	1.098	1.442	1.043	1.513	0.987	1.587	0.932	1.666	0.877	1.749	0.821	1.836	0.766	1.925	0.711	2.018
37	1.217	1.322	1.164	1.383	1.112	1.446	1.058	1.514	1.004	1.585	0.950	1.662	0.895	1.742	0.841	1.825	0.787	1.911	0.733	2.001
38	1.227	1.330	1.176	1.388	1.124	1.449	1.072	1.515	1.019	1.584	0.966	1.658	0.913	1.735	0.860	1.816	0.807	1.899	0.754	1.985
39	1.237	1.337	1.187	1.392	1.137	1.452	1.085	1.517	1.033	1.583	0.982	1.655	0.930	1.729	0.878	1.807	0.826	1.887	0.774	1.970
40	1.246	1.344	1.197	1.398	1.149	1.456	1.098	1.518	1.047	1.583	0.997	1.652	0.946	1.724	0.895	1.799	0.844	1.876	0.794	1.956
45	1.288	1.376	1.245	1.424	1.201	1.474	1.156	1.528	1.111	1.583	1.065	1.643	1.019	1.704	0.974	1.768	0.927	1.834	0.881	1.902
50	1.324	1.403	1.285	1.445	1.245	1.491	1.206	1.537	1.164	1.587	1.123	1.639	1.081	1.692	1.039	1.748	0.997	1.805	0.955	1.864
55	1.356	1.428	1.320	1.466	1.284	1.505	1.246	1.548	1.209	1.592	1.172	1.638	1.134	1.685	1.095	1.734	1.057	1.785	1.018	1.837
60	1.382	1.449	1.351	1.484	1.317	1.520	1.283	1.559	1.248	1.598	1.214	1.639	1.179	1.682	1.144	1.726	1.108	1.771	1.072	1.817
65	1.407	1.467	1.377	1.500	1.346	1.534	1.314	1.568	1.283	1.604	1.251	1.642	1.218	1.680	1.186	1.720	1.153	1.761	1.120	1.802
70	1.429	1.485	1.400	1.514	1.372	1.546	1.343	1.577	1.313	1.611	1.283	1.645	1.253	1.680	1.223	1.716	1.192	1.754	1.162	1.792
75	1.448	1.501	1.422	1.529	1.395	1.557	1.368	1.586	1.340	1.617	1.313	1.649	1.284	1.682	1.256	1.714	1.227	1.748	1.199	1.783
80	1.465	1.514	1.440	1.541	1.416	1.568	1.390	1.595	1.364	1.624	1.338	1.653	1.312	1.683	1.285	1.714	1.259	1.745	1.232	1.777
85	1.481	1.529	1.458	1.553	1.434	1.577	1.411	1.603	1.386	1.630	1.362	1.657	1.337	1.685	1.312	1.714	1.287	1.743	1.262	1.773
90	1.496	1.541	1.474	1.563	1.452	1.587	1.429	1.611	1.406	1.636	1.383	1.661	1.360	1.687	1.336	1.714	1.312	1.741	1.288	1.769
95	1.510	1.552	1.489	1.573	1.468	1.596	1.446	1.618	1.425	1.641	1.403	1.666	1.381	1.690	1.358	1.715	1.336	1.741	1.313	1.767
100	1.522	1.562	1.502	1.582	1.482	1.604	1.461	1.625	1.441	1.647	1.421	1.670	1.400	1.693	1.378	1.717	1.357	1.741	1.335	1.765
150	1.611	1.637	1.598	1.651	1.584	1.665	1.571	1.679	1.557	1.693	1.543	1.708	1.530	1.722	1.515	1.737	1.501	1.752	1.486	1.767
200	1.664	1.684	1.653	1.693	1.643	1.704	1.633	1.715	1.623	1.725	1.613	1.735	1.603	1.746	1.592	1.757	1.582	1.768	1.571	1.779

*k' is the number of regressors excluding the intercept

Abbildung 48: Auszug Durbin-Watson-Tabelle[499]

---

[499] Vollständige Tabellen abrufbar unter https://www3.nd.edu/~wevans1/econ30331/Durbin_Watson_tables.pdf

Anhang 7: Mittelwerte und Standardabweichungen

Tabelle 44: Vollständige Übersicht Mittelwerte und Standardabweichungen

Jeweils 5er-Skala: 1 = ‚stimme gar nicht zu' bis 5 = ‚stimme voll zu'		M	SD
Nutzungsabsicht (NA)		**2,9540**	**1,0265**
NA1	Ich könnte mir vorstellen, dass ich in Zukunft die Hilfe eines Chatbots für meine Urlaubsplanung im Internet in Anspruch nehmen werde.	3,3524	1,1564
NA2	Ich halte es für wahrscheinlich, dass ich in Zukunft einen virtuellen Reiseberater auf einer Reisewebseite ausprobieren werde.	3,2413	1,2152
NA3	Wenn es darum geht eine Urlaubsreise im Internet zu planen, beabsichtige ich hierfür zukünftig einen Chatbot zu nutzen.	2,4254	1,1073
NA4	Ich möchte mich gerne zukünftig bei der Informations- und Angebotssuche von einem virtuellen Reiseberater unterstützen lassen.	2,7968	1,1905
Leistungserwartung (LE)		**3,2059**	**1,0144**
LE1	Ich denke, dass ein Chatbot für meine Reiseplanung im Internet nützlich wäre.	3,2540	1,1478
LE2	Ich denke, dass sich die Reiseplanung per Chatbot für mich lohnen würde.	2,8794	1,0847
LE3	Ich denke, dass ein Chatbot für meine Reiseplanung im Internet praktisch wäre.	3,3726	1,1776
LE4	Ich denke, dass ein Chatbot mir dabei helfen könnte meine Reiseplanung im Internet schneller durchzuführen.	3,3175	1,2081
LE5	Ich denke, dass meine Reiseplanung mit der Unterstützung eines Chatbots effizienter wäre.	3,2063	1,1477
Wahrgenommenes Risiko (WR)		**3,3314**	**0,7478**
Funktionales Risiko (WRfunk)		**3,4434**	**0,8926**
WRfunk1	Ich hätte Sorge, dass der Chatbot meine Fragen nicht richtig interpretieren und beantworten kann.	3,7587	1,0522
WRfunk2	Ich hätte Sorge, dass mir der Chatbot keine geeigneten Reiseangebote vorschlagen kann.	3,0667	1,1365
WRfunk3	Ich hätte Sorge, dass der Chatbot mitten im Gespräch keine Reaktion mehr zeigt/nicht mehr erreichbar ist.	2,4508	1,2208
WRfunk4	Ich hätte Sorge, dass mir der Chatbot falsche Reiseinformationen nennt, weil er mein Anliegen nicht richtig verstanden hat.	3,5048	1,1155
Finanzielles Risiko (WRfina)		**3,4079**	**1,0572**
WRfina1	Ich hätte Sorge, dass mir der Chatbot zu teure Reiseangebote vorschlägt.	3,3651	1,1797
WRfina2	Ich hätte Sorge, dass der Chatbot nicht in der Lage ist das Reiseangebot mit dem besten Preis-/Leistungsverhältnis anzuzeigen.	3,4381	1,2098
WRfina3	Ich hätte Sorge, dass mir der Chatbot nicht die günstigsten Flug- und/oder Hotelpreise anbietet.	3,4204	1,2422
WRfina4	Ich hätte Sorge, dass mir der Chatbot zusätzliche Reiseprodukte (z. B. Tickets für Sehenswürdigkeiten) verkaufen möchte, obwohl ich kein Interesse daran habe.	3,5016	1,2754
Zeitliches Risiko (WRzeit)		**3,1429**	**1,0264**
WRzeit1	Ich hätte Sorge, dass mich meine Reiseplanung im Internet durch den Chatbot mehr Zeit kosten wird.	2,7905	1,2185
WRzeit2	Ich hätte Sorge, dass es lange dauert bis der Chatbot mir Reiseinformationen (z. B. Flugverbindungen, Hotelbilder etc.) im Chatfenster anzeigt.	2,2794	1,0639
WRzeit3	Ich hätte Sorge, dass es zeitaufwendig ist mit dem Chatbot zu kommunizieren, weil ich meine Anliegen mehrmals umformulieren muss bis der Chatbot diese richtig versteht.	3,3937	1,1554
WRzeit4	Ich hätte Sorge, dass es mehr Zeit in Anspruch nimmt den Chatbot nach Reiseangeboten zu fragen als diese selbst auf der Internetseite rauszusuchen.	3,2444	1,2132
Psychologisches Risiko (WRpsych)		**2,5323**	**1,1049**
WRpsych1	Ich hätte Sorge, dass ich die Kommunikation mit einem Chatbot als unangenehm wahrnehmen könnte, weil es sich um ein Computerprogramm handelt.	2,3714	1,1723
WRpsych2	Ich hätte Sorge, dass ich die Reiseberatung durch einen Chatbot als unnatürlich empfinden könnte, da dieser Service normalerweise von einem Menschen ausgeführt wird.	2,7175	1,2667

Anhang

		M	SD
WRpsych3	Ich hätte Sorge, dass die Reiseplanung im Internet mit Hilfe eines Chatbots seltsam sein könnte.	2,5079	1,2270
WRpsych4	Ich hätte Sorge, dass mich das Gespräch mit dem Chatbot frustrieren könnte, weil er keine menschlichen Eigenschaften besitzt, wie z. B. Empathie.	2,9332	1,2839
Jeweils 5er-Skala: 1 = ‚gar nicht vertrauenswürdig' bis 5 = ‚sehr vertrauenswürdig'		**M**	**SD**
Erwartete Vertrauenswürdigkeit (EV)		**4,0591**	**0,6000**
Kompetenz (EVkomp)		**3,9467**	**0,7305**
Wie vertrauenswürdig würden Sie einen Chatbot empfinden, wenn…			
EVkomp1	…er Ihnen passende Reiseangebote vorschlagen könnte?	3,8254	0,8048
EVkomp2	…er in der Lage wäre Ihre Erwartungen an eine kompetente Reiseberatung zu erfüllen?	3,9328	0,8286
EVkomp3	…er Ihnen interessante/nützliche Reisetipps geben könnte?	3,9587	0,8604
EVkomp4	…er Ihre Fragen richtig interpretieren und sinnvoll beantworten würde.	4,0698	0,9143
Wohlwollen (EVwohl)		**4,0215**	**0,7106**
Wie vertrauenswürdig würden Sie einen Chatbot empfinden, wenn…			
EVwohl1	…er in Ihrem besten Interesse handeln/reagieren würde (z. B. er nur Reiseprodukte anzeigt, die für Sie relevant sind)?	4,1111	0,8505
EVwohl2	…er in der Lage wäre Verständnis für besondere Reisewünsche (z. B. vegetarische Gerichte im Hotel) zu zeigen?	4,0318	0,8553
EVwohl3	…Ihre Reisebedürfnisse/-wünsche für den Chatbot an erster Stelle stehen würden?	4,0766	0,8142
EVwohl4	…er sein Bestes versuchen würde, um Ihnen bei der Planung Ihres Jahresurlaubes zu helfen?	3,8667	0,9211
Integrität (EVinte)		**4,1833**	**0,7254**
Wie vertrauenswürdig würden Sie einen Chatbot empfinden, wenn…			
EVinteg1	…er Ihre Anliegen gewissenhaft (mit Genauigkeit und Sorgfalt) bearbeiten würde?	4,0794	0,8120
EVinteg2	…Sie sich auf die Richtigkeit und Gültigkeit der vorgeschlagenen Reiseangebote verlassen könnten?	4,3143	0,7898
EVinteg3	…er ehrlich und aufrichtig mit Ihnen kommunizieren würde?	4,0127	0,9543
EVinteg4	…er Ihnen aktuelle und wahrheitsgetreue Reiseinformationen zur Verfügung stellen würde (z. B. Bauarbeiten im Hotel)?	4,3270	0,8086
Menschenähnlichkeit (EVmensch)		**3,8190**	**0,8673**
Wie vertrauenswürdig würden Sie einen Chatbot empfinden, wenn…			
EVmensch1	…er freundlich und höflich mit Ihnen kommunizieren würde?	3,6571	0,9426
EVmensch2	…er eine korrekte Rechtschreibung und Grammatik beherrschen würde?	3,9810	0,9237
EVmensch3	…er eine möglichst menschenähnliche Erscheinung (z. B. Name, Foto/Avatar) hätte?	2,9810	1,1114
EVmensch4	…er nicht nur eine sachlich/faktenbasierte, sondern auch eine sympathische/humorvolle Ausdrucksweise (z. B. Nutzung von Smileys) hätte?	3,2540	1,1779
Reputation (EVrepu)		**4,0849**	**0,6867**
Wie vertrauenswürdig würden Sie einen Chatbot empfinden, wenn…			
EVrepu1	…die Reisewebseite, auf welcher Sie den Chatbot nutzen würden, einen guten Ruf hätte?	4,0698	0,7910
EVrepu2	…die Reisewebseite, auf welcher Sie den Chatbot nutzen würden, gute Bewertungen hätte?	3,9937	0,8408
EVrepu3	…Ihnen Freunde und/oder Familienmitglieder die Reisewebseite, auf welcher Sie den Chatbot nutzen würden, empfehlen würden?	4,2508	0,8162
EVrepu4	…Sie über die Reisewebseite, auf welcher Sie den Chatbot nutzen würden, schon eine Reisebuchung getätigt hätten?	4,0255	0,8666

Danksagung

An dieser Stelle möchte ich mich von Herzen bei meiner Familie – Jutta von der Bank, Maximilian von der Bank, Philippe Larivière, Helga Jutz – und meinen Freunden bedanken, die mich jederzeit mit viel Interesse, Verständnis und Geduld während meines Masterstudiums und der Erstellung dieser Masterarbeit motiviert und unterstützt haben.

Ebenfalls gilt mein Dank meinen Korrekturlesern Timm Kauhausen und Louisa Lorenz, meiner betreuenden Professorin Dr. Silvia Zaharia der Hochschule Niederrhein sowie allen Teilnehmerinnen und Teilnehmern meiner Online-Befragung bedanken, ohne die diese Masterarbeit nicht in dieser Form vorliegen würde.

Abschließend bedanke ich mich bei der Jury des Deutschen Dialogmarketing Verbandes für die Verleihung des Alfred Gerardi Gedächtnispreises 2020 in der Kategorie „Beste Masterarbeit".

Kristina von der Bank

Köln, 02.10.2020